élique, tes yeux brillaient
ouce, pareille à un rayon cé
uvait t'admirer sans crainte,
remords. Quand tu chantais
Seigneur, les cieux me sem-
aux accents de ta voix, et
çais les vérités divines, elles
s'embellir en passant par ta

tes pouvaient manquer de
tu les donnais! Tu m'ensei-

gerai pas, je donnerai à l'amour celles que j'aurais versées dans la prière. Ces tristes yeux n'ont rien de mieux à faire... Lire et pleurer sera leur occupation éternelle. Partage donc avec moi tes peines, accorde-moi cette triste consolation; fais plus encore, rejette les toutes sur moi.

Le ciel n'inspira d'abord l'invention des lettres que pour le signalement des malheureux, pour quelque amant banni, ou pour une amante captive. Elles vivent, parlent et

fais jouir d'une immortalité anticipée, venez, entrez tous dans mon cœur; demeurez-y comme des hôtes doux, et aimables, revenez et plongez-moi dans un éternel repos. La triste Héloïse, étendue sur une tombe, vous désire et vous attend. Qu'entends-je? est-ce le souffle des vents qui murmure autour de moi, ou une voix qui retentit aux environs de ces murs et qui m'appelle? Je crois déjà l'avoir entendue plus d'une fois.

Une nuit, que je gardais les lampes qui brûlent dans notre temple autour des sépul-

HISTOIRE DES CHATEAUX

ANCIENS CHATEAUX

DEMEURES FÉODALES

FORTERESSES, CITADELLES ET RUINES HISTORIQUES

DE L'EUROPE

AVEC LES TRADITIONS, LÉGENDES OU CHRONIQUES QUI S'Y RATTACHENT

ET LE RÉCIT

DES FAITS ET GESTES DES POSSESSEURS DE CES MANOIRS.

Ouvrage orné de 90 gravures.

PAR

UNE SOCIÉTÉ D'ARTISTES ET DE LITTÉRATEURS.

PARIS.

G. A. LALIGANT, LIBRAIRE-ÉDITEUR,

RUE DU PAON-SAINT-ANDRÉ, 8.

1850.

HISTOIRE

DES

ANCIENS CHATEAUX.

A lire certains historiens et quelques chroniqueurs modernes, on pourrait croire que dès les premiers siècles de notre ère, l'Europe fut couverte de châteaux ayant tours, murailles et fossés, ponts-levis, herses et machicoulis. Il n'en est rien pourtant, et la construction des plus anciens châteaux dont il reste vestige ne remonte pas au-delà du IXe siècle. Sans doute, il y avait en Europe des châteaux avant cette époque, mais ils n'étaient pas nombreux et ressemblaient fort peu à ces forteresses du moyen-âge dont il nous reste tant de ruines. Aux premiers siècles de la monarchie, les châteaux n'étaient autre chose que des forteresses placées sous l'autorité du chef de l'État et n'ayant d'autre destination que de garantir le pays contre une invasion étrangère.

Mais bientôt ces forteresses se multiplièrent, à mesure que le système féodal s'établissait et se consolidait. D'abord, les grands vassaux en construisirent, sous le prétexte de maintenir, pour le roi, l'intégrité du territoire; mais tous ou presque tous avaient une arrière-pensée d'indépendance qui ne devait pas tarder à se montrer ouvertement. Après ces grands vassaux, vinrent les seigneurs de deuxième et troisième ordre, relevant des suzerains et ayant à se défendre des exigences de ces derniers en même temps qu'il leur fallait contenir les paysans que leur tyrannie réduisait trop souvent au désespoir. Alors on vit s'élever de toutes parts de hautes murailles ; chaque châtelain eut ses hommes d'armes et sa bannière; l'autorité royale fut méprisée, et les guerres privées ensanglantèrent l'Europe. Les souverains sentirent alors l'énormité de la faute qu'ils avaient faite en laissant bâtir ces forteresses; ils tentèrent d'arrêter les progrès du mal; mais il était trop tard; les seigneurs se liguèrent, traitèrent d'égal à égal avec la couronne et achevèrent d'abaisser la puissance royale.

Il serait injuste pourtant de ne regarder à ce sujet que le mauvais côté des choses : bien qu'en général l'aspect de ces lourdes tours, de ces hautes murailles éveille des souvenirs de guerre et de barbarie, bien qu'on ne puisse marcher sur ces ruines si pittoresques, sans se sentir assailli de pensées de meurtres, de tortures, de chaînes, de cachots, il faut bien reconnaître que l'imagination a souvent la plus grande part dans l'évocation de ces fantômes; qu'à ce sujet il y a beaucoup d'exagération dans les peintures que les romans de chevalerie nous ont laissées de cet état de société. Les auteurs de toutes ces vieilles chroniques ne parlent que des chatelains barbares qui dévastaient la contrée, enlevaient les jeunes filles, pressuraient les pauvres serfs, pillaient les voyageurs, rançonnaient les pélerins et les retenaient captifs dans leurs châteaux. Les compositions chevaleresques sont ici l'expression du désordre des premiers siècles du moyen-âge, et les trouvères ne firent que reproduire, dans leurs poèmes les ravages, les dévastations, les crimes et les perfidies de ces hommes bardés de fer qui vivaient isolés sur la montagne, en véritables ennemis des populations trop faibles ou trop dénuées de courage pour leur résister. De lieue en lieue, dans la campagne, vous aperceviez de grosses tours carrées bâties au sommet des rochers stériles; là se retiraient des seigneurs à la stature gigantesque, au maintien fier, audacieux. Quelle était leur origine? Appartenaient-ils aux races maudites des Hongres, des Scandinaves ou des Sarrazins qui naguère avaient ravagé le territoire? Nul ne pouvait le dire; on ignorait jusqu'à leurs noms Et quant à leur droit, c'était la force matérielle, brutale; ils n'en avaient pas d'autres. Ceci explique l'uniformité d'action de la plupart des romans de chevalerie, les luttes perpétuelles contre de formidables géants qui maltraitent hommes, femmes et jeunes filles, ou qui résistent au suzerain. Ces terribles géants étaient, dans la pensée des trouvères, les seigneurs qui exploitaient les comtés, les baronies; c'étaient les châtelains dont la chronique nous reproduit les pilleries.

Ce fut alors que la chevalerie, envisagée sous le point de vue des services qu'elle rendit à la société pendant le moyen âge, mérita la reconnaissance des vieux siècles ; au milieu de la confusion et du désordre s'éleva une organisation de nobles hommes qui eurent mission de purger le pays des guerriers cruels et pillards, de protéger les faibles, de secourir les opprimés : « Office de chevalier est de maintenir femmes, veuves et orphelins, hommes mésaisés et non puissants. » Il y avait des villes sans doute, mais, pour arriver dans leurs murs, il fallait souvent traverser des forêts impénétrables, des terrains vastes et incultes que défrichèrent plus tard les moines ; dans ces champs arides, et dans ces forêts sauvages, la poussière était probablement aussi abondante que dans les déserts de l'Asie, lorsque les rivières débordées n'inondaient pas le sol à plusieurs milles au loin. De gouvernement, il n'en existait pas ; les populations affaiblies, épuisées, n'osaient se défendre, et l'on sait qu'à ces époques la royauté en France était impuissante, dès qu'elle se trouvait à vingt lieues de distance du siége de la rébellion. La chevalerie, sorte de pouvoir ambulant, possédait seule une véritable force protectrice. Qui n'a lu, dans les chroniques, les incroyables efforts du roi Robert pour dompter le comte Raynald de Sens, Geoffroi de Chateaudun, le comte Raoul à Chartres, et le comte Drogon ? Qui n'a parcouru dans Suger, le détail des préparatifs fabuleux de Louis-le-Gros pour réduire à son obéissance le sire de Beaugency, celui de Montlhéry ou le comte de Corbeil ?

Les chevaliers errants se donnèrent la mission de combattre ceux qui commettaient mille ravages, mille dévastations, mille perfidies. Même dans les romans de chevalerie, où les trouvères ont étrangement défiguré la véritable physionomie des chevaliers errants, ceux-ci ne se plaignent pas de mourir de soif ou de faim ; eux-mêmes, au contraire, s'imposent des privations. Ce furent les poétiques exagérations des jongleurs et des troubadours, les extravagantes prouesses des héros de leurs romans qui contribuèrent le plus à détruire l'esprit chevaleresque, où l'on puisait toute raison, tout bien, tout honneur. En voulant trop exalter le courage et les vertus des paladins, les trouvères et les troubadours donnèrent prise à la moquerie, au ridicule, armes puissantes et fatales qui tuent même ce qu'il y a de noble, de grand, de généreux.

On vit souvent à cette époque les châteaux servir de refuge à la vertu la plus austère ; l'hospitalité y était pratiquée avec magnificence ; les chevaliers errants et leurs dames y étaient reçus en frères ; les pèlerins y trouvaient un asile, et le pauvre qui s'y présentait ne se retirait pas les mains vides.

Les premiers châteaux furent grossièrement construits; les murailles, plus ou moins épaisses, étaient bâties en pierres peu ou point taillées, liées entre elles par un ciment dont le secret, longtemps perdu, a été retrouvé de nos jours, et qui, en séchant, devient aussi dur et même plus dur que les pierres qu'il servait à réunir. Quant à la forme de l'édifice, elle variait et dépendait du terrain sur lequel on l'élevait : le bord d'une rivière, le sommet d'un rocher étaient les positions préférées pour ces constructions.

On s'occupait d'abord des ouvrages avancés qui, une fois terminés, mettaient les travailleurs à l'abri de toute agression. Le premier de ces ouvrages était la barbacane, espèce de poste avancé situé en avant de la porte du château, qu'il était destiné à couvrir et à défendre; venait ensuite le fossé, plus ou moins large, plus ou moins profond, à sec ou rempli d'eau, suivant les localités. Après le fossé, sur lequel on jetait plus tard un pont-levis, on élevait une première muraille dans laquelle était ménagé un passage voûté entre deux grosses tours; d'autres tours semblables flanquaient la muraille qui se terminait par un parapet crénelé. Une porte solide fermait l'entrée voûtée dont nous venons de parler; elle était précédée d'une herse qu'il suffisait de laisser tomber pour en défendre l'approche. Sur les tours étaient placées des sentinelles, et au-dessus de la voûte formant le passage était pratiqué le logement pour le portier, lequel, à raison de l'importance de ses fonctions, était largement rétribué.

Dans les châteaux de médiocre importance, cette muraille était la seule qui abritât la place; mais les châteaux-forts proprement dits avaient une seconde enceinte non moins forte que la première, et entre les deux murailles étaient placés les magasins d'armes et les casernes; c'était là aussi que l'on creusait les puits qui devaient fournir de l'eau à la garnison.

Au milieu du château s'élevait la citadelle que l'on appelait le donjon, et qui consistait ordinairement dans une grosse tour entourée d'une muraille et d'un fossé. C'était là que logeait le gouverneur; toutes les pièces composant son logement et ceux des principaux officiers étaient voûtées; le jour n'y pénétrait que par d'étroites meurtrières pratiquées dans les murs, qui étaient souvent d'une épaisseur prodigieuse. Tel était le château de Bedfort en Angleterre dont Henri III fit le siége, et dont la garnison ne se rendit qu'après avoir soutenu quatre assauts consécutifs. « Au premier, dit un historien, on enleva la barbacane; au second, le mur extérieur; le troisième fut dirigé contre le mur intérieur: les mineurs renversèrent une partie de la vieille tour, et après avoir couru de grands dangers, pénétrèrent dans l'enceinte par une crevasse. Au quatrième assaut, les mineurs parvinrent à mettre le feu à la tour principale d'où la fumée sortit bientôt en abondance, et qui bientôt commença à s'écrouler. Alors l'ennemi se rendit. »

Ce système de fortification dura jusqu'à l'époque de l'invention de la poudre, qui opéra une révolution complète dans l'art de la guerre. Alors les châteaux perdirent presque toute leur importance comme forteresses; les fortifications furent encore conservées pendant longtemps, car elles pouvaient encore mettre la place à l'abri d'un coup de main. Le despotisme féodal ne se trouvant plus en sûreté derrière ces murailles incapables de résister à l'artillerie nouvelle, les seigneurs songèrent à se dédommager par un accroissement de luxe et de bien-être qu'ils avaient jusque là sacrifié à leur orgueil et à leur soif de domination; les corps de logis eurent des fenêtres; l'air et la lumière y pénétrèrent en même temps que la civilisation, et de nombreux ornements d'architecture vinrent adoucir la lugubre physionomie de ces lourds édifices. Beaucoup de ces châteaux se maintinrent pourtant dans leur état primitif, jusque vers la fin du dix-septième siècle, leurs propriétaires les laissant subsister comme des monuments de leur puissance passée ; mais ils avaient cessé d'être redoutables aux peuples et aux rois. En Angleterre, un grand nombre furent détruits par ordre du parlement ; plusieurs furent abandonnés et tombèrent en ruines ; par suite de l'abolition du système féodal. En France cette destruction se fit lentement, mais sans violence et par la seule force de la civilisation. Ils subsistèrent plus longtemps en Allemagne ; aussi est-ce le pays où l'on trouve le plus de ces ruines de vieux manoirs dont il ne reste plus en France que quelques vestiges.

Il est regrettable toutefois, au point de vue de l'art, que la destruction de ces édifices ait été si rapide et si complète. Le château de Vincennes était le seul, aux environs de Paris, il y a trente ans, qui, malgré les changements qui y avaient été faits successivement, pût donner une idée à peu près complète de ces forteresses qui couvraient l'Europe au moyen-âge ; aujourd'hui sa physionomie a presque entièrement disparu.

MOYENS EMPLOYÉS DANS L'ATTAQUE ET LA DÉFENSE DES ANCIENS CHATEAUX AVANT L'INVENTION DE LA POUDRE.

Dans l'antiquité, les moyens de réduire une place forte étaient fort restreints; bloquer une forteresse ou en escalader les murailles, c'était à quoi se bornait à peu près, dans les temps les plus reculés, cet art de la destruction des places, qui a fait depuis de si terribles progrès. On investissait le château ou par un mur de maçonnerie ou par un profond retranchement bien palissadé, pour empêcher que les assiégés ne fissent des sorties, et qu'ils ne reçussent aucun secours d'hommes et de vivres; puis on attendait tranquillement de la famine ce que l'art et la force étaient encore impuissants à opérer, d'où il arrivait que le siége d'une place forte durait quelquefois dix ans, vingt ans, et même davantage. Ainsi le siége de Troie dura dix ans, et ce ne fut qu'après vingt-neuf ans que Psammeticus, roi d'Egypte, qui avait commencé une guerre contre le roi d'Assyrie, au sujet des limites des deux empires, par le siége d'Azot, se rendit maître de cette place. C'est le plus long siége dont il soit parlé dans l'histoire ancienne. On en finissait plus promptement par l'escalade, qui consistait à appliquer contre les murs un grand nombre d'echelles pour y faire monter plusieurs files de soldats.

Mais l'escalade devint bientôt inutile et impraticable, lorsque les murailles et les tours dont elles étaient flanquées eurent été assez élevées pour que les échelles ne pussent plus y atteindre. Il fallut donc trouver un nouveau moyen d'arriver jusqu'à la hauteur des remparts; et c'est alors que prirent naissance d'énormes tours de bois roulantes que l'on approchait des murs, et qui mettaient les assiégeants de niveau avec leurs ennemis. Placés au sommet de ces tours, qui formait une espèce de plate-forme, des soldats nettoyaient les remparts à coups de traits et de flèches, et surtout par le secours des balistes et des catapultes. Ensuite, de l'un des étages de la tour, un pont-levis s'abaissait sur les murs de la ville assiégée, et les vainqueurs entraient dans la place.

Ces tours ambulatoires, construites d'un assemblage de poutres et de forts madriers, ressemblaient assez à une maison. Pour les garantir contre le danger du feu lancé par les assiégés, on les couvrait de peaux crues ou de pièces d'étoffes faites de poils. La ville était en grand danger si l'on pouvait approcher une de ces tours jusqu'au rempart. Elle avait plusieurs escaliers pour monter d'un étage à l'autre. Il y avait au bas un bélier pour battre en brèche, et, sur l'étage du milieu, un pont-levis composé de deux poutres, avec ses garde-fous garnis d'un tissu d'osier, qui s'abattait promp-

tement sur les murs de la ville lorsqu'on en était à portée. Sur les étages supérieurs, des soldats armés de longues épées et des gens de traits ne cessaient pas de harceler les assiégés. Quand les choses en étaient là, ceux-ci ne tenaient plus longtemps, dominés qu'ils se voyaient par un rempart plus élevé que le mur dans lequel ils avaient mis toute leur confiance.

La baliste, qui jouait un rôle du haut de ces tours et en rase campagne, était destinée à lancer des traits et des flèches d'un poids extraordinaire ; elle chassait aussi des balles, des boulets de plomb et des pierres d'une pesanteur énorme. Il y en avait de différentes grandeurs, et qui, par cette raison, produisaient plus ou moins d'effet. Les unes, qui servaient pour les batailles, pourraient être appelées des pièces de campagne ; les autres étaient employées dans le siége, et c'était l'usage le plus ordinaire qu'on en faisait. Les balistes ressemblaient beaucoup à nos arbalètes, mais jamais celles-ci n'ont

approché des résultats que les anciens historiens rapportent des premières, et qui nous paraissent presque incroyables. Végèce, le plus célèbre des auteurs qui ont écrit en latin sur l'art militaire, dit que la baliste poussait des traits avec tant de rapidité et de violence, qu'ils brisaient tout ce qu'ils touchaient. Athénée raconte qu'Agésistrate en fabriqua une d'un peu plus de deux pieds seulement de longueur, qui jetait des traits jusqu'à la distance de près de cinq cents pas.

Il n'est pas facile de marquer au juste la différence de la baliste et de la catapulte, quant à l'usage; car, sous le rapport de la structure, les figures que l'on représente de ces deux machines font comprendre d'un coup d'œil tout ce qui les distinguait l'une de l'autre. Il paraît cependant que le propre de la baliste était de lancer des dards et des javelots d'une grosseur extraordinaire, et quelquefois plusieurs du même coup, dans une gargousse; tandis que la catapulte lançait des traits beaucoup plus longs et des pierres tout ensemble et en très grand nombre. Cette machine envoyait au loin des

poids de plus de 12,000 livres, et produisait des ravages effroyables. Elle était encore employée en France dans les XIIe et XIIIe siècles. Un passage de Froissart fait voir de quelle force surprenante elle était douée. Il nous apprend qu'au siége de Thyn-l'Evêque, dans les Pays-Bas, le duc Jean de Normandie fit venir de Douai et de Cambrai des espèces de catapultes, lesquelles jetaient jour et nuit dans la place d'énormes pierres qui écrasaient, abattaient les combles des tours et des maisons, tellement que les assiégés n'osaient plus demeurer que dans les caves et dans les celliers. Elles y lançaient aussi des chevaux morts et autres charognes infectes qui furent de la plus grande incommodité pour la place; rien n'était plus capable d'y mettre la peste, ou du moins d'occuper une partie de la garnison pour enterrer ces cadavres et prévenir ainsi l'infection dont on était menacé : c'est tout au plus si nos mortiers monstres d'aujourd'hui seraient plus redoutables. L'histoire de Gengis et de Timur nous fournit aussi une infinité d'exemples de la force et de la puissance de ces sortes de machines. Les catapultes dont ces conquérants se servaient, chassaient des meules de moulin, des masses énormes, et renversaient tout ce qu'elles atteignaient avec un horrible fracas. Ces machines paraissent avoir subsisté jusqu'à la découverte de la poudre : le canon, qui les détruisait facilement, ne tarda pas à les faire disparaître.

Le bélier, lorsqu'il eut été inventé, abrégea beaucoup la durée des siéges chez les anciens. Il se composait d'une poutre d'un seul morceau de bois de chêne, assez semblable à un mât de navire, d'une longueur et d'une grosseur extraordinaire, dont le bout était armé d'une tête de fer ou d'airain proportionnée au reste, et représentant la figure d'un bélier. Ce qui fit donner à cette terrible machine le nom et la figure de cet animal, c'est qu'elle heurtait les murailles comme le bélier fait de sa tête tout ce qu'il rencontre. Elle était suspendue et balancée en équilibre avec une chaîne ou d'énormes câbles qui la soutenaient en l'air, dans une espèce d'échafaudage en charpente que l'on faisait avancer sur le comblement du fossé, à une certaine distance du mur, par le moyen de rouleaux ou de plusieurs roues. C'était de toutes les machines de guerre la plus pernicieuse, et celle qui causait le plus de mal aux assiégés, puisqu'elle pratiquait la brèche par laquelle les ennemis entraient ordinairement dans la place.

On faisait jouer le bélier dans une de ces tours mobiles dont nous avons parlé tout à l'heure, ou sous une galerie appelée tortue, parce qu'elle servait de couverture et de défense très forte et très puissante contre les feux, les dards, les javelots et les masses pesantes que les assiégés jetaient de haut de leurs murailles. Cette machine, qui servait également pour le comblement du fossé et pour la sape, était composée d'une grosse charpente très solide ayant douze pieds de hauteur et vingt-cinq sur chaque face de son carré. Elle était recouverte d'une espèce de matelas piqué, consistant en peaux fraîchement écorchées et préparées avec différentes drogues contre l'incendie, de manière qu'au total, les soldats s'y trouvaient en sûreté, de même que la tortue l'est dans son écaille.

ANCIENS CHATEAUX

DE L'ANGLETERRE.

CHATEAUX DE CAERPHILLY, DE BRIDGENORTH.

Le château de Caerphilly dans le Glamorganshire, en Angleterre, fut construit en 1221, sur l'emplacement d'un autre château qui avait été rasé par les Gallois, dans une de leurs tentatives pour secouer le joug des Normands. Ce château, vers la fin du XIIIe siècle, était un des plus beaux et des plus étendus de la Grande-Bretagne; ses dépendances et ses fortifications couvrent près de onze arpents; il est dans une plaine peu spacieuse, bornée par des collines, à neuf milles de Cardiff. Ses ruines sont imposantes, et la salle de réception mérite d'être vue. La forme élégante de ses fenêtres gothiques, ses piliers et la hardiesse de la voûte répandent du charme sur cette architecture régulière et sévère.

Edouard II, ce roi si malheureux comme homme et comme prince, y fut assiégé en 1326, avec ses favoris les Spencer, par les troupes de la reine. La résistance fut longue et opiniâtre; un des moyens employés pour la vaincre, fut d'établir au pied même de la tour une fournaise d'où un métal bouillant était lancé sur les assiégés; ceux-ci profitèrent d'un succès momentané pour retirer ce métal en fusion, et soit par ignorance ou à dessein, ils jetèrent de l'eau dessus, l'explosion fut si violente que la tour, arrachée de ses fondements, prit la position qu'elle a toujours conservée.

De toutes les tours penchées qui existent, celle de Caerphilly est la plus remarquable; elle est élevée de soixante-dix pieds, et elle ressort de onze pieds de la perpendiculaire. La singularité de sa position frappe surtout d'étonnement lorsqu'on la regarde de l'étang près duquel elle est placée. On tremble à la vue de cette énorme masse de pierres qui semble menacer d'écraser tout ce qui l'environne, et qui pourtant garde cette position depuis plus de cinq cents ans.

Le château de Bridgenorth, dans le Shropshire possède aussi une tour penchée; mais son inclinaison, produite par quelque commotion violente, est beaucoup moins considérable que celle de la tour de Caerphilly. Il se trouve encore une tour semblable au château de Corfe, dans le Dorsetshire; l'Italie en possède plusieurs; et tous ces monuments, qui semblent n'être retenus que par la force du ciment, gardent une position singulière depuis plusieurs siècles.

LE CHATEAU DE MONT-ORGUEIL,

DANS L'ÎLE DE JERSEY.

Le château de Mont-Orgueil, à Jersey, est bâti sur un rocher qui s'élève au milieu de la mer. On ignore à quelle époque il fut construit; mais il est incontestablement d'une haute antiquité, et l'opinion de quelques historiens, qui l'attribuent à Jules-César, paraît assez fondée. Ce qui est plus certain, c'est que son nom de Mont-Orgueil lui fut donné par le duc de Clarence, frère de Henri V, qui en fut le gouverneur. Bâti de pierres informes, sans régularité dans les proportions, ce monument n'est remarquable que par sa position et les événements historiques qu'il rappelle. Quant à sa force, elle a pu être considérable autrefois, avant l'invention de la poudre; mais de nos jours, cette force est très constestable.

Parmi les ruines dont quelques parties sont encombrées, on remarque deux chapelles qui sont aujourd'hui tellement ensevelies dans les décombres, que l'on ne peut pénétrer dans l'intérieur qu'en passant par une des ouvertures pratiquées au toit, ce qui ne se fait pas sans péril. L'escalier et la galerie, au moyen desquels ces chapelles communiquaient, sont entièrement détruits. L'intérieur de ces monuments religieux est assez bien conservé; mais il est peu remarquable, et ne mérite guère la peine que l'on se donne et les risques que l'on court pour y pénétrer : les colonnes en sont courtes et coniques, les arches sont aiguës; on sent que l'art est étranger à ces mesquines constructions, dépourvues de tout ornement architectural.

Une partie des murs, des tours et des escaliers de ce château, est taillée dans le roc, qui, vers le milieu de la forteresse, s'élève à une hauteur considérable. Après avoir passé la première porte, pourvue de tous les moyens de défense du temps, on traverse un étroit passage pratiqué entre le mur extérieur et le roc, et on arrive à une seconde porte, au delà de laquelle est une cour, et en face un bastion d'une antique construction. A gauche est encore une autre porte conduisant au centre du château; au dessus sont les armes d'Edouard VI, le lion et le dragon rouge, avec la date 1553. Près de là, on voit une chambre obscure, et à droite une petite galerie à laquelle on monte par huit marches. Elle est entourée de bancs de briques, c'est dans ce lieu qu'on jugeait les criminels; lorsqu'ils étaient condamnés, on les enfermait dans cette prison obscure dont la proximité semblait être calculée; et probablement pour qu'il n'y eût aucune lenteur dans l'exécution des arrêts de la justice, il y avait au dessus de la porte une solive dont on montre encore les deux extrémités, et qui servait à l'exécution de la sentence.

L'importance de cette forteresse était telle autrefois dans l'opinion des Anglais, qu'aucun Français n'y pouvait entrer sans avoir les yeux bandés. La plus formidable attaque qu'elle eut à soutenir fut celle que lui livrèrent le célèbre connétable Duguesclin, le duc de Bourbon, et la fleur de la chevalerie française. Quelques pans de murailles furent abattus sans injurier le corps de la place, et une flotte étant venue au secours de l'île, les Français furent obligés de se retirer, et l'expédition n'eut aucun résultat.

En 1648, Charles Ier, de funèbre mémoire, envoya son fils, le prince Charles, dans l'ouest de l'Angleterre; mais ce prince fit d'inutiles efforts pour s'y maintenir. Contraint de se retirer, il se réfugia à Jersey, avec l'historien Clarendon et quelques conseillers privés qui ne l'avaient pas abandonné; ils s'établirent dans le château de Mont-Orgueil. Deux mois après, le prince partit pour la France. Clarendon resta seul à Jersey avec son ami Carteret, qu'il a immortalisé par l'honorable mention qu'il en a faite dans son histoire. Ils y passèrent trois ans, que Clarendon employa à écrire. Deux siècles se sont écoulés depuis cette époque, et la maison dans laquelle l'historien éleva ce monument impérissable est encore appelée maison du chancelier. Ces illustres amis étaient encore à Jersey, lorsque, au mois d'octobre 1651, le parlement envoya une flotte contre eux sous le commandement de Blake. Le château de Mont-Orgueil ne conserva pas dans cette circonstance son ancienne réputation; il était mal approvisionné et ne fit pas une longue résistance. Sir Georges Carteret s'enferma dans le fort Elisabeth, et s'y défendit avec tant d'habileté et de courage, que Blake se trouva heureux de conclure avec lui un traité par lequel les royalistes avaient la permission de quitter le château avec armes et bagages, et de se faire transporter en France.

Le château de Mont-Orgueil servit aussi très souvent de prison d'Etat, et parmi les personnages importants qui y furent enfermés, on cite le célèbre Prynne, écrivain satirique, qui expia cruellement le tort d'avoir trop d'esprit.

A raison de sa position, cette forteresse est encore aujourd'hui d'une grande importance; mais les hommes de l'art ne la croient pas capable de résister longtemps à une attaque sérieuse et bien dirigée.

Château de Montorgueil.

LE CHATEAU DE DOUVRES.

L'admirable situation de la ville de Douvres au milieu d'une riche vallée abritée par un demi-cercle de montagnes, les bois dont elle est entourée, son immense baie, la beauté et la fraîcheur du paysage qui l'environne, en font une des cités les plus remarquables de l'Angleterre.

Au temps de Jules-César, les habitants de Douvres et de ses environs, malgré la civilisation peu avancée du pays, montrèrent un sentiment patriotique fort rare alors : ils coururent aux armes, se réunirent, marchèrent avec résolution contre le vainqueur des Gaules, et les succès qu'ils obtinrent ralentirent la rapidité de l'agression. Toutefois, les Romains se rendirent maîtres du pays, et Jules-César, ce grand constructeur de forteresses, voulant assurer la liberté des communications entre l'Angleterre et le continent, fit élever le château de Douvres dont les restes sont encore debout.

Douvres a conservé jusqu'à nos jours son importance primitive ; cette ville est toujours un des cinq principaux ports de l'Angleterre ; c'est toujours de là qu'en cas de guerre avec la France partent les expéditions les plus redoutables ; et il serait impossible de trouver sur la côte un point plus propice à l'armement d'une flotte. C'est à Douvres qu'en 1189 s'embarqua Richard Ier, surnommé Cœur-de-Lion, pour entreprendre la conquête de la Terre-Sainte. Plus tard, Jean-sans-Terre rassemblait toutes ses forces à Douvres, pour s'opposer au débarquement de Philippe-Auguste. En 1216, Louis, dauphin de France, fils de Philippe-Auguste, auquel il succéda plus tard sous le nom de Louis VIII, débarqua, à la tête d'une armée formidable, sur les côtes de l'Angleterre, s'empara de plusieurs places fortes et pénétra jusque dans la ville de Douvres ; mais le château résista aux attaques des Français, qui se virent forcés d'en lever le siége. Il en fut de même sous le règne d'Edouard Ier, époque à laquelle les Français se rendirent de nouveau maîtres de la ville, en incendièrent plusieurs quartiers, et furent néanmoins forcés de se retirer, après avoir éprouvé des pertes considérables sous les murs du château.

On cite entre autres événements historiques qui font de Douvres une cité célèbre, l'entrevue de l'empereur Charles V et du roi Henri VIII, qui s'y rencontrèrent en 1520, et les adieux qu'y fit le prince régent, depuis Georges IV, au roi Louis XVIII, quittant l'Angleterre, en 1814, pour remonter, après vingt-cinq ans d'exil, sur le trône de ses ancêtres. La réponse que lui adressa Louis XVIII est digne d'attention : « C'est aux conseils « de votre altesse, à ce glorieux pays et à la confiance de ses « habitants, que j'attribuerai toujours, après la divine Provi- « dence, le rétablissement de notre maison sur le trône de ses « ancêtres, etc. » Pour un prince à qui on accordait de l'esprit et du tact, c'était manquer de l'un et de l'autre dans cette circonstance; c'était blesser le peuple, en lui rappelant qu'il recevait un roi de la main de ses ennemis.

Douvres est bien bâtie. Du sommet des montagnes qui l'entourent, on aperçoit les côtes de France. Mais ce qui attire particulièrement l'attention, c'est la citadelle, bâtie sur l'emplacement de l'ancien château, au sommet du Shakspeare, rocher qui n'a pas moins de cinquante pieds d'élévation au-dessus du niveau de la mer, et au milieu duquel est taillé, en forme de spirale, un double escalier en forme de puits, et par lequel le château communique avec la ville.

Cette forteresse fut emportée par surprise sous le règne de Charles Ier, par un chef de partisans nommé Drake, qui, à la tête de douze hommes déterminés, escalada le rocher, pénétra dans la place, et y répandit une si grande terreur, que la garnison, croyant avoir toute une armée sur les bras, se soumit sans résistance. Aujourd'hui que la citadelle est armée de manière à résister à la flotte la plus formidable, un pareil événement serait impossible, et, en cas de guerre, les habitants de Douvres, protégés par les canons du château, n'auraient rien à redouter des efforts de l'ennemi.

Château de Douvres.

LA TOUR DE LONDRES.

La tour de Londres, qu'un incendie a détruite presque complétement il y a quelques années, était sans contredit le monument historique le plus important de l'Angleterre. La partie la plus ancienne de cet édifice a été, selon les apparences, bâtie par Jules-César. La tour Blanche, ou le donjon, élevée par le cardinal de Rochester, dont il ne reste plus que des ruines, ne date que de la fin du XIe siècle. Soixante ans plus tard, en 1140, le roi Etienne y fixa sa résidence pendant les troubles qui désolaient ses états. A la fin du XIIe siècle, Longchamp, évêque d'Ely, que Richard Cœur-de-Lion en avait nommé gouverneur, l'environna de fortifications formidables pour ce temps. Plus tard, ces travaux furent augmentés par le roi Jean, qui y tint sa cour pendant les dernières années de son règne, après lequel les barons révoltés s'en emparèrent et la remirent à Louis de France, qu'ils avaient appelé; elle fut rendue à Henri III en 1217. Ce fut lui qui construisit la chapelle, la grande salle et la chambre du conseil. Ralph Flambard, évêque de Durham, ministre et confident de William Rufus, sous Henri Ier, est le premier prisonnier dont parle l'histoire. Le célèbre Hubert de Burgh, comte de Kent, y fut tour à tour gouverneur et captif sous Henri III, vers 1252. Griffin, fils de Llewelin, prince de Galles, se tua en cherchant à s'échapper avec son fils et d'autres ôtages en 1244. Henri III y chercha plusieurs fois un asile pendant les troubles, et ajouta autant qu'il le put à ses moyens de défense. Edouard Ier acheva les travaux entrepris par son père; depuis lors, rien d'important n'a été fait sous ce rapport. Six cents juifs s'y trouvèrent enfermés à la fois pour crime de fausse monnaie, et le fameux William Wallace y passa quelques jours, en 1303, avant de terminer sa vie de héros par le supplice d'un criminel. Elle changea souvent de maîtres sous le règne si agité du malheureux Edouard II, et l'invasion de la France par Edouard III la rendit encore le séjour d'illustres personnages; les comtes d'Eu et de Tancarville y furent amenés avec trois cents bourgeois de Caen. Bientôt la bataille de Nevill's Cross, gagnée par la reine en l'absence du vainqueur de Crécy, leur donna pour compagnons de captivité David Bruce. et les lords de Fife et de Monteith, auxquels vinrent se joindre, au bout de quelques mois, Charles de Blois et le brave Jean de Vienne, gouverneur de Calais, avec douze des principaux citoyens de cette ville. Jean et son fils y furent sévèrement gardés en 1359.

Richard II, assiégé deux fois dans la tour de Londres par ses propres sujets, ayant abandonné à la fois le trône et cette sombre demeure, elle devint la résidence de son successeur, Henri de Bolingbrok, qui y mourut empoisonné.

Pour faire l'histoire de la tour de Londres, il faudrait écrire celle des troubles civils de l'Angleterre ; cet édifice ayant servi tour à tour, et souvent à la fois de résidence royale, de forteresse et de prison d'Etat. Il serait aussi trop long de rappeler les noms de tous les personnages célèbres qui furent emprisonnés ou qui trouvèrent la mort dans sa redoutable enceinte ; nous n'en citerons que quelques uns des plus célèbres. Tels sont James, prince d'Écosse, arrêté au moment où il allait s'embarquer pour la France ; les ducs d'Orléans et de Bourbon, qui y furent enfermés sous le règne de Henri VI ; le duc de Clarence qui, après avoir été jugé et condamné, en 1478, y fut noyé dans un tonneau de vin de Malvoisie ; Edouard Plantagenet, fils de ce dernier, qui y fut décapité. Ce fut encore dans la tour de Londres que, sous Henri VIII, sir Thomas More et Fischer furent emprisonnés, en 1534, et exécutés l'année suivante. La reine Anne de Boulen y subit, en 1536, la fatale conséquence des caprices barbares de son mari, et chaque année on y vit arriver de nouvelles victimes. Les lords Thomas Howard, Darcey, Montague et le marquis d'Exeter, accusés de trahison, y finirent leur vie sur l'échafaud. Cromwell, comte d'Essex, sage et fidèle conseiller du roi, y fut exécuté, en 1540, parce qu'il avait été le principal auteur de son mariage avec Anne de Clèves qui lui était devenue odieuse. Bientôt après, la même hache frappa sa quatrième femme, Catherine Howard et son amie lady Rochford.

Ces lieux, qui semblaient consacrés au malheur, furent, par un singulier contraste, témoins d'un genre de mort bien différent : Arthur Plantagenet, fils naturel d'Édouard IV y mourut de joie en apprenant que son innocence était reconnue. Les malheurs de Jeanne Grey et de son jeune époux, lord Guilford Dudley, tous deux victimes de l'ambition du duc leur père, qui entraîna dans sa ruine sa famille et ses amis, et les persécutions que fit souffrir la reine Marie à ceux qui ne partageaient pas ses opinions religieuses, forment les traits principaux de ce règne. La tour servit aussi d'asile à la princesse Elisabeth, et lorsque, suivant l'exemple de ses prédécesseurs, elle la quitta pour la cérémonie de son couronnement, aucun souverain peut-être ne recueillit dans une telle occasion les vœux d'un intérêt plus sincère. Il faut convenir cependant que, malgré la prospérité d'un règne dont l'Angleterre ressent encore les heureux effets, on ne vit jamais à la tour un plus grand nombre de prisonniers de tous rangs et de toutes conditions. On trouve dans un rapport présenté à ce sujet au conseil privé, en 1561, six évêques, un abbé de Westminster, deux comtes, lady Catherine Grey et douze autres individus. Howard, duc de Norfolk, arrêté en 1369, fut

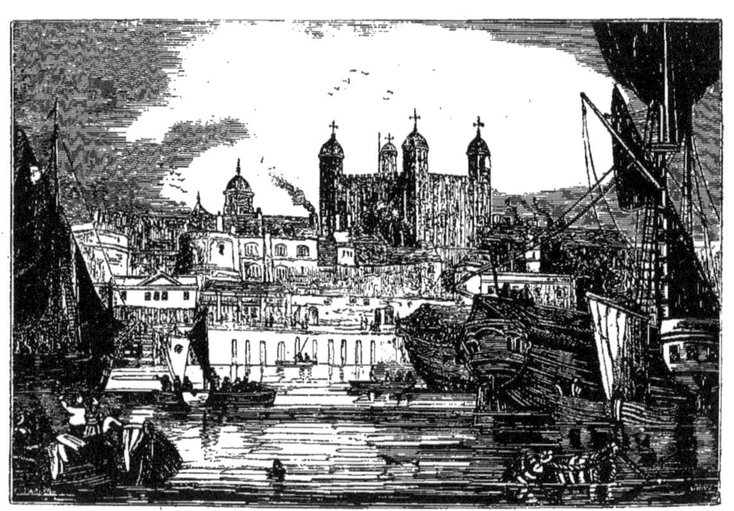

La Tour de Londres.

exécuté trois ans après pour ses menées en faveur de Marie Stuart, ainsi que son fils, le comte d'Arundel, et le comte de Northumberland, pour crime de trahison ; ce dernier, voulant empêcher la reine de confisquer ses biens, n'attendit pas le bill et se tua.

Viennent ensuite sir Walter Raleig, les comtes d'Essex. de Southampton et de Rutland.

Sous le règne de Charles Ier, sous la république établie par Cromwel, et pendant le règne de Charles II, la tour de Londres fut le théâtre d'événements non moins sinistres. La dernière exécution faite dans cette forteresse est celle de lord Lorat, qui y fut décapité en 1747.

La description suivante, que nous empruntons à un historien moderne, peut donner une idée complète de l'étendue et de l'importance de ce monument avant l'incendie qui le détruisit en 1842.

Le terrain occupé par l'édifice, les bâtiments extérieurs et un espace de quelque étendue, forment un district particulier appelé les franchises de la tour. Sa juridiction, ses priviléges sont indépendants de la cité de Londres ; mais ses limites et la nature de ses droits ont été une source continuelle de discussions interminables peut-être, car la question ne paraît pas encore éclaircie. Un constable, dont les fonctions sont aussi anciennes que la tour elle-même, commande la place : il jouit de priviléges et d'émoluments considérables, récompenses de services importants, ou arrachés par l'ambition des gouverneurs à la faiblesse des rois au milieu des troubles.

Il existe une liste authentique de cent dix-huit constables, depuis Geoffroy de Mandeville, le premier de tous en 1066, jusqu'au duc de Wellington qui l'est à présent. On trouve parmi eux des seigneurs du plus haut rang. Une nombreuse garnison occupe toujours cette forteresse, et ses fortifications ont été réparées à la fin du dernier siècle, lorsqu'une terreur peu fondée fit redouter des agitations intérieures ; toutes les précautions furent prises pour rendre inutiles les tentatives que l'esprit remuant de ce temps put faire pressentir. Plus de douze acres sont renfermés dans les murailles extérieures ; le fossé qui les entoure a trois cent trente yards (demi-toise) de circuit et de trente à cinquante de largeur en différents endroits ; il présente en général l'aspect d'un pentagone irrégulier : une spacieuse plate-forme ou quai le sépare de la Tamise. Du côté du midi, se trouvent les canons qui annoncent les réjouissances publiques. La principale entrée consiste en une porte de pierre défendue aux deux extrémités par de fortes tours. Il y avait autrefois en avant du pont quelques travaux formant ce qu'on nomme en langage d'ingénieur une barbacane ; elle est remplacée par la ménagerie. Cependant, une cour entourée de murs précède encore le pont.

Dans le milieu de la façade du midi est la tour de Saint-Thomas, appelée la Porte des Traîtres, à cause d'un passage voûté qui communique avec la rivière en passant sous le quai, et par lequel on amenait les prisonniers; il est assez bien conservé et offre un échantillon de l'architecture du temps de Henri III; on y a placé une machine hydraulique pour le service de la garnison.

La tour Blanche est un bâtiment quadrangulaire de cent soixante pieds de long sur quatre-vingt-dix de large et quatre-vingt-quatre de haut : placé au centre de l'édifice il en forme la portion la plus remarquable. Des tours carrées qui s'élèvent en tourelles fort au-dessus du toit sont aux angles nord et sud-ouest; celle qui est à l'angle nord-est est circulaire, et contient le principal escalier; le côté opposé se termine en un grand demi-cercle qui forme le bout de la chapelle. Il y a aussi dans cet angle une tour pour correspondre aux trois autres, et ce sont ces quatre sommets qui donnent aux vues de la citadelle un caractère si particulier. Son nom lui vient de l'usage où l'on était de la blanchir de temps en temps, ce qui est prouvé par un document très curieux de l'année 1241, écrit en latin, et qui renferme des réglements sur les réparations de cette tour. Elle se compose de trois étages; mais les ravages du temps et des changements successifs ont presque fait disparaître toute trace de l'architecture primitive. Les murs ont quinze pieds d'épaisseur à leur base et douze aux deux étages supérieurs; chacun des étages est divisé en trois appartements; trois souterrains voûtés servent de magasin pour le salpêtre, et n'ont rien de remarquable. Le plus petit appartement du rez-de-chaussée est voûté; il est très simple, mais curieux par son antiquité. Une porte dérobée conduit à une cellule obscure de dix pieds de long sur huit de large; elle est creusée dans l'épaisseur du mur. On assure que ces chambres ont été occupées par sir Walter Raleigh, et qu'il y composa son histoire du monde. Il n'y a pas de doute qu'elles n'aient servi de prison. On distingue encore sur l'un des côtés de la porte secrète des inscriptions tracées par trois personnes arrêtées comme complices de la révolte de sir Thomas Wyatt en 1553. De vastes arsenaux sont placés dans quatre pièces du rez-de-chaussée et du premier étage; deux contiennent tout ce qui est nécessaire pour armer cinquante mille hommes. On y conserve une collection d'armures de différents siècles, et d'autres curiosités du même genre.

La chapelle royale, dédiée à Saint-Jean l'évangéliste, est au premier étage; une de ses ailes est saillante sur l'épaisseur du mur et s'étend du nord au sud, entourée par le demi-cercle dont nous avons parlé, et qui est séparé de la nef par douze piliers massifs soutenant les arches; au-dessus est une autre arcade tout unie et qui se trouve de niveau au second étage du reste de la tour. La chapelle a été enduite de plâtre en entier, ce qui cache le premier travail, mais on l'a examiné avec soin, et on a enlevé le plâtre en divers endroits. Ce travail est solide, bien exécuté, et ce monument offre dans son ensemble un beau reste d'architecture normande. On ignore à quelle époque précise le chapelain, établi par Henri III, a cessé ses fonctions; mais il est certain que sous Charles II une partie des archives était, comme aujourd'hui, déposée dans ce lieu. Deux appartements du second étage méritent d'être remarqués; le plus grand se nomme la chambre du conseil; on suppose que le conseil y tenait ses séances quand le roi habitait la tour. Les poutres massives d'un immense plafond, soutenues par une double rangée de poteaux, le jour qui ne pénètre qu'à travers les arches ouvertes d'une étroite galerie, et les ogives fermees qui la séparent de l'autre pièce, tout respire un vernis d'antiquité bien en rapport avec le reste de l'édifice. La plus grande tourelle a servi d'observatoire avant la construction de celui de Greenwich, et elle en porte le nom. Il est assez singulier qu'il ne se trouve dans ce vaste bâtiment nulle trace de cheminée ni de puits. Dans l'angle nord-ouest de la cour intérieure et de celle d'honneur, est située la chapelle de Saint-Pierre-aux-Liens, qui fut construite sous Édouard Ier, sur les débris d'une très ancienne chapelle.

Il y avait autrefois, derrière cette chapelle, un petit ermitage souvent mentionné dans les mémoires du temps de Henri III; l'ermite recevait un penny par jour de la munificence royale.

Un grand bâtiment situé au nord dans l'intérieur de la cour d'honneur renferme le train d'artillerie et le petit arsenal. Au côté sud de la tour Blanche se trouvent rassemblées les armures des rois et chevaliers anglais, parmi lesquelles on distingue celles de Henri VIII, de Charles Ier, du comte d'Essex, etc. L'arsenal de la reine Elisabeth est un bâtiment en face de la tour Blanche. On voit encore les restes de treize tours qui servaient à défendre la cour intérieure. Voici les noms des principales : la tour de la Cloche, la tour de Beauchamp, la tour de Devereux, la tour de l'Archer, la tour des Joyaux où est renfermé le trésor de la couronne, et enfin la tour Sanglante où l'on suppose, d'après une vague tradition, qu'eut lieu le meurtre des jeunes princes Edouard V et le duc d'York. »

Aujourd'hui, ainsi que nous l'avons dit plus haut, il ne reste de cet antique édifice que des débris et des cendres; encore un peu de temps, et il n'en restera que le souvenir.

CHATEAU DE STIRLING.

Le voyageur qui parcourt en touriste les régions pittoresques de l'Ecosse, s'il aime les souvenirs poétiques d'Ossian, s'il est l'admirateur de Walter-Scott, ce narrateur si intéressant, ce compositeur parfait de descriptions de sites, de collines, de châteaux, s'il lui plaît de contempler des demeures illustres, ne manque pas, dans son pèlerinage romantique, de rendre visite au séjour séculaire des rois de la Calédonie. L'Écosse est un pays qui charme l'âme par l'aspect de ses habitations originales, presque toutes semées çà et là entre des lacs et des montagnes. Il est beau de voir un château royal perché sur un rocher escarpé et flanqué de tourelles gothiques, car entre ces murs il s'est passé des vies mystérieuses ou guerrières dont Fingal est le premier type. Sa position est une image des orages d'une vie de roi.

Montons donc sur une des tours du château de Stirling, manoir des monarques calédoniens.

Peu de vues rivalisent avec le coup d'œil qui vous est offert du haut d'une de ces tours. A vos pieds, vous avez deux rivières qui coulent avec une rapidité impétueuse : l'une s'appelle la Reith, et l'autre la Forth. Ossian écoutait le bruit de leurs flots.

La Forth possède un pont hardi qui joint ses deux rives lointaines, s'évanouissant devant le regard et laissant à la Forth quelque chose de grandiose qui la rapproche de l'immensité et de la grandeur de l'Océan.

Ce pont sert d'abri au pêcheur des Kébrilles, qui vient préserver sa barque de l'orage ; hôte habituel d'une nature majestueuse et sauvage. Au milieu des flots d'un vert azuré, une petite île se dresse comme un effet magique. Cette île n'est pas fertile, ce n'est qu'un rocher ; mais, sur ce rocher, on a construit un délicieux séjour, le séjour de Craigfort.

Au delà de l'îlot, la vue suit les détours argentés du l'Állern, ruisseau illustré par les ballades écossaises, et qui se perd au milieu des constructions merveilleuses qui ont vaincu l'aridité du sol et l'incommodité des marécages.

L'on passe ensuite, par un demi-tour, à la découverte de la ville de Stirling, qui vous offre des escarpements, des palais qui se délabrent, des chaumières à toiture de feuilles et de branches de genêts. Une église gothique s'élève autour de cet amas de constructions ; vous en admirez la flèche, dont le travail est d'une main habile. La Reith, quand le soleil n'est pas voilé par les nuages, réfléchit le clocher dans ses eaux limpides.

Un amphithéâtre de montagnes, presque toujours couvertes de la robe blanche de la neige, se déroule derrière la ville. Les cîmes de ces monts se confondent avec un rideau de nuages trans parents.

Voilà où jadis les rois d'Écosse passèrent les jours glorieux de leur puissance. Sur ce site charmant ils étendaient leurs regards: depuis ces murs, ils dominaient sur le royaume.

Stirling eut l'honneur, avec Dumferline et Linlithgow, d'abriter une partie de l'année la personne des souverains écossais, à partir de la conquête des Normands, jusqu'au retour de Jacques 1er de sa captivité.

Stirling était l'une des clefs du royaume ; aussi les Écossais et les Anglais se sont-ils livré de terribles et sanglants combats dans les plaines qui l'avoisinent. Les annales de ces deux peuples comptent plus de douze champs de bataille dans l'horion, pris du sommet du château.

Parmi ces batailles, la plus célèbre est celle de Bannockburn, où la victoire resta aux maîtres de Stirling.

Dès lors, la ville reçut une importance historique.

Esquissons, en peu de mots, le fait d'armes remarquable de la vieille Écosse, passé devant sa première capitale.

Déjà, William Wallace avait défendu héroïquement sa patrie contre les Anglais. Ses efforts n'empêchèrent pas Edouard Ier, roi d'Angleterre, de pénétrer jusqu'au sein de la Calédonie et d'y planter son étendard.

Néanmoins celui-ci trouva dans Robert Bruce, un antagoniste digne de Wallace. Bruce, inspiré par sa bravoure naturelle et par un ardent amour de la liberté, était parvenu à expulser les Anglais. Mais il leur restait encore la forteresse de Stirling, occupée par sir Philippe Mowbray, au nom d'Édouard II.

Mowbray y fut bloqué par Édouard Bruce, frère de Robert; mais, redoutant plus la famine que l'ennemi, il s'engagea à se rendre, si, vers le milieu de l'eté, il ne recevait pas de munitions.

Édouard Bruce eût la générosité de permettre au noble Breton d'aller à Londres, pour s'entendre sur cette capitulation. C'était bien compter sur les forces et la bravoure des Écossais, que d'en user ainsi avec l'ennemi. Le roi d'Angleterre, outre ses Etats, possédait, à cette époque, le pays de Galles, l Islande et une partie de la France. Il pouvait conséquemment rassembler de nombreuses troupes, et venir pulvériser sous les murs de Stirling, une petite troupe de montagnards, trop fiers de leurs premières victoires.

Robert Bruce vit avec effroi le danger où le mettait la témérité de son frère, et il remit tout à sa fortune et à Dieu.

Heureusement Édouard Ier n'était plus. Édouard II, son fils, était un roi voluptueux et indolent, jouet des favoris qui régnaient en maîtres sur son esprit irrésolu. Cet indigne fils d'un père brave, balance, et ce n'est qu'après de longs délais, qu'il se décide à rassembler lentement une nombreuse armée. C'en était fait des Bruce et de l'Ecosse, si une attaque prompte eût été dirigée contre eux.

Édouard Ier n'eût pas manqué d'agir avec célérité. Edouard II laissa fuir le succès, et l'Ecosse dut son salut à sa négligence. Quand le roi d'Angleterre se mit en marche à la tête de sa noblesse, d'une cavalerie qui avait fait ses premières armes dans les plaines de la Normandie et de la Flandre, et de ces archers si renommés par leur adresse et leur agilité, les Ecossais s'étaient rassemblés au nombre de trente mille, avec un appareil peu imposant, il est vrai, mais Robert était à leur tête. Son frère Édouard brûlait de réparer sa faute ; son neveu Randolph, son fidèle Douglas, étaient à ses côtés. Ces guerriers formaient tout ce que la Calédonie enfanta de plus grand et de plus héroïque. Robert Bruce ne demanda pas à la seule valeur de ses compagnons d'armes tout le succès de cette journée : il appela la ruse militaire à son aide.

Il existe une plaine près de Stirling qu'on nomme le *Parc*. Des fondrières, des marécages l'environnent de toutes parts. Le

Château de Stirling.

Parc, proprement dit, présente seulement un terrain sec et résistant.

Le prince écossais fit creuser une multitude de trous de deux pieds de profondeur sur le front de la ligne de bataille, et où il était probable que se jetterait la cavalerie ennemie. Il fit remplir ces trous de broussailles, et les fit recouvrir d'un léger gazon pour faire paraître le terrain comme uni et d'un facile accès, tandis qu'il recèlait partout des pièges et des précipices. Pour compléter ce système d'embûches, on établit en plusieurs endroits des chausse-trappes pour enferrer les chevaux et la cavalerie.

L'aile droite de l'armée écossaise était appuyée contre la rivière de Bannockburn, qui la préservait par ses bords rapides et escarpés. L'aile gauche s'était développée vers le nord jusque sous les murs de Stirling.

Ainsi disposée, l'armée écossaise put livrer bataille le 24 juin 1314, à la fière armée anglaise, toute brillante de belles armures, toute remplie de nobles seigneurs et d'écuyers portant des pennons armoriés, et montés sur des palefrois bardés de fer et richement harnachés.

Cette superbe réuuion de guerriers fut mise complètement en déroute.

Tout rappelle au tour de Stirling les circonstances ce cette lutte mémorable.

A la droite de la ville, on sait le champ où l'abbé d'Inchaffray exhortait les Ecossais à genoux.

Pendant cette prostration, Édouard II s'écria: « Ils demandent pardon ». Le baron Ingelram d'Umphraville répondit : «Oui, c'est à Dieu qu'ils le demandent, et non à nous. »

Près de ce champ, on voit la place où, la veille du combat, Robert Bruce, monté sur un petit cheval et armé d'une simple hache d'armes, étendit roide mort Henri de Bohun, qui avait eu la témérité de se vanter qu'il terminerait d'un coup de lance la guerre entre l'Ecosse et l'Angleterre.

Dans le chemin qui longe le château, Randolph se vit mille fois à deux doigts de la mort, lui et ses braves, en empêchant lord Clifford de venir secourir la garnison anglaise de Stirling.

Plus loin et derrière les hauteurs de Gilles-Hill, s'étaient retirés les domestiques et les conducteurs de bagages. Ils parurent tout-à-coup comme un renfort à la fin du combat, et décidèrent de la victoire.

Mille autres glorieux souvenirs se pressent autour de Stirling.

Là, le vaillant Douglas poursuivit le monarque anglais, et les vieillards de la contrée montraient le chemin qu'il suivit dans cette poursuite.

En rappelant les annales glorieuses du Stirling, nous ne devons pas omettre de dire que les murs de ce château portent des taches de sang. Il s'y passa un de ces faits sanglants qui terminent l'histoire d'un monarque, et appellent une plume tragique.

Ce fut dans les appartements de Stirling que Jacques II, dit Visage de Feu, à cause d'une large tache rouge qui couvrait sa figure, poignarda de sa propre main, en 1552, Archibald, comte de Douglas, pour s'être posé en rival du roi, et s'être revêtu de la dignité de lieutenant général du royaume, et parce que son élévation et son humeur remuante et farouche inspiraient de grandes craintes au monarque.

Conseillé par l'ancien régent du royaume et par sir Patrick Gray, qui voulait venger un assassinat dont le comte de Douglas avait été l'auteur, Jacques tendit un piège à Archibald, et l'invita à venir au château de Stirling.

A cette invitation, les amis d'Archibald s'émurent et soupçonnèrent une trahison. Le comte méprisa leurs avis et se rendit au château, comptant sur la foi du monarque. Celui-ci reçut son hôte avec un poignard qu'il lui plongea dans le sein. Le cadavre resta sans sépulture, tant on avait horreur d'Archibald. Il n'y a guère que cinquante ans que, dans le jardin du château, au pied de la croisée où le crime avait été commis, on retrouva les restes de ce conspirateur à qui son roi servit de bourreau.

Jacques V habita Stirling comme ses prédécesseurs. Il prenait un nom de montagne, et s'en allait, sous le travestissement d'un simple paysan, interroger ses sujets à leur insu.

Jacques VI habita également Stirling, où il avait été baptisé. Il embellit la ville qui, depuis, est devenue le théâtre des guerres qui ont désolé l'Ecosse pendant plus de cent ans.

Il est impossible aujourd'hui de reconnaître, dans les débris de Stirling, l'ancienne capitale de la Calédonie.

Les palais sont déserts ou ruinés : on ne dirait pas qu'une magnificence royale s'y est étalée.

Le paysan habite sous des plafonds dorés ; il convertit en serres et en étables les salles de danse et de festins, sans respect pour aucun souvenir.

Le château ne renferme que d'imposantes ruines. A peine si le commandant de place peut y trouver un logement convenable.

La chambre où siégeait le parlement est toute dégradée ; seulement on remarque que les portes en bois de chêne sont couvertes d'inscriptions et de sculptures, difficiles encore à déchiffrer, On remarque aussi, près de ce château, des bas-reliefs et des statues qui rappellent le style égyptien, indice qui ferait croire que les Phéniciens sont venus jusqu'à l'embouchure de la Forth pousser leurs excursions aventureuses. Ce n'est donc plus qu'un débris que nous venons de nommer.

ANCIENS CHATEAUX
DE LA FRANCE.

CHATEAU DE BAYARD.

Sur la rive gauche de l'Isère, à dix lieues de Grenoble, s'élève l'antique château de Bayard; il est placé sur un mamelon isolé qui domine la vallée. Les restes de ce vaste manoir témoignent de son ancienne importance. Dans une position formidable, la cour était fermée et défendue, comme celle de tous les châteaux-forts, par des murailles crénelées; la porte, en arcade, était flanquée de deux tours rondes; l'une servait de chapelle, l'autre de colombier. L'histoire du château de Bayard se résume dans son nom, et ce nom est celui du preux chevalier sans peur et sans reproche.

Type parfait de courage, de dévoûment, de loyaute, modèle classique de toutes les vertus chevaleresques, dont seul il a offert la réunion entièrement pure d'alliage, Bayard est le plus populaire des héros de notre histoire : le surnom de Chevalier sans peur et sans reproche n'est pas plus connu que chacun des faits dont se compose sa noble vie.

Né en 1476, au château de Bayard, dès l'âge de treize ans, le jeune rejeton de l'ancienne maison du Terrail s'était voué à la carrière des armes. Bientôt il prélude à des tournois à des joûtes plus sérieuses. Il suit Charles VIII en Italie ; à Fornoue il a deux chevaux tués sous lui, et enlève une enseigne qu'il présente au roi. Sous le règne de Louis XII, sa fortune militaire prend l'essor le plus brillant. Il triomphe, dans un combat singulier, de l'Espagnol Soto-Mayor, et renouvelle le fameux trait d'Horatius Coclès, en défendant le pont de Garigliano seul contre toute une armée. Il détermine le succès d'Agnadel. Blessé grièvement à l'assaut de Bressia, il sauve, par sa seule présence, la vie et l'honneur des hôtes qui lui donnent asile ; et refuse l'or que cette famille reconnaissante lui offre pour sa rançon, le partageant entre deux jeunes beautés dont il avait protégé la vertu. Il combat à Ravenne, et Gaston de Foix ne périt que pour avoir négligé ses avis. Blessé de nouveau à la retraite de Pavie, il court de véritables dangers. « Mon regret, disait-il, n'est pas de mourir, mais de mourir dans » un lit comme une femme. » Rendu à la vie, il s'honore, comme Scipion, par un trait de continence admirable. A Guinegate, il n'épargne aucun effort pour soutenir l'honneur des armes françaises.

François Ier monte sur le trône : Bayard lui donne la victoire à Marignan, et le roi l'en récompense, en voulant se faire armer chevalier par sa main glorieuse. A Mézières, Bayard sauve la France. Après l'affaire de Rebec, où il est battu par la faute de Bonnivet, ce dernier lui remet le commandement : « Il est bien tard, répond » Bayard ; mais n'importe, mon âme est à Dieu, et ma vie est à » l'Etat; je vous promets de sauver l'armée aux dépens de mes » jours. » Le 30 avril, une pierre lancée d'une arquebuse à croc vint le frapper au côté droit, et lui rompit l'échine du dos. « Jésus, » mon Dieu, je suis mort ! » s'écria Bayard. On court à lui pour le tirer de la mêlée : « Non, dit-il : près de mourir, je me garderai » bien de tourner le dos à l'ennemi pour la première fois. » D'une voix mourante, il ordonne la charge, et se fait placer au pied d'un arbre : « Mettez-moi, dit-il, de manière que mon visage regarde » l'ennemi. » A défaut de croix, il baise celle de son épée ; il se confesse à son écuyer, et puis il dit au connétable de Bourbon, qui s'attendrissait à sa vue : « Ce n'est pas moi qu'il faut plaindre, » mais vous, qui combattez contre votre roi et votre patrie. »

Ainsi périt Bayard, à l'âge de quarante-huit ans. François Ier fit son oraison funèbre à Pavie : « Ah! chevalier Bayard, s'écria-t-il » en se voyant aux mains des Impériaux, que vous me faites grande » faute! Je ne serais pas ici! »

Ses restes furent revendiqués par son pays natal, et déposés dans une église des Minimes, à un quart de lieue de Grenoble, après avoir reçu des honneurs funèbres qu'on n'avait jamais rendus qu'aux princes du sang royal; mais le temps renversa cette église, et ses cendres furent regardées longtemps comme perdues. Dans les premiers jours de 1815, un paysan labourant autour des ruines qui encombraient son champ, découvrit le précieux tombeau. Il fut transporté avec pompe dans une chapelle de l'église St-André; c'est là que les dépouilles du glorieux chevalier sont conservées, en face même de sa statue.

Le château de Bayard, huché sur une éminence, brave la tempête et la violence des vents du midi; mais chaque jour une pierre s'écroule de ses murailles délabrées; ses tours percées en meurtrières, ses escaliers en colimaçons, tout tombe de vétusté. Cependant, la masse est encore imposante; les murs ont plus de dix-huit pieds d'épaisseur; les écuries, soutenues par des colonnes de granit, existent au rez-de-chaussée; en face de la façade principale s'étendent trois terrasses élevées l'une sur l'autre et appuyées sur un glacis revêtu de gazon. Des étages de l'édifice il ne reste que le premier; on y voit le cabinet de Bayard et la chambre où il naquit.

LE CHATEAU DE LOCHES.

Si l'on en croit la tradition, avant que ce château si fameux ne prît des dimensions gigantesques, il y avait, dès les premiers siècles de notre ère, sur son emplacement, quelques fortifications romaines. Puis il y fut élevé une chapelle, dans les premières années du ve siècle. Ce qu'on peut admettre comme certain, c'est qu'il y avait déjà, au même lieu, sous le règne de Childebert Ier et vers le vi^e siècle, une forteresse et une église qui furent ruinées, deux siècles après, par Pépin et Carloman.

Une discussion de date n'aboutirait à rien; ne donnons aux vieilles murailles du château qui nous occupe qu'une durée de huit cents ans.

Trois cents ans s'étaient écoulés, et depuis longtemps déjà les ronces s'étendaient sur les ruines de la forteresse, lorsque les comtes d'Anjou songèrent à relever ces vieilles murailles. Ces seigneurs donnèrent à l'enceinte du château une étendue tellement considérable qu'ils purent faire construire au centre une église dans laquelle ils déposèrent les reliques qu'ils avaient rapportées de la Terre-Sainte, au retour de la première croisade, et que plus tard, il s'éleva, dans cette enceinte, des maisons qui formèrent des rues, des places, et lui donnèrent l'aspect d'une ville fortifiée. Ces accroissements devinrent surtout considérables sous Charles VII, Louis XI et Louis XII, successeurs des comtes d'Anjou qui ajoutèrent à la splendeur du château de Loches en même temps qu'ils en augmentaient la force par des ouvrages nouveaux capables de résister à l'artillerie. Ce château qui domine du sommet, d'un plateau de rochers, les verdoyantes prairies arrosées par l'Indre, était alors considéré comme un ange gardien dont les ailes s'étendaient sur les villes jumelles de Loches et de Beaulieu.

Ce monument féodal, négligé à partir du xvie siècle, comme maison de plaisance, et perdant toute son importance militaire, ainsi que la plupart des autres places centrales du royaume, depuis que les frontières ont été reculées au midi jusqu'aux Pyrénées, et à l'ouest jusqu'à la mer, fut abandonné peu à peu aux ravages du temps et à l'avidité des spéculateurs.

Maintenant il est en état de complète dévastation : il a le sort des monuments de Rome et d'Athènes qui, méconnaissables sous

Château de Loches.

l'entassement de leurs débris ou dans leur décomposition, gardent cependant quelques-unes de leurs parties massives, comme signe d'une grandeur déchue et comme pour avertir l'historien que là gissent les témoins muet et pourtant éloquents des grandes vicissitudes qu'ils ont mission de raconter au monde.

Au milieu des ruines du château de Loches, et parmi celles de ses parties qui sont le mieux conservées, on remarque particulièrement la tour carrée. Flanquée de tourelles et entourée de fossés, cette vieille tour élève encore hardiment, à une hauteur d'environ cent vingt pieds, ses tristes murailles, bâties de manière à présenter une différence de plusieurs pieds entre l'épaisseur de leur base massive et celle de leur sommet.

Ayant appartenu successivement aux rois de la première race, aux ducs d'Aquitaine et aux comtes d'Anjou, la forteresse de Loches fut, sous chacun de ses maîtres, le théâtre de ces événements de guerre que le désordre féodal multipliait en France. Comprise dans les confiscations exercées par Philippe-Auguste sur le roi d'Angleterre, Jean-sans-Terre, au commencement du XIIIe siècle, elle fut rattachée à la couronne de France; mais il fallut la soumettre par la force des armes pour y arborer les lis. Un serf, fils de serfs français, du nom de Girard, devenu capitaine de par sa bonne épée, et qui tenait le château au nom de la veuve du roi Richard-Cœur-de-Lion (à laquelle le château avait été donné), refusa de le rendre, et le défendit longtemps avec un courage opiniâtre contre les troupes du roi de France.

Charles VII donna à Agnès Sorel le château de Loches, le comté de Penthièvre en Bretagne, les seigneuries de La Roche-Servière et d'Issoudun en Berri, et le château de Beauté, situé sur les bords de la Marne, d'où elle prit le nom de Dame de Beauté. Et dans le même temps la famille de Jeanne la pucelle, qui avait sauvé la France et rendu au roi sa couronne, recevait pour toute récompense l'exemption de la taille?

Le dauphin (depuis Louis XI), jaloux sans doute du crédit d'Agnès sur l'esprit du roi, étendait jusqu'à elle la haine qu'il portait à son père. Le corps d'Agnès Sorel avait été dépose au milieu du chœur de l'église collégiale du château de Loches, qu'elle avait enrichie de ses bienfaits. Les chanoines de cette ville, pour faire leur cour à Louis XI, joignant l'hypocrisie à l'ingratitude, supplièrent ce prince de faire enlever de leur église ce tombeau qui était à leurs yeux un objet de scandale. « J'y consens, répondit le malicieux Louis XI; mais il faut rendre auparavant ce que vous avez reçu d'Agnès. »

Ce beau monument est maintenant au rez-de-chaussée, disposé en chapelle, d'une petite tourelle qu'Agnès elle-même a fait bâtir.

Autres sont les souvenirs que le sombre Louis XI a laissés dans la forteresse de Loches. Les cachots, les cages de fer, les chaînes dont on chargeait les victimes, sont les monuments qu'a laissés ce monarque, et qu'on voit avec horreur. Il est étonnant que le père Daniel indique à peine le supplice de Jacques d'Armagnac, duc de Nemours, descendant reconnu de Clovis. Les circonstances et l'appareil de sa mort, le partage de ses dépouilles, les cachots où ses jeunes enfants furent enfermés jusqu'à la mort de Louis XI, sont de tristes et intéressants objets de curiosité.

Ainsi, successivement forteresse, palais de plaisance et prison d'Etat, le château de Loches est resté jusqu'à nous affecté en partie à ce dernier usage. La Tour carrée est encore une prison, mais elle a été désarmée de ses oubliettes et de ses cages; il est vrai que ses habitants ne sont ni des ducs ni des cardinaux.

Indépendamment de ces titres de célébrité créés par l'histoire, la chronique populaire s'est aussi mise en frais pour ajouter à la réputation du château de Loches. Longtemps les cicérones de l'endroit montrèrent aux visiteurs, comme les plus précieux trésors de leur collection, d'énormes ossements humains, dont ils racontaient ainsi l'origine : « Un jour, un capitaine nommé Pont-Briant, errant à travers les salles souterraines, trouva, dans l'une d'elles, un géant habillé et armé à l'antique; il était assis sur une pierre, ayant sa tête appuyée sur les deux mains, comme s'il eût dormi. Mais, dès qu'on voulut le tirer hors du souterrain, tout tomba en poussière et s'évanouit, excepté quelques os gigantesques. Auprès du géant était un petit coffre rempli de linge fort beau, mais qui tomba aussi en poussière dès qu'on y toucha. »

LE CHATEAU DE GISORS (EURE).

Sur le penchant d'une colline, au bas de laquelle serpentent les eaux pures et limpides de la rivière d'Epte, s'élève en amphithéâtre une riante et charmante cité, Gisors, ville au doux climat, aux mœurs patriarcales, à la jeunesse ardente, où l'on pourrait se croire à une distance immense de la capitale, bien qu'elle n'en soit éloignée que de dix-huit lieues.

Gisors, matériellement parlant, est surtout remarquable par les admirables ruines de son immense château, dont les contours majestueux dominent la cité et l'enveloppent comme d'une auréole de gloire.

Ce fut en l'an 1000, sous le règne du roi Robert, que furent jetées les fondations du château de Gisors qui, cent ans après, fut considérablement agrandi et fortifié par Guillaume-le-Roux.

L'histoire de ce château compte parmi ses événements la réception que Henri Ier, roi d'Angleterre y fit en 1119, du pape Caliste II. Ce souverain pontife venait pour pacifier deux rois chrétiens et pour obtenir de Henri qu'il rendît à son frère Robert le duché de Normandie, ravi injustement à Robert avec sa liberté.

Plus tard le château de Gisors succomba sous les armes de Philippe-Auguste. A deux lieues de ce monument et dans le village de Courcelles, le roi faillit terminer sa glorieuse carrière. Entouré d'ennemis, il parvint, à l'aide de son épée, à se frayer une route, et se jeta sur Gisors de toute la vitesse de son cheval. Ses gardes se précipitèrent à sa suite dans un tel désordre que le pont de bois qui traversait l'Epte s'écroula sous le poids de ces cavaliers chargés de lourdes armures. Au moment où le roi achevait de le franchir, son cheval le tira à la nage de ce nouveau péril et le rendit au rivage, sain, sauf et toujours invaincu.

Dans ce danger, il avait imploré la Vierge, dont l'image était placée sur la porte de la ville, et en mémoire de sa délivrance, il fit dorer cette porte dans toute sa hauteur; d'où vint à cette entrée le nom de porte Dorée. Aujourd'hui cette porte n'existe plus; mais le pont, reconstruit en pierres, porte encore le nom de Pont-Doré, et l'image de la vierge, religieusement conservée, est toujours un objet de vénération.

Le château de Gisors étend ses ruines sur une éminence donnant du côté de Rouen. C'étaient autrefois deux enceintes avec un donjon placé au milieu de la seconde. Une halle remplace aujourd'hui, dans la première enceinte, les logements de la garnison. Elle était flanquée de tours dont plusieurs subsistent encore. On pénétrait dans la forteresse par deux portes munies de grosses tours, de herses, de ponts-levis. La seconde enceinte était bâtie sur le sommet de la colline, et n'avait qu'une entrée. Le donjon central de forme octogone était très élevé.

Il serait difficile de se faire une juste idée de la majesté, du grandiose de ces ruines, de ces immenses fossés dont les talus sont aujourd'hui transformés en une sorte de forêt, et qui, du sommet de la ville, s'étendent jusqu'au bord de la rivière d'Epte. Les murs de la forteresse dominent la ville de telle sorte qu'en 1825 un fragment de ces antiques murailles s'étant détaché, roula jusque dans les jardins des maisons de l'intérieur, après avoir renversé plusieurs constructions qui se trouvaient sur son passage.

Les ruines du château offrent, comme une rare curiosité, une tour de cent pieds de hauteur. Cette tour s'appelle la tour du Prisonnier; elle renferme une salle ronde voûtée de dix-neuf pieds de diamètre, sans parler de l'épaisseur de ses murs. Dans une autre salle semblable, l'on a rangé quelques archives de Gisors. Au dessous de cette salle, il s'en trouve une troisième souterraine à trois ouvertures obliques qui donnent dans les fossés. Un prisonnier d'Etat inconnu fut enfermé dans cette dernière salle, entre les règnes de Louis XII et de Henri III. On reconnaît encore dans le mur les entailles qui servirent à la tentative d'évasion du prisonnier qui, dit-on, tomba sur le rocher et fut reporté mourant dans son cachot. On lui attribue cette inscription :

O mater Dei, memento mei, Povlam.

De charmantes promenades entourent ce château et le rendent poétique par leurs arbres séculaires.

LE CHATEAU D'ANGOULÊME.

Angoulême, de fondation romaine, selon la tradition populaire des Angoumois, ville qui passa de la domination des Romains à celle des Visigoths avant d'appartenir à la couronne de Clovis, et qui est placée dans une superbe situation, possédait un vieux château dont il ne reste plus que quelques tours. Ce château, situé au milieu de la ville, la dominait par sa position élevée. Anciennement, ce monument était appelé *le Château de la reine*, pour avoir appartenu à Isabelle Taillefer, comtesse d'Angoulême, femme, en premières noces, de Jean-sans-Peur, roi d'Angleterre, si célèbre dans l'histoire sous le nom de Comtesse-Reine.

La maison de Taillefer était ainsi désignée depuis Guillaume Ier, comte d'Angoulême, lequel, dans une bataille contre les Normands, fendit d'un grand coup de rapière leur chef Storis, malgré la cuirasse dont il était couvert. Sa postérité a conservé le nom de Taillefer (*sector ferry*). La grosse tour ronde est la partie la plus ancienne du château. On en pourrait reculer la construction, avec quelques autres bâtiments de peu d'importance, jusque vers le milieu du XIIe siècle. Au rez-de-chaussée de cette tour se trouvait la grande salle commencée par la veuve de Hugues III, mort en 1282. On y aperçoit quelques traces des armoiries de cette famille. Au second étage est une autre salle, construite par le comte Jean, aïeul de François Ier, et décorée du blason de la maison d'Orléans-Angoulême et de ses nobles alliances. Les créneaux en accolades de cette vieille tour paraissent être postérieurs à l'époque du comte Jean, bien qu'ils soient à demi écroulés.

La grande tour, en forme de polygone, où l'on voit aujourd'hui un télégraphe, a été bâtie par Hugues IV, qui mourut en 1303. Les créneaux sont en ogives. Le reste du château ne remonte pas au delà du XVe siècle, et la partie de l'ouest est même beaucoup plus moderne.

L'histoire de ce château se confond en grande partie avec celle du duché et du comté d'Angoulême. Le premier comte de Périgord et d'Angoulême est Vulgrin Ier (866). Le plus illustre est Guillaume Taillefer, sous qui le comté devint arrière-fief de la couronne et fief du duché d'Aquitaine. Le dernier comte est Vulgrin III, mort en 1181. Sa fille Mathilde porta le comté à Hugues IX, sire de Lusignan et comte de la Marche. Le comté d'Angoulême fut réuni à la couronne en 1308, donné à Philippe d'Evreux en 1328, confisqué sur Charles-le-Mauvais en 1351, et attribué en même temps au connétable Charles d'Espagne. Il fut ensuite cédé aux Anglais en souveraineté en 1260, puis repris en partie en 1372 et années suivantes. Il devint l'apanage de Louis, duc d'Orléans, fils de Charles V, et passa au fils puîné de ce prince, qui fut la tige des seconds Valois. François Ier, issu de cette branche, porta d'abord le titre de comte d'Angoulême. Devenu roi, il fit du comté un duché qu'il donna à sa mère. A la mort de celle-ci, ce duché fut réuni à la couronne, puis détaché pour l'apanage de princes naturels dans le XVIIe siècle. Depuis cette époque, ce titre de duc d'Angoulême n'a plus été qu'un pur titre. La plupart des personnages que nous venons de citer ont habité le château d'Angoulême.

LA TOUR DE NESLE.

La date précise de sa fondation est restée inconnue ; on a des raisons cependant pour la fixer au XIIIe siècle. Philippe-Auguste, au moment d'aller en Palestine, voulut, par prévoyance, entourer Paris de remparts. Commencés en 1190, ils ne furent achevés que vingt ans après.

Outre le grand nombre de tours qui fortifiaient cette enceinte, il y en avait une à chaque rive, à l'entrée de la Seine dans Paris et à sa sortie. A l'entrée, la tour de Billy, sur la rive droite, et la Tournelle sur la rive gauche. A la sortie, à droite, la tour qui fait le coin, ou tour de Bois, et à gauche, la tour de Nesle d'où partait le mur d'enceinte.

Hors de l'enceinte de la ville, qui s'appuyait à l'hôtel de Nesle, étaient le grand et le petit Pré-aux-Clers. C'étaient de vastes prairies où les élèves de l'Université allaient exercer leur turbulence ; elles étaient situées entre l'esplanade des Invalides et le bourg Saint-Germain, et embrassaient l'espace occupé maintenant par les rues de l'Université, de Verneuil, Jacob, du Colombier, des Petits-Augustins, etc.

Adossé à l'enceinte de Paris, se trouvait l'hôtel de Nesle, qui était situé sur une grande partie de l'emplacement que couvrent maintenant les rues de Nevers, d'Anjou, Guénégaud, et le palais de l'Institut, etc.

Cet hôtel présentait une façade de onze grandes arcades avec un enclos planté d'arbres, et dont l'extrémité, du côté des quais, était proche de l'église des Augustins, bâtie en 1368, sur le terrain occupé aujourd'hui par le marché de la Vallée.

Sa cour spacieuse et ses jardins s'étendaient à peu près sur la rue Mazarine et le quai Conti ou de la Monnaie, autrefois quai de Nesle, du nom de l'hôtel qui en occupait toute la longueur.

La porte et la tour de Nesle ne faisaient point partie de l'hôtel qui leur avait donné son nom, à cause de sa proximité ; elles l'avaient précédé, et faisaient partie de l'enceinte de Philippe-Auguste. La tour, de forme ronde et fort grosse, haute d'environ 120 pieds, avançait dans la Seine, sur une petite pointe de terre ; elle était accouplée à une tour moins épaisse, mais plus élevée, et qui contenait l'escalier à vis ; ses fondements sur pilotis étaient au-dessous du niveau de la Seine. Un pan de mur avec des créneaux se réunissait à la porte, espèce de bastille, flanquée de deux tours rondes et garnie d'un pont-levis ; un court espace de murs la séparait encore des bâtiments de l'hôtel.

Amauri de Nesle, propriétaire de l'hôtel de Nesle, le vendit, en 1308, à Philippe-le-Bel, la somme de 5,000 livres, somme considérable pour le temps, mais qu'il est difficile d'évaluer aujourd'hui, faute de documents de comparaison.

En 1319, Philippe-le-Long le donna à Jeanne de Bourgogne, sa femme, qui y résida, et, par son testament, en 1325, en ordonna la vente pour fonder le collége de Bourgogne.

Cette vente eut lieu, en1330, au profit de Philippe de Valois, pour 10,000 livres, preuve que l'hôtel avait augmenté de valeur.

Le roi y séjourna plusieurs années; mais ayant été fait prisonnier par les Anglais à la bataille de Poitiers, pendant sa captivité, Charles, roi de Navarre, trouvant l'hôtel de Nesle propice à ses desseins ambitieux, y fixa sa résidence. Comme il importait au dauphin de s'assurer son amitié, il lui conféra la propriété de ce séjour, à charge seulement de réunion à sa couronne s'il venait à mourir sans enfants mâles. Peu de temps après, le dauphin, irrité des trames ourdies contre lui par Charles, lui reprit l'hôtel de Nesle, qu'il ne lui avait guère cédé que par calcul politique, et le donna au duc de Berri, son frère, en 1380.

Jean, duc de Berri, se plut à embellir sa nouvelle propriété, et l'agrandit tellement que nous devons consacrer des détails spéciaux à cette période, qui fut celle de sa splendeur. — Jusqu'à cette époque l'hôtel présentait la forme d'un immense triangle dont le sommet regardait le midi, l'un des côtés était formé par l'enceinte de la ville, et l'autre par la ligne principale des bâtiments partant de la ligne du couvent des Grands-Augustins et allant atteindre la muraille presque perpendiculairement.

Des corps de logis irréguliers, isolés les uns des autres et parallèles à la Seine, furent transformés par le duc de Berri en chapelles et réunis ensemble par des constructions où se trouvaient de vastes salles et une bibliothèque.

Cette nouvelle ligne de bâtiments fut jointe à l'ancienne par un bouquet de tourelles à toits pointus, et dans les espaces intérieurs régnaient des jardins plantés d'arbres, comme dans les cloîtres. Une construction voisine de la tour fut spécialement élevée pour un jeu de paume, où l'on arrivait par les galeries de l'hôtel.

Outre ces améliorations importantes, le duc de Berri acheta une partie d'un collége et d'un jardin voisins, pour agrandir et orner les alentours de son hôtel.

Les embellissements intérieurs répondirent à la magnificence du dehors. Les chapelles furent ornées de vitraux peints aux couleurs diamantées, de boiseries aux sculptures représentant des scènes pieuses, d'autels couverts de dorures et de riches ornements, de magnifiques reliquaires aussi remarquables par le travail que par la matière ; car le duc était grand amateur de pierres fines, de bijoux, et surtout de reliques de saints. Les appartements, vastes et bien disposés, étaient ornés de draperies et de vitraux peints qui ne laissaient pénétrer qu'une lumière douce et colorée. Les meubles étaient grands, riches, tous couverts de belles sculptures. Des lits, assez vastes pour contenir douze personnes, étaient tellement couverts de draperies et de bronzes d'or et d'argent, incrustés de pierres précieuses, qu'ils ressemblaient à des trônes; d'énormes dressoirs à quatre échelons, chargés de vaisselle émaillée d'or et d'argent et de pierres fines ; des siéges à marchepieds plus ou moins élevés, selon la qualité des personnes qui devaient les occuper; des salles pour toutes les destinations ; dans celle des armes, les murs étaient couverts d'épées longues et à deux tranchants, de courts poignards à lames torses, appelés miséricordes, de masses et de haches d'armes, de lances, de flèches, d'arbalètes, casques, cuissards et autres pièces des armures du temps, la plupart couvertes d'or et d'argent, parfaitement damasquinées, et rapportées des champs de bataille.

L'opulent propriétaire, non moins grand que le roi son frère, prodiguait les dépenses pour traiter avec pompe les nombreux hôtes de sa demeure, où les jours et les nuits se succédaient dans les jeux, les festins et les fêtes. Une immense domesticité contribuait par le luxe de ses livrées à l'éclat des réjouissances. Les pauvres n'étaient pas oubliés dans ce séjour de grandeur, et le culte y était relevé par l'assistance d'une foule de chapelains, de confesseurs et d'aumôniers. La comptabilité était aux mains de trésoriers, de contrôleurs et d'employés divers. Pour les nécessités de la vie et le confortable, on avait réuni médecins, chirurgiens, écuyers, hérauts, huissiers, échansons, musiciens, maîtres d'hôtels, sommeliers, pages, varlets et une infinité d'autres serviteurs. Si l'on ajoute les archers, les hommes d'armes et les chevaliers qui formaient la garde de l'hôtel, on concevra son immense population, surtout aux jours solennels, et les excessives dépenses d'une maison ainsi montée.

La mort subite du comte d'Evreux au milieu d'un repas n'avait point interrompu les plaisirs journaliers du duc de Berri ; il fallut les progrès de l'âge et les désordres de la guerre civile pour les restreindre. Les seigneurs, les bourgeois et les paysans luttaient entre eux, et le vieux duc ressentit le contre-coup de ces discordes, malgré ses efforts pour en préserver sa somptueuse existence. Sa délicieuse demeure ne sut pas même le protéger contre les corporations populaires, et c'est avec peine s'il put obtenir d'y finir ses jours, à l'âge de soixante-seize ans, le 15 juin 1416. — Néanmoins ses funérailles furent magnifiques comme sa vie l'avait été. La noblesse, la bourgeoisie et le peuple s'y pressaient, mêlés à ses innombrables domestiques en grands habits de deuil, et à une masse de pauvres qui reçurent, d'après la volonté du défunt, une somme de 12,000 écus d'or. Une autre disposition du testament, qu'il avait fait huit jours avant sa mort, n'était pas moins honorable pour sa mémoire, elle portait ordre de restituer aux enfants de Jean de Montagu ses joyaux confisques au profit du duc de Berri lors de son exécution, car alors les grands ne rougissaient pas de s'enrichir des dépouilles des condamnés aux dépens de leurs héritiers légitimes.

Avec le duc de Berri finit la période florissante de l'hôtel de Nesle.

Le 24 mai 1446, Charles VII donna cette propriété à François Ier, duc de Bretagne; mais comme ce duc mourut sans enfants mâles, elle revint après lui à la couronne. Un siècle après, Henri II la vendit à différents particuliers, qui élevèrent sur son emplacement plusieurs constructions.

Quant à la tour et à la porte de Nesle, elles subsistèrent beaucoup plus longtemps, mais elles ne furent le théâtre d'aucun événement historique digne de remarque. On rapporte seulement que, lorsque Henri IV vint mettre le siége devant Paris, en 1589, Sully, le duc d'Aumont et quelques gentilhommes de son armée, chargés d'attaquer la ville du côté du faubourg Saint-Germain, entrèrent par la porte de Nesle au nombre de quinze ou de vingt, et pénétrèrent jusqu'au Pont-Neuf; mais que là toute leur bravoure échoua contre la plus vive des résistances, et qu'accablés par le nombre, ils furent repoussés, obligés de faire retraite et d'abandonner pied à pied le terrain qu'ils avaient conquis.

Enfin, en 1659, Louis XIV vendit les terres vagues de l'ancien fossé de la tour de Nesle; et c'est sur ce terrain que fut élevé, en 1661, le collége Mazarin, aujourd'hui le palais de l'Institut.

Nous terminerons l'histoire de cet hôtel, de ce palais ou de cette forteresse, comme on voudra l'appeler, par la tragique et bizarre légende dont il a été le théâtre selon les traditions populaires. D'accord avec l'histoire, elles accusent plusieurs reines de France de s'être livrées, au XIVe siècle, dans la tour de Nesle, aux crimes les plus atroces. La clameur populaire a signalé Jeanne de Navarre, épouse de Philippe-le-Bel, Blanche, Jeanne et Marguerite de Bourgogne, enfin Isabeau de Bavière, comme coupables de ces monstrueux excès. Trois fils de Philippe-le-Bel étaient mariés : Louis, l'aîné, à Marguerite; Philippe, le second, à Blanche; Charles, le plus jeune, à Jeanne, princesses appartenant à diverses branches de la maison de Bourgogne. Ces trois princesses étaient belles, spirituelles, mais galantes jusqu'à la dissolution. La forme du vêtement qu'elles avaient introduit de leur temps était telle qu'elle trahissait tous leurs charmes, laissant à découvert le sein, la jambe

Tour de Nesle.

et même le côté. Cette mode indécente ayant été blâmée par un poète, Jean de Meung, surnommé Clopinel, parce qu'il était boîteux, et qui osa donner sur les habitudes des dames de la cour certains détails peu propres à faire présumer qu'elles fussent chastes et réservées, les trois belles-sœurs le firent appeler, se munirent de verges, et s'enfermèrent avec lui dans une chambre où elles le contraignirent à se déshabiller. Quand il fut dans un état de nudité complète, Marguerite donna l'ordre aux prudes de sa cour de le fustiger. Clopinel, dans cette occurence, eut recours à son esprit; il se mit à genoux, et supplia celle de ces dames qui se croyait la plus offensée par ses écrits de frapper la première. Pas une de ces beautés outragées ne voulut commencer, et le poète en fut quitte pour la peur.

Les trois Bourguignonnes ne tardèrent pas à être accusées d'adultère, et deux d'entre elles furent convaincues de ce crime.

Suivant Brantôme, Jeanne de Bourgogne, épouse de Philippe-le-Long, se livrant à ses honteux penchants, souillait à la fois et son titre de reine et son titre d'épouse. « Elle se tenoit à l'hostel de « Nesle, à Paris, laquelle faisoit le guet aux passans, et ceux qui lui « revenaient et agréaient le plus, de quelque sorte de gens que ce « fussent, les faisoit appeler et venir à soy, et, après en avoir obtenu « ce qu'elle en vouloit, les faisoit précipiter du haut de la tour qui « paroît encore, en bas en l'eau, et les faisoit noyer. Je ne veux « pas dire que cela soit vrai, ajoute-t-il ; mais le vulgaire, au moins « la plupart de Paris', l'affirme, et n'y a si commun, qu'en lui « monstrant la tour seulement et en l'interrogeant, que de lui-« même ne le die. »

On voit que Brantôme n'ose répondre de l'authenticité de son récit, et, pour l'honneur de l'humanité, l'on voudrait arracher de l'histoire cette page sanglante. Néanmoins, les auteurs s'accordent sur ce fait épouvantable ; mais ils sont indécis sur le nom de la reine qui s'est rendue coupable de si grands crimes. Nous avons nommé Jeanne de Bourgogne, parce que c'est elle que désignent les écrivains les plus versés dans la connaissance de l'histoire de ce temps. Un poète nommé Villon, qui vivait avant Brantôme, semble confirmer la chronique la plus accréditée, lorsqu'il dit qu'une reine ordonna que Buridan, célèbre écolier de Paris, fût mis dans un sac, et jeté dans la Seine.

Semblablement où est la royne,
Qui commanda que Buridan
Fust jeté dans un sac en Seine.

Or Jeanne de Bourgogne, épouse de Philippe-le-Long, vivait du temps de ce Buridan, et, pendant les huit années de son veuvage, elle habita presque continuellement l'hôtel de Nesle.

LE CHATEAU DE BRIE-COMTE-ROBERT.

Brie-Comte-Robert, à six lieues de Paris, est une petite ville qui ne différerait en rien de nos bourgs, si elle n'avait dans ses murs des débris féodaux, et dans ses annales de grands souvenirs historiques.

La famille des Robert, comtes de Dreux, lui donna le nom qu'elle porte et auquel on a réuni celui du pays où elle est située. L'un de ces comtes, frère du roi Louis VII, reçut en don la terre de Brie, et le fils de ce dernier y bâtit un château qu'il appela de son nom.

Ce château forme une enceinte carrée, protégée à chaque angle par une tour ronde et dont la porte est défendue par une tour carrée de cent pieds d'élévation. Les murailles sont en outre flanquées d'autres tours qui maintenant tombent en ruines de toutes parts, mais dont l'aspect peut encore donner une juste idée de la force de cette place au temps où l'artillerie était inconnue.

Si, au temps de la féodalité les chêteaux-forts servaient d'abri aux chaumières et protégeaient les malheureux passants contre les vexations de ces nobles pillards qui parcouraient, bannière en tête, les grands chemins, détroussaient les voyageurs et rançonnaient les manants; il arrivait aussi que ces fortesses attiraient de grandes calamités sur le pays où elles étaient situées. Les guerres privées de seigneur à seigneur étaient une cause incessante de ruine et de désolation, et le siége d'un de ces manoirs était toujours précédé de la destruction et de la dévastation des villages qui l'environnaient. La ville de Brie-Comte Robert eut surtout à souffrir des querelles sans cesse renaissantes des maisons de Dreux, de Bretagne et d'Evreux, qui dominèrent tour à tour sur ce pays.

En 1192, les Juifs de Brie-Comte-Robert, qui étaient fort nombreux, accusèrent un chrétien de vol et d'homicide sur un de leur coreligionnaires, et voulurent s'emparer de lui pour se faire justice. Le chrétien se réfugia dans le château; mais la comtesse Agnès, qui occupait alors cette forteresse, l'en fit chasser et ordonna qu'il fût livré à ses accusateurs: les Juifs s'emparèrent donc de ce malheureux, et par une horrible et sacrilége dérision ils lui firent endurer tous les tourments de la passion du Christ.

Château de Brie-Comte-Robert.

Cette atrocité fut signalée à Philippe-Auguste, qui se transporta incontinent à Brie-Comte-Robert, fit saisir les Juifs du lieu dont plus de cent furent livrés aux flammes. Le roi, voulut aussi que l'on fît le procès à la comtesse qui n'osa refuser d'ouvrir les portes de son château sur l'ordre du monarque, et qui expia par une détention perpétuelle l'acte de cruauté dont elle s'était rendue coupable.

Il paraît certain que l'évêque de Paris avait droit de souveraineté sur cette seigneurie. Cela résulte d'une scène qui se passa à l'occasion du mariage de Charles-le-Bel avec Jeanne d'Evreux, qui apportait en dot à son mari la terre de Brie-Comte-Robert. Cette possession l'obligeait à fléchir devant le prélat. Jeanne, ne voulant pas se soumettre à cette humiliation, envoya à sa place un seigneur chez l'évêque, qui refusa cette substitution, et demanda que la reine vînt en personne lui rendre ses devoirs de vassale. La reine résista, et le roi intervint; mais le prélat fut inflexible, et menaça Charles et Jeanne des foudres de l'Eglise. Il fallut se soumettre.

Ce fut au château de Brie-Comte-Robert que le roi Philippe de Valois épousa Blanche de Navarre. Le roi avait cinquante-six ans et la reine dix-huit. Celle-ci était destinée au fils de Philippe; mais le monarque, éperdument amoureux, fit la folie de se marier. Un an après il n'était plus.

La ville et le château eurent beaucoup à souffrir de guerres religieuses du XVe siècle, et cette forteresse, au temps de la Fronde, était encore assez importante pour que les parties belligérantes s'en disputassent la possession. Enfin, lorsque éclata la révolution de 1789, château servit de prison au baron de Bezenval, et lorsque la chute de la Bastille eut annoncé la régénération de la France, les habitants de Brie-Comte-Robert placèrent de l'artillerie sur les murailles du château, pour repousser les hordes de brigands dont Mirabeau, du haut de la tribune, annonçait l'invasion prochaine, et l'on vit, au sommet de ces murs gothiques, flotter le drapeau tricolore qui apparaissait sur ces ruines comme une fleur sur un tombeau.

RUINES DU CHATEAU DE BOISSIRAMÉ.

Comme son nom l'indique, le château de Boissiramé s'élève au fond des bois. Ce sont trois masses de pierres blanches qui, dominant la cime des arbres, ressemblent à des tourelles dégarnies de toiture; mais à mesure qu'on en approche, elles s'abaissent rapidement derrière le rideau de feuillage.

Ces ruines sont imposantes : fossés larges, profonds, hérissés d'arbustes sauvages, garnis de pierres éboulées ; murailles épaisses, murailles de guerre, sans ornements, nues jadis, aujourd'hui tapissées de mousses et de pariétaires ; demeure immense, propre à renfermer dans ses flancs une petite armée ; maintenant déserte et dévastée, sans toiture, sans portes, ouverte à tous les vents.

Tout est gigantesque, belliqueux dans les ruines de Boissiramé, tout, excepté son nom; ce nom, doux comme un rêve d'amour, frais comme la verdure environnante, put-il être inventé par un autre qu'Agnès Sorel, la favorite de Charles VII, qui habita le château pendant une époque de guerre et d'invasions? Mais il s'applique mal à ce grand amas de pierres, dont les teintes crayeuses se détachent crûment sur le feuillage et sur le ciel. Quelques fauvettes nichées dans les crevasses des murailles semblent redire encore une vieille chanson d'amour ; le paysage entier respire un singulier mélange de tendresse et de force.

Il faut se tracer une route au milieu des décombres pour visiter les salles immenses du corps de logis principal. Il n'existe plus aucune trace des plafonds qui coupaient en différents étages ces murs hauts de soixante pieds; on voit encore aux flancs de ceux-ci des marches suspendues et des cheminées où se manifeste une certaine intention d'élégance; de légères nervures en caractérisent le dessin, parfois une arabesque en décore le manteau. La hauteur des fenêtres précise la position des différents étages, et montre qu'en certaine partie de l'édifice ils ont chevauché l'un sur l'autre. Les architectes du moyen-âge semblent toujours avoir fui les combinaisons simples, et, sans justifier cette manie, ne doit-on pas reconnaître qu'elle donne à leurs constructions un air mystérieux, retiré, que n'ont jamais les nôtres? Celle-ci, malgré la ceinture de bois qui l'emprisonne, semble encore se cacher derrière ses énormes tours, comme pour dérober aux regards indiscrets du monde la maîtresse d'un roi.

En effet, la dernière partie du monument qu'on aperçoit,

c'est une fenêtre en ogive accompagnée de colonnettes, et dont le tympan porte un bas-relief qui représente deux anges aux longues chevelures, soutenant un écusson. Sans doute qu'Agnès habitait cette aile large, carrée, qui porte à son sommet des créneaux redoutables, qui en est percée dans toute sa hauteur, et semble menacer le voisinage de ses meurtrières béantes. Faut-il voir dans ce contraste une intention malicieuse? La douce Agnès se cache derrière une muraille qui semble faite pour abriter des archers invisibles, et pour vomir au loin leurs flèches inévitables; mais sur la façade en retour, que nul œil indiscret ne peut découvrir du dehors, elle a voulu qu'on lui bâtît une ogive élégante, et, se parant de ses chaînes, elle y a fait sculpter les armes du *Sir aimé*. Cette jolie fenêtre domine d'environ douze pieds le terrain naturel : il y a des décombres entassés jusqu'à sa hauteur, et on peut entrer par une escalade dans le réduit d'Agnès Sorel.

Cette chambre, cet oratoire, cette salle de réunion, peut-être, mérite un examen minutieux; mais après comme avant, il est malaisé d'établir quelle était sa destination. Des voûtes en arc de cloître lui donnent un caractère religieux: au point où leurs arètes vives s'entre-croisent, on distingue sur un écusson les armes de la ville de Bourges, trois moutons et trois fleurs de lis, données par Charles VII. Une large meurtrière, qui pourrait battre le revers du fossé, semble plutôt espionner amoureusement un petit chemin solitaire, dirigé vers la route de Mehun. Mehun, château royal où Charles VII a résidé long-temps, n'est éloigné que de cinq lieues. Un seul objet d'ameublement subsiste encore dans cette chambre nue, c'est une cuve d'eau bénite; on admire l'exécution précieuse du dais à jour qui la surmonte.

Les peintures, dont la plupart sont entièrement détruites, d'autres fort dégradées, quelques-unes parfaitement distinctes, caractérisent d'une manière curieuse l'état de la peinture et du dessin du XVe siècle.

Que l'imagination s'empare du château de Boissiramé, car on trouvera peu de chose sur son compte dans les archives où s'élabore sèchement l'histoire positive; on ne saura même pas si le manoir fut bâti par Agnès Sorel ou par les antiques seigneurs du domaine de Bois-Trousseau, dont les terres l'environnent, et dont le roi Charles VII fit un présent à maîtresse.

Il était dans la destinée de cette seigneurie d'avoir d'illustres propriétaires, car elle passa successivement entre les mains du grand Colbert, du marquis de L'Hôpital et du maréchal Macdonald.

Ruines du château de Boisramée.

LE DONJON DE VINCENNES.

Comme, déjà en 1557, et sous le règne de Philippe de Valois, ce château tombait en ruines, ce prince le fit raser et jeta les fondements du nouveau château que l'on connaît aujourd'hui sous le nom de donjon de Vincennes. La mort le surprit au milieu des premières constructions qu'il avait ordonnées. Jean, son fils, éleva le donjon jusqu'au troisième étage, et il fut définitivement achevé par Charles, régent du royaume, et fils de Jean, alors prisonnier en Angleterre.

Le donjon de Vincennes fut une résidence royale, ou maison de plaisance des rois, jusqu'au règne de Louis XI. A cette époque, il commença à devenir une prison d'Etat.

Le château de Vincennes, tel qu'il était sous Charles V, présentait une étendue considérable, dont la forme est encore un parallélogramme régulier; il était entouré de fossés et de murailles flanquées de neuf tours. On les nommait ainsi : la tour du village, la tour de Paris, la tour du Réservoir, la tour de Calvin, la tour du Gouvernement, la tour de la Surintendance, la tour de la Reine-mère, la tour de la Cour-d'honneur et la tour du Roi. Les neuf tours du château servaient à loger les princes et les personnages de la suite du roi. Le donjon était la résidence exclusive du roi et de la reine.

Le donjon de Vincennes s'élève dans la partie du parallélogramme opposée à l'ouest; il est défendu par un pont-levis et par des fossés particuliers d'environ quarante pieds de profondeur, et dont le revêtement est en pierre. Les fossés du donjon sont fortifiés par une galerie ouverte, bordée de meurtrières. La galerie est flanquée de quatre tours qui font saillie sur le fossé.

Pour pénétrer dans l'enceinte où s'élève le donjon, on rencontre deux ponts-levis : l'un construit pour les gens à pied, l'autre pour les voitures, et après avoir franchi trois portes épaisses, d'une fermeture très compliquée, on se trouve dans une cour au milieu de laquelle le donjon fut construit.

Le donjon est de forme carrée; quatre tours sont posées aux angles du sommet de l'édifice; il est haut de cinq étages. Trois portes massives sont bruyamment ouvertes les unes sur les autres, et franchissant les degrés d'un escalier en volute, on pénètre successivement dans la salle de chaque étage. Toutes ces salles sont les mêmes : c'est toujours une grande pièce carrée et voûtée, avec un énorme pilier au milieu et une vaste cheminée dans le fond. Aux quatre angles de chaque salle, on construisit quatre cabinets, qui devinrent les cachots de la prison d'Etat. Les cachots ont treize pieds carrés, et sont fermés par des portes doubles de fer garnies de deux serrures et de trois verroux.

Une cheminée a été ménagée dans une encoignure de muraille ; les voûtes sont élevées de trente pieds environ, les murs épais de seize, et chaque fenêtre est obscurcie par les entraves et les complications de trois grilles superposées.

La grande salle, située au rez-de-chaussée du donjon, s'appelait la Chambre de la Question. En 1790, on voyait encore des siéges de pierre et des anneaux de fer scellés dans la muraille ; c'est à l'aide de ces anneaux que le tortureur attachait le cou et les jambes du patient.

La grande salle de l'étage supérieur porte le nom de Salle du Conseil ; c'est là en effet que les rois assemblaient leur conseil, lorsqu'ils vinrent résider à Vincennes.

Le comble du donjon présente une terrasse cintrée ; une guérite de pierre est hardiment posée sur un des bords de la terrasse. De là on jouit d'une vue admirable. Les prisonniers favorisés montaient quelquefois sur cette terrasse.

Le donjon de Vincennes fut le théâtre de bien des drames lugubres.

En l'année 1417, et sous le règne de Charles VI, la reine Isabelle de Bavière tenait sa cour à Vincennes. On n'entendait plus parler que de festins, bals et solennités de vénerie. Les jeunes gentilshommes y chassaient le daim et le chevreuil, et le soir, aux lumières des salles, les nobles dames poursuivaient les cœurs de leurs regards provocateurs. On s'aimait sans gêne, sans retenue, sans mystère, sans pudeur... La dague et la débauche étaient de mode en l'année 1417. La reine avait un amant ; le roi le savait, et le roi n'en dormait ni moins ni mieux, pour se conformer à la mode de l'an 1417.

Un certain jour pourtant, l'amoureux de la reine, jeune et fringant damoiseau, chevauchait au grand galop de son cheval sur la route de Paris à Vincennes ; le chevalier Louis Bourbon, car c'était son nom, vint à passer près de la voiture royale qui revenait à Paris, et doublant l'allure de son cheval à grands coups d'éperons, il fut assez osé pour passer sans s'arrêter et pour ne pas saluer le roi, dont la figure exprima un mécontentement sinistre.

Le soir, vers minuit, un homme, à l'aide d'une longue courroie, traînait un sac de cuir noir à travers le bois de Vincennes ; aux vives lueurs de trois flambeaux que portaient trois autres varlets, on lisait distinctement ces mots, écrits en lettres blanches sur le sac : Laissez passer la justice du roi! Arrivés sur les bords de la Seine, les quatre hommes jetèrent le sac dans l'eau : il contenait le cadavre du galant de la reine... C'était le roi Charles VI qui ne voulait plus suivre la mode de l'année 1417.

En 1472, le donjon de Vincennes n'était plus maison de plaisance royale, il était définitivement et royalement prison d'Etat.

Le prince de Condé fut transféré de la Bastille au donjon de Vincennes, sous la garde du baron Persan, le 15 septembre 1617.

Pendant les troubles de la Fronde, le duc de Beaufort était l'un des hommes politiques les plus populaires. Jeté en avant par les opposants du moment, son influence seule excita la populace, et pour une influence pareille, le noble duc fut surnommé le Roi des Halles. Mais il fut appréhendé au corps et incarcéré au donjon de Vincennes. Il paraît que le Roi des Halles s'ennuyait fort de trôner en prison ; car, dès les premiers jours de sa captivité, il songea à s'évader; aussi, soit largesse, soit sympathie, une intelligence secrète existait entre lui et un porte-clés, nommé Vaugrimant. Vaugrimant vit au dehors les amis du duc de Beaufort, et bientôt tout fut préparé.

Le 31 mai 1650, jour de la Pentecôte, La Ramée, gouverneur de Vincennes, se promenait paisiblement dans la salle du premier étage, lorsque Beaufort et son laquais le saisissent par derrière et se jettent sur lui; en quelques minutes, le gouverneur est lié et bâillonné à ne pouvoir faire un mouvement ni proférer une parole.

Pendant ce temps, Vaugrimant avait fixé, au sommet de la muraille de la galerie extérieure, une corde pendante dans le fossé; trois hommes attendaient le duc sur l'autre bord, et devaient le hisser par une autre corde; cinquante hommes à cheval, apostés plus loin, attendaient l'instant de favoriser son évasion.

Beaufort et son laquais laissent le gouverneur consterné, et courent précipitamment vers la muraille; le laquais descend le premier dans le fossé, et il est heureusement hissé sur l'autre bord.

Beaufort saisit la corde à son tour, il se laisse couler ; mais soit frayeur, soit que la corde fût trop courte, il tombe lourdement, et s'évanouit dans le fossé. L'anxiété fut grande parmi ceux qui le voyaient et l'attendaient : ils appellent le duc; ils se penchent pour mieux voir, et leur consternation redoublait en le voyant immobile. Cependant, au bout de deux ou trois minutes, Beaufort ouvre les yeux, la pensée lui revient, il comprend la nécessité de mettre le temps à profit; il rassemble ses forces, saisit la corde que lui tendaient ses affidés, la noue autour de son corps; il est enfin enlevé souffrant et meurtri par sa chute. On le transporte rapidement vers ses amis, on le place à cheval; et lorsque le mouvement et la parole furent rendus au gouverneur, Beaufort galopait en liberté bien loin du donjon de Vincennes.

Trois personnages d'importance et de renom étant tombés dans la disgrâce du cardinal Mazarin, furent un jour conduits au donjon de Vincennes: c'étaient le prince de Condé, le prince de Conti et le duc de Longueville. Tristes, captifs et privés de nouvelles, ils découvrirent un ingénieux moyen de correspondance. Montreuil, le secrétaire du prince de Conti, fit faire un écu creux, et dont les deux côtés se fermaient à vis comme le dessus et le dessous d'une tabatière. Deux ou trois fois par semaine, Montreuil avait soin de mêler cet écu à l'argent que l'on envoyait aux illustres prisonniers, et chaque fois le mystérieux écu contenait un billet.

Les princes furent transférés au Havre, et, quelque temps après, ils revinrent à Vincennes. Leur geôlier, Bar, était un homme dur, farouche et si soupçonneux qu'il voulut forcer l'aumônier à leur dire la messe en français, de peur que quelque avertissement ne leur fût donné dans la langue latine, qu'il ne comprenait pas. Condé, pour charmer les ennuis de sa captivité, cultivait des fleurs. Il fut mis en liberté, ainsi que ses deux compagnons, le 13 janvier 1651.

Le cardinal de Retz fut détenu à Vincennes, et Fouquet y resta quelques mois avant d'être transféré à la Bastille. Une dévote outrée, la folle madame Guyon fut conduite à Vincennes en 1695, Arrivée au donjon, elle passait les jours et les nuits à versifier des idées incompréhensibles à force d'être mystiques. Dans une extase, elle épousa Jésus-Christ; et depuis, dans ses prières, elle ne mêla jamais plus les noms des saints. Et lorsqu'on lui demanda pourquoi elle ne priait pas les saints, madame Guyon répondait gravement : « Je suis l'épouse de Jésus-Christ, et la maîtresse de la maison ne doit pas s'adresser aux domestiques. »

Dans la suite, madame Guyon fut transférée à la Bastille.

Un jour de l'année 1749, ce fut grande rumeur au donjon de Vincennes. Dans un des cachots du second étage, trois robustes gardiens contenaient un homme dont les traits égarés révélaient le plus violent désespoir; on l'avait assis sur une chaise, et il fallait des efforts pour le contraindre à rester immobile; la cravate du prisonnier était remontée jusqu'à sa bouche comme un bâillon; sa chemise, déchirée, laissait sa poitrine à nu, et ses deux pieds étaient posés sur un chapeau qu'ils foulaient convulsivement. Ce prisonnier était Diderot, dont le défaut de mouvement et la solitude à laquelle il était condamné depuis un mois, avaient dérangé le cerveau. Sur l'avis du médecin, on lui permet de prendre l'air dans le jardin du donjon, de voir ses amis.

Diderot était déjà mal noté auprès du lieutenant de police, à cause de la publication de ses Pensées philosophiques, ouvrage qui fut condamné au feu par arrêt du parlement de Paris, du 7 juillet 1746. En 1749, il donna sa Lettre sur des Aveugles, à l'usage de ceux qui voient, et ce nouvel ouvrage, qui renferme des doctrines matérialistes, fut la cause de sa détention à Vincennes.

Le lendemain du jour où Diderot fut visité par le docteur, un de ses amis, averti à Paris, fut introduit dans le donjon : c'était Jean-Jacques Rousseau : les deux philosophes se précipitèrent dans les bras l'un de l'autre.

La visite de Jean-Jacques produisit l'effet prévu par le docteur : Diderot fut plus calme, la raison lui revint ; on lui donna tout ce qu'il fallait pour écrire, et il se mit au travail.

Pendant la détention de Diderot, Jean-Jacques Rousseau lui fit de fréquentes visites ; mais leur amitié, fort étroite depuis 1742, fut violemment rompue vers 1758, et ils devinrent d'irréconciliables ennemis.

Le comte de Mirabeau, jeune libertin avant de devenir prodigieux orateur, le comte de Mirabeau avait successivement été détenu à l'île de Rhé, au château d'If et au fort de Joux ; il fut conduit au donjon de Vincennes en 1777, et voici à quelle occasion. Pendant sa détention au fort de Joux, Mirabeau, devenu l'ami du gouverneur, obtint que la ville de Pontarlier serait sa prison. Le jeune comte, sans cesse préoccupé d'amour et d'aventures galantes, y séduisit une jeune et jolie femme, Sophie de Ruffey, que sa famille avait eu l'imprudence de marier à un ex-présidence sexagénaire, le marquis de Monnier. Aussitôt, Mirabeau se vit en butte aux persécutions de la famille de sa maîtresse, à l'acharnement de la famille du marquis de Monnier et à la colère paternelle dont il avait déjà essuyé les atteintes.

Sur une lettre de M. de Malesherbes, le comte de Mirabeau quitta la France et se réfugia en Hollande, avec Sophie de Ruffey. Le parlement de Besançon le déclara coupable de rapt et le fit décapiter en effigie.

Mirabeau allait passer en Amérique, lorsque son extradition ayant été obtenue, il fut saisi ainsi que Sophie de Ruffey, par un agent de la police française, envoyé tout exprès à Amsterdam.

La détention de Mirabeau dura depuis 1777 jusqu'en 1780 ; c'est à Vincennes qu'il écrivit sa traduction de Tibulle, son ouvrage contre les lettres de cachet, et ses Lettres à Sophie.

En 1784, et sous le ministère de M. de Breteuil, l'état-major du donjon de Vincennes fut supprimé, les prisonniers transférés à la Bastille, et le donjon cessa d'être une prison d'Etat.

En 1791, les prisons de Paris étant pleines, on songea à remettre le donjon de Vincennes en état de recevoir des détenus. Cette résolution de la municipalité causa une grande rumeur, et le 28 février, le peuple s'étant porté à Vincennes avait déjà commencé la démolition de la plate-forte et des parapets du donjon, lorsque plusieurs détachements de la garde nationale, commandés par le général Lafayette, parvinrent à dissiper le rassemblement.

Le 8 mars suivant, et pour éviter tout prétexte de tumulte, l'assemblée nationale ordonna la cessation des travaux à exécuter au donjon de Vincennes.

Vincennes servit de prison aux prostituées depuis le 8 mars 1791 jusqu'en 1794, qu'elles furent transférées à l'hôpital Saint-Lazare, dans le faubourg Saint-Denis.

Conduit à Vincennes dans la nuit du 20 au 21 mars 1804, le jeune duc d'Enghien, reconnu coupable d'avoir conspiré contre la France, tomba fusillé dans le fossé du château qui n'était pas encore redevenu prison d'Etat.

Le duc d'Enghien ne clôt pas la liste des prisonniers célèbres qu'ont retenus les murailles de Vincennes, et le donjon a encore reçu, en 1830, quatre des ministres (MM. de Polignac, de Peyronnet, de Guernon et Chantelauze) signataires des ordonnances qui ont provoqué la dernière révolution.

Quoique le château de Vincennes, considéré comme place de guerre, renferme toute son histoire dans un intervalle d'à peine vingt années, il n'en a pas moins pris place avec honneur dans les annales militaires de la France.

Il avait déjà été disposé depuis longtemps en magasin d'armes, lorsque Napoléon, prévoyant l'invasion de la France à la fin de 1813, le fit fortifier, et en donna le commandement au général Dauménil. Ce général, d'une renommée populaire sous le nom de Jambe de bois (il avait perdu une jambe à la bataille de Wagram), se montra digne de la confiance de l'empereur. En 1814 et 1815, malgré les promesses, malgré les menaces, il conserva sa forteresse, et les étrangers ne mirent pas le pied dans le château de Vincennes. « Je leur rendrai le château, disait-il avec gaîté, quand ils me rendront ma jambe. » Blücher lui écrivit pour lui offrir un million. Il refusa en ajoutant qu'il gardait la lettre pour servir de dot à ses enfants.

Le château de Vincennes est cité comme l'une des forteresses les plus vastes et les plus régulières du moyen-âge.

D'immenses travaux de fortification, en voie d'exécution, achèveront de le transformer en une place de guerre du premier ordre.

Château de Vincennes.

LE CHATEAU D'IF, PRÈS MARSEILLE.

La ville de Marseille et ses environs possédaient autrefois une grande quantité d'antiquités, de monuments remarquables, d'édifices historiques qui concouraient à l'illustration et à la splendeur de cette antique cité, fondée par les Phéniciens. Aujourd'hui, la plupart de ces monuments ont disparu; les incendies, les siéges, les dévastations ont à peu près nivelé le sol où s'élevaient tant de beaux édifices. Quelques uns ont pourtant échappé à la destruction : tels sont, à Marseille, les *caves de Saint-Sauveur,* et dans les environs le château de *Notre-Dame-de-la-Garde* et le château d'*If.*

Sous la masse des bâtiments qui composaient l'ancienne abbaye de Saint-Sauveur, située sur la place de Guiche, dans une position souterraine par rapport à la place, mais au niveau des rues inférieures en descendant vers le port, se trouvent ces caves fameuses; elles consistent en sept salles, toutes égales et parallèles, enveloppées de trois côtés par une galerie plus étroite et moins élevée. Cet édifice est évidemment de construction romaine, et il est hors de doute qu'il a été construit pour servir de caserne; son état de conservation est parfait, et c'est, sous ce rapport, un des monuments antiques qui méritent le plus l'attention des antiquaires et de l'autorité protectrice des arts.

Le fort de Notre-Dame-de-la-Garde s'élève au-dessus de Marseille; il domine la mer. La chapelle fut bâtie par un moine, du nom de Pierre, à qui la colline fut cédée par Guillaume, abbé de Saint-Victor. Chaque année, à l'époque de la Fête-Dieu, la statue de Notre-Dame-de-la-Garde, est descendu dans la ville en grande solennité. La chapelle où elle réside est en grande vénération parmi le peuple marseillais; c'est en quelque sorte un lieu de pèlerinage; et, durant les fêtes de la Pentecôte, les habitants de Marseille et des environs y viennent déposer leur offrande aux pieds de la mère du Christ; aussi l'église est-elle tapissée d'*ex-voto* et enrichie d'une multitude de présents. Le fort, qui date du règne de François Ier, est peu de chose par lui-même; mais ce qui le rend digne de remarque, c'est le point de vue dont on y jouit sur la rade, la ville et les îles voisines. Les joyeux voyageurs Chapelle et Bachaumont, ont consacré les lignes suivantes à la description de ce monument.

« Nous grimpâmes plus d'une heure avant d'arriver à l'extrémité de la montagne, où l'on est bien surpris de ne trouver qu'une méchante masure, près de tomber au premier coup de vent.

C'est Notre-Dame-de-la-Garde,
Gouvernement commode et beau
A qui suffit pour toute garde
Un suisse avec sa hallebarde,
Peint sur la porte du château.

Le château d'If est situé dans l'île de ce nom, à une lieu de Marseille. Les rochers qui environnent l'île sont escarpés et élevés d'environ 50 pieds au-dessus de la surface de la mer; la longueur de ces rochers est de 140 toises; leur largeur, de 55. Le fort qui les défend passe pour un des meilleurs de la Méditerranée. François Ier le fit bâtir en 1529. Il consiste en un donjon de forme carrée, flanqué de quatre tours. Le pourtour de l'île est fortifié d'angles rentrants et saillants conformes à la disposition du rocher, et formant une seconde enveloppe. Ce lieu n'était auparavant qu'une place semée d'ifs. L'accès de ce fort est presque impraticable; même dans le calme, il est battu par la mer.

Le nom du château d'If était autrefois formidable comme ceux de Pierre-Encise, Vincennes, et des autres prisons d'Etat. Plusieurs prisonniers célèbres y ont été renfermés; le dernier que l'on cite est le comte de Mirabeau.

Le fort du château d'If garde et protège l'espace compris entre l'île de Ratoneau à droite, et celle de Pomègue à gauche, espace dans lequel on a construit en 1823 le port Dieudonné. Vers le milieu de l'île Ratoneau, et sur le point culminant, est un château entouré de quelques fortifications.

C'est la que, vers l'année 1765, un caporal nommé Francœur se déclara roi de Ratoneau; déjà il avait donné quelques marques de démence, mais on le croyait entièrement guéri, et ses camarades vivaient avec lui sans défiance.

Un jour il était de garde à la porte du donjon; pendant que la troupe, sortie de la forteresse, cherchait des provisions sur le bord de la mer, Francœur abaisse le pont-levis, charge les canons, et commence à tirer sur ses camarades répandus dans l'île.

Ce n'est qu'avec peine que ceux-ci purent s'échapper à l'aide d'un bateau : « Maître de l'île, dit un ecrivain moderne, M. Fabre, Francœur se persuada facilement qu'il en était le souverain absolu. »

Par le fait, il ne dominait que sur des troupeaux de chèvres; il disposait de leur vie au gré de son appétit.

N'ayant aucune ressource pour se procurer du pain et du vin, son imagination lui en fournit une assurée; ce fut de rançonner les navires qui passaient à la hauteur de Ratoneau. Francœur remplissait seul toutes les fonctions militaires; la nuit, un fanal à la main, il allait reconnaître les postes.

Du château d'If et de Pomègue on s'aperçut que le roi de Ratoneau faisait de fréquentes sorties; cette circonstance détermina le gouverneur de Provence à donner ordre à une compagnie d'aller le prendre.

Les soldats partirent dans la nuit du 3 au 4 novembre, ils parvinrent à se glisser sous les remparts du donjon. Francœur vient faire sa ronde ordinaire, il abat le pont-levis; à peine est-il dehors qu'on l'entoure: « Braves gens, s'écria-t-il, c'est bien, ce sont les droits du combat.

« Le roi de France est plus puissant que moi, il a de bonnes troupes; je me rends avec les honneurs de la guerre; je demande seulement mon havresac et ma pipe. »

Le lendemain Francœur traversa la ville en véritable triomphateur; on lui assigna pour palais l'hôpital des fous; plus tard, il fut envoyé aux Invalides.

LE CHATEAU DE PORNIC.

Sur un des côteaux qui forment le port de Pornic, on voit les ruines restaurées d'un ancien château, qui appartenait jadis aux ducs de Bretagne, et dans lequel ils entretenaient garnison depuis Pierre Mauclerc. Ce Pierre Mauclerc, tige des derniers ducs de Bretagne, est regardé comme le prince le plus spirituel et le plus habile de son temps, mais ayant plus de penchant vers le mal que vers le bien; et dans ce qu'il eut de bon, il se glissa toujours quelque vice pour en effacer le mérite; inquiet et turbulent, il eut presque toujours les armes à la main, et les employa tour à tour contre les ennemis de l'Etat, contre ses sujets, contre son roi et contre les infidèles.

Le château de Pornic, abandonné depuis 1792, était dans un état complet de dégradation, car la guerre civile avait achevé le destruction de ce qui avait échappé au temps, il ne restait plus que quelques masures, asiles des reptiles et des oiseaux de proie, lorsqu'en 1824 un habitant de Nantes forma le proje de soustraire au vandalisme les restes de cet antique monument, qui était encore remarquable par son heureuse situation, et par les ruines d'une tour désignée sur les nouvelles cartes comme l'un des points les plus essentiels pour les marins qui fréquentent la baie de Bourgneuf. Depuis on y a fait quelques constructions dans le genre italien, en alliant autant que possible le goût moderne avec les débris de cet ancien édifice qui doit dater du commencement du XII siècle; c'était l'une des nombreuses possessions de Gilles de Laval, seigneur de Retz, trop fameux sous le nom de maréchal de Retz.

Dirons-nous la vie de ce maréchal de Retz? Né vers l'an 1396, il perdit son père à l'âge de vingt ans, et servit d'abord le duc de Bretagne, son souverain. Etant passé sous le gonfalon fleurdelisé du roi de France, Charles VII, il emporta d'assaut le château de Lude, dont il tua le commandant. En 1429, il fut un des principaux capitaines qui aidèrent Jeanne d'Arc à faire entrer des vivres dans Orléans; il était, ainsi que son frère René, sire de Laval, l'un des chefs de l'armée qui accompagna le roi à Reims pour y être sacré, et à cette occasion il fut nommé maréchal de France. En l'élevant si jeune à cette dignité, peu prodiguée alors, on ne considérait pas moins l'éclat de ses services que celui de sa naissance; il est certain qu'il était décoré de ce titre au sacre de Charles VII, et que ce fut lui qui apporta la sainte ampoule de l'abbaye de Saint-Remi à l'église métropolitaine. Ici paraît finir la carrière honorable du maréchal de Retz; il ne nous reste plus que la tâche pénible d'offrir le tableau de ses extravagances, de ses vices et des crimes monstrueux qui ont plus contribué que ses exploits à sa malheureuse célébrité. Héritier à vingt ans d'un patrimoine considérable, il était devenu l'un des plus riches seigneurs du royaume, en 1432, par la mort de Jean de Craon, son aïeul. On évaluait sa fortune à 300,000 livres de rente, qui feraient plus d'un million aujourd'hui, sans compter les profits de ses droits seigneuriaux, les émoluments de ses charges et un mobilier de cent mille écus d'or; mais il en eut bientôt dissipé la plus grande partie par ses prodigalités, son faste et ses débauches. Il vendit à Charles V, duc de Bretagne, plusieurs de ses propriétés, parmi lesquelles on distingue le château de Pornic. Il ne tarda pas à s'adonner à la magie, promettant tout au diable, même son âme. Ce fut à cette époque qu'il commença à immoler des enfants, pour employer leur sang et leur cœur dans ses charmes diaboliques; ses gens attiraient dans ses châteaux, par quelques friandises, les jeunes garçons du voisinage, et on ne les revoyait plus sortir. Le scandale fut si public et les réclamations si nombreuses, que Gilles de Laval fut déféré à la justice. Arrêté au mois de septembre 1440, il fut renfermé avec deux de ses complices dans le château de Nantes. On frémit d'horreur en lisant les détails obscènes et atroces de cet épouvantable procès, dont l'instruction dura un mois; le nombre de ses victimes paraîtra incalculable, si l'on considère que les massacres eurent lieu presque sans relâche dans plusieurs de ses domaines, et qu'ils durèrent huit ans, selon ses propres aveux. Pour dérober les traces de ses cruautés, il faisait précipiter les cadavres dans les fosses d'aisance quand il était en voyage; mais, dans ses châteaux, il les brûlait et en jetait les cendres au vent. Convaincu de tant de forfaits, le maréchal de Retz fut condamné à être pendu et étranglé avec ses deux complices. L'exécution eut lieu à Nantes, le 25 octobre 1440, dans la prairie de Biesse, remplacée par une rue qui porte aujourd'hui ce nom, à l'entrée du pont de la Madeleine.

Le château de Pornic était alors aux mains des ducs de Bretagne.

LE CHATEAU DE ROUSSILLON.

Le château de Roussillon, à une lieue de Perpignan, est bâti sur l'emplacement de l'antique Ruscino, colonie romaine, sortie de la Sardaigne. Cette ville avait donné son nom à la contrée dont elle était la capitale et qui comprend aujourd'hui dans son étendue le Vallespir, le Conflans et la Cerdagne française, dont le département des Pyrénées-Orientales.

On trouve encore, en fouillant les terres, des médailles romaines et des fondations d'édifices qui paraissent avoir été considérables : en 1768, on découvrit de nombreuses colonnes, des chapitaux, des corniches et divers socles de marbre. Il ne reste d'autres vestiges de cette ville qu'une tour remarquable par son ancienneté, des fragments de bains publics et quelques parties des remparts ; la tour est de forme ronde et dans une position admirable ; elle montre au loin sa muraille noircie par les années. Plusieurs masures, environ six ou sept maisons bâties auprès de la tour, une vieille chapelle qui sert de boutique, voilà tout ce qui orne l'ancienne colonie romaine, et encore ces habitations délabrées ne sont-elles que les ruines d'un castrum élevé sur les ruines de Ruscino. Débris sur débris, ruines sur ruines, telle est l'action des temps, telle est la marche des siècles.

LE CHATEAU DE HAM.

Lorsqu'il suit la route de Compiègne à Saint-Quentin, le voyageur traverse la ville de Ham; et si ses regards se portent à gauche, il aperçoit une vaste construction à l'aspect sombre et triste; ce sont de longues murailles, sur lesquelles apparaissent çà et là quelques restes de machicoulis, de sculptures et de fenêtres gothiques; ce sont des tours couronnées de créneaux en briques rougeâtres, et dont la base semble plonger dans les eaux de la Somme qui coule à l'entour; c'est, en un mot, le fort de Ham, vaste rectangle fortifié, autrefois château féodal, depuis longtems prison d'Etat.

L'origine de la ville de Ham paraît remonter aux époques de la domination gallo-romaine. Quelques ruines semblent l'attester et ont été interprétées dans ce sens par les antiquaires, vers la fin du neuvième siècle.

La ville et le territoire de Ham appartinrent aux comtes de Vermandois, issus de la race carlovingienne. Charles-le-Simple, disent les chroniqueurs, traîtreusement saisi et appréhendé au corps par son vassal, le comte Herbert de Vermandois, qui l'avait attiré à Saint-Quentin, fut enfermé dans un fort situé non loin de là, sur la Somme. C'était le fort de Ham, dont la sombre célébrité commençait par l'emprisonnement d'un roi.

A la suite de la domination des comtes de Vermandois, la seigneurie de Ham passa successivement, et par de nombreuses vicissitudes, dans les maisons de Coucy, d'Orléans, de Bar, de Luxembourg, de Vendôme et de Navarre. Réunie à la couronne par l'avènement d'Henri IV, elle fut donnée au cardinal Mazarin, puis à Philippe d'Orléans, que son frère Louis XIV voulut apanager. La seigneurie de Ham est restée dans la maison d'Orléans jusqu'en 1789.

Pendant la Révolution, le fort de Ham fut une prison d'Etat, ce qu'il était précédemment; car, dans les années antérieures à 1789, il avait été un lieu de détention, bien plus souvent qu'une résidence seigneuriale.

Sous l'Empire, sous la Restauration, et depuis 1830, le fort de Ham n'a point changé de destination; aujourd'hui encore, la

Château de Ham.

forteresse est une prison d'Etat. C'est celle d'où le prince Louis Napoléon s'est évadé en 1846, après y avoir passé six années entières.

En 1557, après la bataille de Saint-Quentin, le fort de Ham fut investi par les Espagnols, qui le rendirent plus tard dans le traité de Cateau-Cambresis.

En l'an 1595, la ville de Ham fut livrée aux étrangers par le seigneur de Momi de Gomeron, gouverneur de la forteresse, partisan passionné du duc d'Aumale et des ligueurs.

Moni de Gomeron étant mort en 1595, ses trois fils allèrent à Bruxelles pour réclamer ce qui leur était dû, et pour traiter de la reddition de la citadelle, qui était encore au pouvoir des Français.

Les Espagnols les retinrent prisonniers, afin d'assurer tout-à-fait la reddition du château. Dorvilliers, leur frère utérin, qui gouvernait en leur absence, refusa de se rendre, et fit appel à la noblesse. D'Humières se mit à la tête des nobles picards; mais ils furent vaincus. Le château fut pris, la garnison taillée en pièces par les Espagnols qui occupaient la ville, et le comte de Fuentès, chef des Espagnols, irrité de la résistance passée, conçut un horrible projet: par son ordre, l'un des trois traîtres qui avaient vendu la citadelle, le fils aîné de l'ancien gouverneur, Moni de Gomeron, fut saisi au corps, enchaîné et traîné de Bruxelles à Ham. Un échafaud avait été dressé sous les murs de la ville, et ce misérable, coupable d'une lâcheté envers sa patrie, fut décapité par un bourreau espagnol.

En 1815, en cette année de désastre national, la garnison de Ham, forte de quatre-vingt-dix hommes, résista noblement aux sommations d'une armée prussienne. L'étranger fut forcé de s'arrêter devant les faubourgs, et par sa glorieuse énergie, le commandant put sortir avec armes et bagages, le front levé et la tête haute, comme un soldat de l'Empire.

Tel qu'il est aujourd'hui, le fort de Ham offre l'aspect d'un vaste parallélogramme. Une première entrée, située sur un terrain appelé l'Esplanade, vous conduit dans une cour avancée et entourée d'une muraille triangulaire. Là s'ouvre un pont en maçonnerie, sur lequel s'abaisse le pont-levis de la forteresse; quelques pas plus loin est la voûte d'entrée, fermée par le pont-levis et deux portes intérieures construites en fer.

Aussitôt entré dans la forteresse, après avoir franchi la voûte, on découvre une cour spacieuse, bordée en tout sens de constructions régulières, et vers le milieu un manège dans lequel un arbre élève son feuillage.

Lorsqu'on est encore sur le seuil intérieur de la voûte d'entrée, le dos tourné au pont-levis, la grande cour en face, plusieurs constructions frappent les regards. A droite, c'est le logement du concierge, auquel est adossée une caserne; à gauche, c'est un vaste corps-de-garde bâti sous François Ier; puis, au-delà, perpendiculairement à ce corps-de-garde, l'œil découvre une longue construction. Là se trouvent, à la suite l'un de l'autre, le logement des officiers d'artillerie et du génie, le logement du commandant et celui du gardien des poudres.

En face de ce grand corps-de-logis, de l'autre côté de la cour, sont situés les magasins d'armes, les cantines et les cuisines.

Enfin, au fond de la cour, du côté opposé à la voûte d'entrée, se trouvent les bâtiments plus spécialement affectés à la prison. Si l'on se dirige vers ces bâtiments, on rencontre d'abord une niche de laquelle un gardien est continuellement occupé à surveiller les prisonniers; puis, en tournant à gauche, quelques chambres étroites, sans ornement, presque sans meubles : ce sont celles des prisonniers.

Une voûte sépare ce corps-de-logis d'un autre bâtiment qui sert de caserne: cette voûte conduit au parc à boulets et au jardin que le prince Napoléon Louis cultive lui-même sur le talus des remparts. Le corps-de-logis occupé par les prisonniers est situé au-dessus de la poudrière.

Toutes ces constructions sont comprises dans l'enceinte fortifiée. Quatre tours s'élèvent aux quatre angles de la forteresse; trois de ces tours sont ovales; une seule, plus élevée, plus importante que les autres, est de forme ronde; cette dernière, appelée *Grosse Tour* ou *Tour de Louis XI*, ou enfin *Tour du Connétable*, plonge dans les eaux de la Somme; elle a environ cent pieds de haut, autant de diamètre, avec des murs de trente pieds d'épaisseur en pierres de taille. Les autres tours et les murailles sont en briques.

Les uns soutiennent que la grosse tour fut construite par Louis de Luxembourg, comte de Saint-Pol, qui fut seigneur de Ham et connétable; de là lui serait venu, sans doute, cette dénomination de *Tour du Connétable*. Les autres prétendent qu'elle aurait été construite avant le fort, et remonterait à Charles VII; son fils l'aurait fait restaurer et aurait fait élever l'enceinte ainsi que les tours ovales. Enfin, une tour carrée que l'on remarque sur un point intérieur des remparts, vis-à-vis l'Esplanade, remonterait a François Ier. Le corps-de-garde intérieur est dans le goût des constructions de la renaissance.

L'intérieur de la grosse tour présente plusieurs salles superposées, vastes, obscures et sonores. Au rez-de-chaussée il existe encore des cachots sans air et sans lumière.

L'aspect général du fort de Ham inspire la tristesse et la terreur, et l'on ne peut contempler ses longues murailles sans en composer la douloureuse histoire. Ces constructions ténébreuses, ces cachots de la grosse tour ont eu leur destination. Que d'existences éteintes, que de souffrances finies, que de noms perdus sous ces voûtes! L'histoire n'a pu tout recueillir; car les murs d'une prison d'État sont souvent des lieux de mystère, de silence et de douleurs. Alors que le caprice de la puissance persécutait à son gré, alors que la liberté était enlevée sans les grandes publicités de la justice, nul ne savait les noms et les souffrances des victimes du despotisme. Si parfois, un soir, le geôlier faisant sa ronde trouvait un cadavre dans un cachot, on l'enterrait sans mot dire, ou bien on le laissait gisant entre les quatre murailles humides; trente ans plus tard le cadavre était devenu squelette, et les hommes ne pouvaient rien apprendre du passé.

Au fort de Ham, plus qu'ailleurs, la captivité fut mystérieuse, les cris étouffés, les cadavres enterrés promptement, les noms environnés de l'oubli; car l'histoire des prisonniers de Ham est une histoire moderne.

Sur la vieille histoire des prisonniers de Ham on ne connaît qu'une chronique, c'est-à-dire un récit mélangé de croyable et de merveilleux.

Dans l'un des plus bas, des plus étroits, des plus sombres cachots de la grosse tour, fut enfermé, à une époque ignorée, un prisonnier dont personne ne sait le nom. Ce prisonnier était un pauvre capucin austère de mœurs, digne et saint homme, sans cesse en jeûnes, prières et mortifications. Tant de vertus ne purent le sauver; il fut persécuté et jeté dans cet horrible cachot, où il continua à prier Dieu avec une pieuse résignation. La nuit, lorsqu'il pouvait sommeiller quelque peu, il appuyait sa tête sur une pierre; tant et si longtemps dura sa captivité, ajoute la chronique, qu'il avait creusé la pierre et laissé l'empreinte de son visage sur ce dur chevet. Les jeunes filles et damoiselles qui venaient visiter la pierre et qui en emportaient un morceau, trouvaient sûrement un mari dans l'année.

Inutile d'ajouter qu'aujourd'hui, sur la pierre indiquée aux curieux, l'empreinte du saint visage est invisible, et que bien des filles sont venues visiter cette pierre, qui sont filles encore.

LE MONT SAINT-MICHEL

C'est dans cette partie de la Basse-Normandie appelée l'Avranchin que s'élève le mont St-Michel, lieu célèbre et dont le nom réveille tant de tristes souvenirs. Cette antique abbaye paraît sortir avec les bâtiments qui l'entourent du sein d'une vaste grève qui peut avoir sept ou huit lieues de superficie. Le roc tout entier de granit s'élève au-dessus du sol d'environ cinquante-cinq mètres, et l'on peut évaluer à cent dix mètres la hauteur des édifices qui le surmontent. Toutes les pierres qui ont été employées à leur construction ont été prises sur le roc, ce qui nécessairement a dû changer sa forme. Sa partie supérieure est occupée par le château ; la partie basse, du côté du sud seulement est habitée par quelques pauvres pêcheurs. On a prétendu que du temps des Celtes, le mont Saint-Michel, sous le nom de Mont Bellenus, possédait un collége de druidessses, et que, vers le siècle d'Auguste, il s'appela Mont-Jovis, à cause d'un temple à Jupiter que les Romains y firent élever. Ces opinions assez hasardées ne reposent point sur des preuves historiques bien positives. Ce qui est plus certain, c'est que, vers les premières années du quatrième siècle, plusieurs ermites s'y établirent et y fondèrent un petit monastère. Vers le commencement du huitième siècle, saint Aubert, évêque d'Avranches, y fit construire une petite église entourée de quelques cellules et dédia le tout à saint Michel. Plus tard lors de la conquête des Normands, Rhon ou Rollon, leur chef, fit, le quatrième jour qui suivit son baptême, un riche présent à l'église Saint-Michel, sur le mont qui dispute contre les ondes de la mer la tempête de l'air, comme le disent les vieux titres. Ses successeurs conservèrent une grande vénération pour ce lieu saint et y laissèrent souvent des traces de leur magnificence. Dans les premières années du onzième siècle, l'église étant devenue trop petite, Richard II, troisième duc de Normandie, la fit bâtir sur une échelle plus grande : il mourut avant de l'achever. C'est aussi vers cette époque que le mont Saint-Michel acquit une importance militaire. Les guerres des Normands avec les Anglais venaient de naître, les ducs sentirent tout l'avantage que leurs ennemis d'outre-mer pourraient tirer de la possession de ce point, et le firent fortifier. Pendant l'invasion du quinzième siècle, les Anglais vinrent en grand nombre mettre le siége devant le mont Saint-Michel. Une troupe de cent vingt seigneurs s'enferma dans le château et le défendit vaillamment, et les ennemis furent repoussés. Deux grandes pièces d'artillerie restèrent au pouvoir des assiégés. Les habitants les montrent encore aux étrangers aujourd'hui ; on les voit de chaque côté de la porte d'entrée du Mont; l'une est presque complétement enterrée dans le sable, l'autre est à moitié découverte ; le diamètre de leur ouverture est de plus d'un pied.

Les religieux, avant la révolution, se plaisaient à énumérer les noms de tous les rois et de tous les grands personnages qui étaient venus dévotement visiter monseigneur saint Michel archange, et avaient laissé à son église des traces de leur munificence. Le plus remarquable de ces pélerinages est celui de Louis XI en 1469. Il s'y rendit en compagnie d'une suite nombreuse, déposa sur l'autel une somme de six cents écus d'or, après avoir fait ses dévotions, donna des ordres pour réparer et mettre le château en état de défense, et le 1er août y institua l'ordre de Fraternité ou aimable Compagnie de certain nombre de chevaliers, jusqu'à trente-six, lequel nous voulons être nommé de l'ordre de Saint-Michel, paroles du préambule et des statuts. La salle où se tenait le chapitre de l'ordre, et qu'on nommait la salle des Chevaliers, existe encore; elle est vaste et trente-six colonnes de granit en soutiennent la voûte : il y avait sans doute une pensée symbolique dans ce nombre trente-six, le même que celui des chevaliers; peut-être, que dans le génie de l'artiste, la voûte représentait le trône dont les colonnes, figurant les plus puissants seigneurs, étaient l'appui. Aujourd'hui cette salle est transformée en un atelier, il n'est plus permis d'y entrer depuis longtemps.

C'est probablement sous le règne de Louis XI que le mont Saint-Michel devint une prison d'état. Le caractère astucieux, défiant et cruel de ce prince, ainsi que ses largesses pour les moines de cette abbaye, pourraient le faire supposer ; cependant, il n'y a que des conjectures à ce sujet. Ce qui est positif, c'est que François I y fit enfermer un syndic de la faculté de Sorbonne, qui avait invectivé contre lui ; ce malheureux y mourut.

Le mont Saint-Michel eut beaucoup à souffrir pendant les guerres religieuses, le gouvernement de l'abbaye avait été distingué de celui de la forteresse. Plus tard, Louis XIV, sur la requête de M. de Souvré, rendit le gouvernement aux prieurs, qui le conservèrent jusqu'à la révolution.

Pendant la révolution, le mont Saint-Michel fut une prison d'état, particulièrement affectée aux prêtres non assermentés, trop âgés ou trop infirmes pour être déportés.

En 1811, l'empereur y fit bâtir une maison de réclusion.

Par ordonnance royale, datée de l'année 1817, la maison centrale du mont Saint-Michel a été affectée aux condamnés à la déportation.

Mont Saint-Michel.

Château Praslins. — Mont Saint-Michel.

Le mont Saint-Michel, tel qu'il est aujourd'hui, offre une circonférence de 9,000 mètres environ. Un télégraphe a été construit sur le point le plus éleve du château.

Sous le rapport architectural, les édifices du mont Saint-Michel sont très remarquables; plusieurs sont cités pour leur hardiesse et leur élégance. Il ne faudrait pas néanmoins y chercher une pensée unique, il n'y en a point; au fur et à mesure des besoins, ses diverses parties se sont élevées et superposées les unes sur les autres.

Depuis longtemps les inquiétudes de la geôle en ont soustrait la plupart à la curiosité des visiteurs.

En arrivant au mont Saint-Michel, le voyageur franchit une espèce de chaussée inclinée qui conduit de la grève à la porte d'entrée extérieure; deux pièces de canon, formées de lames de fer et fort anciennes, sont couchées au hasard sur la chaussée. La première porte extérieure présente ce replâtrage moderne qui ôte aux monuments leur caractère et leur couleur; après cette porte, on entre dans la cour dite du Lion, sans doute à cause d'un bas-relief en granit représentant un lion dont la patte est posée sur un écusson: ce bas-relief est incrusté dans le mur du fond de la cour. Une seconde porte, surmontée d'un écusson indéchiffrable, conduit dans une seconde cour; là, du côté de la grève, s'élève une terrasse de rempart vulgairement appelée le boulevart. La porte féodale de l'ancienne abbaye s'ouvre sur la rue de la ville, bizarre assemblage de maisons inégales, irrégulières, et rangées sur deux files qui ne sont ni droites, ni symétriques.

A l'extrémité de la rue, un escalier ménagé vers la droite conduit, par les remparts, à l'entrée du château. Deux tourelles crénelées défendent cette entrée, dont l'aspect est imposant et solennel. En haut, des meurtrières apparaissent çà et là, en bas s'ouvre une voûte à plein cintre, sous laquelle un escalier grimpe jusqu'à la porte: cette porte, en ogive, est surmontée de trois niches à trèfles, et qui sont vides aujourd'hui.

La porte franchie, on est dans le vestibule, où est établi un poste pour le service intérieur. A droite, derrière une porte basse, un étroit escalier tourne le chevet de l'église, et va déboucher au guichet de la Conciergerie.

L'ancien grand réfectoire des religieux est une caserne; les anciens dortoirs et le réfectoire d'en haut ont été souvent habités par les détenus.

Au-dessus de la salle des Chevaliers, l'aire de plomb, c'est-à-dire, le cloître, se compose d'une galerie quadrangulaire appuyée sur des colonnes frêles et minces. L'aire ou cour du cloître, située à deux cents pieds au dessus du niveau de la grève, sert à recevoir les eaux pluviales pour l'approvisionnement du château. Sous les galeries, on a pratiqué des cellules pour les prisonniers que l'on veut isoler.

L'homme, encore tout ému, descend précipitamment, traverse la salle des Gros-piliers et arrive au Vestibule des voûtes. Ici, des impressions terribles le saisissent; il s'enfonce en hésitant sous ces murailles noires, humides, parsemées de salpêtre. Au fond d'une galerie béante, il voit les restes d'un cimetière souterrain, puis une salle obscure, puis un caveau où la nuit est plus profonde, le silence plus horrible.

Un long corridor aboutit à une voûte assez spacieuse. Là se trouve une grande roue que des prisonniers font tourner, et qui sert à monter les provisions du château le long d'un plan incliné de plus de vingt-cinq mètres de hauteur. C'est sous cette voûte que la tradition du pays place les oubliettes. Quelques personnes affirment que ces affreux cachots, où des malheureux étaient plongés et disparaissaient pour toujours, n'ont jamais existé. Ce qui est certain, c'est que non loin de l'endroit où est placée la roue, se trouve un grand trou dont le diamètre est d'environ un mètre, et dont la profondeur est très grande. On ignore aujourd'hui quelle pouvait être sa destination. Au reste, la controverse qui pourrait être établie sur l'existence des oubliettes serait complétement inutile. Les oubliettes étaient dans tous les souterrains de la maison, qui sont en très grand nombre. Là, des victimes pouvaient être enfermées à tout jamais pour y expirer de besoin. A la révolution, on trouva dans quelques cachots des squelettes avec leurs chaînes: d'autres ossements furent aussi trouvés dans des espaces étroits et murés de toutes parts.

Sous cette même voûte, peu d'années avant 89 se voyait encore une grande cage en bois; elle était construite en claire-voie et pouvait avoir six pieds sur chacune de ses faces, sa hauteur atteignait le sommet de la voûte.

La prison du mont Saint-Michel est un véritable labyrinthe composé d'édifices simultanément supportés par des voûtes et des piliers.

Au dessus de la galerie où quelques rares prisonniers se promenent quelquefois, s'élèvent de petites cellules; c'est là que les moines de l'ordre de Saint-Bruno, que la communauté voulait punir, étaient envoyés de tous les points de la France pour y observer la règle dans toute sa sévérité. L'abbaye du mont Saint-Michel était censée maison de correction monacale.

En sortant du cloître on se rend dans l'église; on n'en a conservé que le cœur, tous le reste est occupé par des ateliers, et s'élève jusqu'au plafond.

Telle qu'elle est aujourd'hui, l'église fut bâtie en 1448 par les soins du cardinal d'Estouteville, trente-unième abbé; elle ne fut achevée que quarante-un ans plus tard, en 1499. Le peu qu'on en voit fait regretter le reste; on y retrouve ce qui caractérise le style gothique, la hardiesse, la grandeur, la légèreté, et cette variété de lignes qui en font le charme.

Autrefois les pèlerins qui venaient en foule visiter l'abbaye pouvaient faire leurs prières à toutes les chapelles, et les moines leur montraient avec intérêt tous les détails de la maison.

C'est devant le portail de l'église, ou un peu en avant, que se trouve la plate-forme où se promènent deux fois par jour les détenus politiques. De là, la vue s'étend de tous côtés sur une immense grève, couverte en totalité par les eaux de la mer, souvent desséchée et d'une tristesse désespérante par son uniformité; au loin on aperçoit l'Océan, les rochers de Cancale, les côtes de Bretagne et de Normandie, qui forment le contour de la baie; enfin, la roche de Granville,

Mais le malheureux, privé de sa liberté, ressent plus vivement encore cette privation, contemplant tout ce que la nature lui offre d'attrayant, dans un lointain qu'il voudrait atteindre, et dont le sépare la puissance inexorable qui l'enchaîne sur ce rocher. Cette perspective était à la fois un délassement et un supplice. La restauration avait maintenu l'un et l'autre. Le gouvernement de juillet a fait exhauser de plusieurs pieds les murs d'appui de cette plate-forme. Les prisonniers ne pourront plus ainsi jouir du triste bienfait de respirer le grand air pendant une heure par jour, aux rayons d'un soleil brûlant.

LE CHATEAU DE CHAMBORD, PRÈS BLOIS.

S'il y a en France un édifice qui ressemble à un de ces palais maures si fameux, tels que l'Alhambra de Grenade, c'est, sans contredit, le château de Chambord, cette demeure si vaste et si chère aux rois de France, située au milieu d'un parc de plus de huit lieues de circonférence, à l'enceinte close de murs, aux sites si variés, aux accidents de terrrain si favorables à toute espèce de chasse, aux taillis immenses, aux arbres séculaires, aux allées larges, aux sentiers battus. Il y a du grandiose dans cette construction princière que l'on découvre des hauteurs de Blois, avec ses dômes, ses donjons, ses tourelles et ses terrasses, avec toutes ses formes de la renaissance, formes qui ne sont ni toutes gothiques, ni toutes grecques, ni toutes romaines ; mais qui attestent, par leur singularité, une époque placée entre la barbarie et la civilisation complète de nos jours. Le donjon rappelle bien, il est vrai, par ses quatre grosses tours, les bâtiments informes ou compactes du XIIe siècle : mais les galeries qui prolongent ou étendent la façade lui donnent un air d'élégance inconnue avant l'époque de la renaissance.

Il faudrait des volumes pour dérouler l'histoire de toute cette architecture tout à la fois légère et imposante. Tous les ornements y sont prodigués avec une profusion presque sans exemple.

Voici, au reste, ce qu'en dit André Duchesne, dont le style naïf convient merveilleusement au sujet :

« Car enfin que je ne mette en compte les maisons de plaisance, les palais et les autres châteaux que quelques seigneurs ont fait bâtir assez richement, celui-ci de Chambord est bien le plus magique en toutes pièces rares, qu'il y ait guères en Europe, et comme l'abrégé de toute l'industrie humaine de son temps. Le grand roi François Ier y fut servi partout avec tant d'ordre, de conduite et de jugement, que toutes les parades de son architecture se ressentent de la grandeur de l'un des plus grands rois du monde.

« Cette royale maison a sa vue jusque sur la ville de Blois, encore qu'elle en soit distante de trois lieues, et limitée de tous côtés de prés, eaux et forêts, riche d'un escalier qui n'a point son pareil en France, pour être tellement et si largement composé, qu'un grand nombre d'hommes y peuvent monter et descendre diversement et en même temps, sans s'entrevoir, et pour être l'un de ses côtés industrieusement dérobé de l'autre.

« Je laisse à l'œil des curieux les chambres, antichambres, salles, garde-robes, cabinets, portiques et galeries, comme aussi les jardins, et celui même qu'on appelle de la reine, grand de cinq arpents de terre, au bout duquel, vers la forêt de Blois, vous remarquerez une allée large de six toises et longue de plus d'une demi-lieue, embellie de plus de quatre rangs d ormeaux si droitement alignés, que ceux du roi de Perse, tant vantés de l'antiquité, ne seraient rien auprès. »

On ne conçoit pas comment ce château n'a pas allumé le génie d'un de nos grands peintres poétiques, n'ait pas inspiré un poème à Racine ou à Boileau.

Assurément Pindare ou Homère, Horace ou Virgile n'auraient pas laissé échapper l'occasion de célébrer un pareil chef-d œuvre, de lui consacrer une de ces brillantes pages qui échappaient, comme l'eau d'une source, de leur fécondité.

Mais laissons passer un regret pour dire que, dans le théâtre de ce château royal, Molière fit jouer pour la première fois sa comédie *Bourgeois Gentilhomme*, dont, il faut le dire, la première représentation n'eut pas de succès. Mais le roi, qui avait suspendu son jugement pour se prononcer à la seconde représentation, fit publiquement sur ce chef-d œuvre des éloges à Molière. Ces éloges calmèrent les craintes que le grand compositeur comique éprouvait depuis quelques jours d'avoir déplu à Louis XIV. Les grands seigneurs qui avaient vu dans le silence du roi un signe de désapprobation, et qui, à cause de ce manifeste muet, s étaient déchaînés contre la pièce, coururent bien vite chez Molière pour lui offrir leurs félicitations et lui témoigner leur admiration. Ainsi se font les succès. Ils dépendent d un cas fortuit, du caprice élogieux d'un homme haut placé. Ainsi, malheur au talent obscur qui n'a pas pour appui une puissance du monde. Ce qu'il sème d'esprit est un grain qui tombe sur la pierre.

Toutefois, Chambord n'a plus revu les splendeurs du roi magnifique. On chercherait en vain dans Chambord les traces de Louis XIV et de Molière.

Chambord devint plus tard l'apanage du vainqueur de Fontenoy ; le maréchal de Saxe s'y reposa des fatigues de trente victoires, au sein des plaisirs, des arts et de l'amitié. Ce fut vers la fin de l'année 1748 que le maréchal vint habiter Chambord ; il y fut reçu avec tous les honneurs militaires, et y retrouva des compagnons d'armes.

Le roi, par une galanterie particulière, permit que ses deux régiments de hulans vinssent y tenir garnison, et leur fit bâtir des casernes à la porte du château

Le maréchal de Saxe menait à Chambord une vie toute militaire ; ses soldats étaient tenus dans la discipline la plus exacte ; il assistait tous les matins à leurs évolutions, et donnait des soins particuliers à un haras qu'il avait formé avec une race de chevaux de l'Ukraine, qui, libres et sans gardiens, vivaient dans le parc, et arrivaient d'eux-mêmes sur la place d'armes à l'heure de la manœuvre.

Le maréchal ne jouit que deux ans de cette noble dotation ; la mort vint l'y frapper le 30 novembre 1750. Des honneurs funèbres lui furent rendus avec une pompe toute royale ; son lit de parade fut entouré de seize drapeaux pris sur l'ennemi ; et six pièces de canon, dont Louis XV lui avait fait présent, tirèrent d'heure en heure, pendant quarante jours, dans les cours du château.

Depuis quarante ans, le domaine de Chambord a eu une singulière destinée ; peu de propriétés en France ont été autant de fois vendues que celle-ci a été donnée.

En 1799. Louis XVIII, qui deux ans auparavant avait érigé Chambord en duché, voulait le donner à Pichegru. Pendant l'Empire, il fut habité par le maréchal Berthier, et il fut offert par une souscription au duc de Bordeaux en 1822. Mais, après la révolution de Juillet, et quand il fut décidé par une disposition législative que la France serait interdite, sous des peines sévères, à la branche aînée des Bourbons exilée, avec défense d'y garder ses propriétés, l'aliénation de Chambord devait être la conséquence des mesures légales.

Le duc de Bordeaux est donc dépossédé, exproprié : mais, comme il ne se trouve pas d'adjudicataire assez riche pour acheter une si grande propriété, il paraît que le monument va être à la merci des marchands vandales de biens, des spéculateurs en matériaux ; et un chef-d'œuvre est menacé d'une démolition barbare de coup de pioches, de haches et de marteaux.

Le Gouvernement laissera-t-il abymer un monument qui fut, sous Louis XIV, témoin chaque année de brillantes fêtes ? laissera-t-il l'œuvre de douze ans, de dix-huit cents ouvriers, de tant de talents réunis en architecture, en peinture et en sculpture ? Voudrions-nous voir un épisode de vandalisme, en permettant à des barbares spéculateurs de moellons, de ciment, de mettre le hoyau de la destruction sur ce qui coûta si cher pour faire un monument grandiose de plus à la France, un monument digne d'elle ?

Château de Chambord.

LE CHATEAU DE TARASCON.

C'est une tradition géneralement admise à Tarascon, que Marthe, sœur de Marie-Madeleine, vint avec sa suivante Marcelle dans cette ville, où elle apporta la foi chrétienne. Le pays était alors ravagé par un monstre qu'on appelait *la Tarasque*, du nom de la ville; Marthe, dit-on, l'enchaîna avec sa ceinture et en délivra le pays.

Cette légende, assez semblable à celle de *la Gargouille* de Rouen, de *la bête du Gevaudan* et de plusieurs autres, donna lieu, par la suite, à des jeux singuliers qu'on célébrait chaque année, le jour de la Pentecôte. Des hommes de peine, costumés uniformément, allaient, vers midi, chercher la Tarasque pour la conduire hors de la porte Jarnègues. La Tarasque, représentation d'un dragon monstrueux, était formée d'un assemblage de cerceaux recouverts d'une toile peinte; ses pattes étaient armées de griffes, sa queue écailleuse et plusieurs fois recourbée, sa tête tenait du taureau et du lion. Cette effrayante figure était portée par une douzaine d'hommes, et l'un d'eux s'introduisait dans le corps de la Tarasque pour en faciliter les mouvements; des fusées étaient attachées aux deux narines de l'animal, et l'on y mettait le feu au moment où la course commençait. Cette course était de nature à inspirer de la terreur; la Tarasque s'agitait en tous sens, comme si elle était animée de fureur et de rage. Plus d'une fois la rencontre de cette hideuse figure a été funeste aux habitants.

Le château de Tarascon est le plus grand, le plus magnifique monument dont le XVe siècle ait enrichi le Midi. Commencé en

1400, il fut achevé par le roi René, qui l'habita et y donna des fêtes et carrousels magnifiques. Ce séjour royal est devenu une prison : dans cette triste métamorphose, l'intérieur a perdu ses ornements, mais le dehors conserve sa majesté. C'est un carré d'une grande élévation, ayant du côté de la ville deux belles tours rondes, et du côté du Rhône deux tours carrées irrégulières. Une enceinte plus basse, flanquée d'autres tours carrées, s'étend vers le nord. Quand on est sur le pont du Rhône, on voit le château à découvert ; il élève sa masse imposante sur le bord oriental, tandis que l'autre rive présente les formes fantastiques des tours de Beaucaire. Quand on arrive du côté de terre, on l'aperçoit aussi de très-loin ; sa blancheur et son élévation le font remarquer au-dessus de la ville, dont il dépasse tous les édifices ; il est d'une fraîcheur qui ne laisserait pas soupçonner son antiquité de quatre siècles. Les comtes de Provence ont tous habité ce château durant leur séjour à Tarascon, où ils venaient très-souvent ; ils y tenaient leur cour, y dansaient les ballets, et c'est là qu'au mois de juin 1449, le roi René donna ce tournois célèbre, dont les historiens de Provence parlent avec tant d'enthousiasme.

Les jeux de la Tarasque furent célébrés plusieurs fois dans ce château, en présence du roi René et de sa seconde femme, Jeanne de Laval, et la Tarasque continua à s'y rendre chaque année ; mais, depuis 1789, ces jeux ne sont plus exécutés que dans les occasions extraordinaires, et bientôt, sans doute, ils seront entièrement oubliés.

LE CHATEAU DE SAUMUR.

Le château de Saumur, plusieurs fois détruit, fut rebâti par saint Louis, qui lui donna le nom de *Salvus murus*, *Sauf mur*, dont on fit Saumur, et qui fut donné à la ville. Cette forteresse, qui a pu être redoutable autrefois, s'élève sur une roche crayeuse; ses murailles étaient flanquées de tours qui ont disparu. Charles VII habita ce château au temps où il travaillait à reconquérir son royaume, et plus tard Henri IV l'assigna pour résidence à l'illustre Duplessis-Mornay, qui y fonda une académie protestante. Ce château sert aujourd'hui de magasin d'armes et de munitions.

Saumur avait depuis longtemps perdu toute son importance militaire lorsque éclata l'insurrection vendéenne. Assiégée par l'armée royaliste, que commandait Henri de Larochejaquelein, elle se rendit à ce chef intrépide et devint le centre des opérations du corps commandé par Cathélineau, qui, de simple charretier était devenu général en chef de l'armée des insurgés. Le sang français coula plus d'une fois sous les murs de cette cité, pendant ces déplorables troubles; mais enfin Saumur resta aux républicains. C'est aujourd'hui une cité fort paisible à laquelle donne cependant quelque animation l'école de cavalerie qui y est établie et qui jouit d'une réputation méritée.

CHATEAU DE NANTOUILLET.

Dans les environs de Meaux et près de Juilly, se trouve le village de Nantouillet, célèbre uniquement parce qu'il plut au cardinal Duprat d'y fonder un magnifique château. Ce prélat, chancelier de France sous François I, à part quelques qualités, n'a pas édifié l'Eglise par de grandes vertus. Contrairement aux lois évangéliques, il employa tous les moyens pour s'enrichir, et amassa de grands trésors, quant au siècle où il vivait. Rien ne pouvait satisfaire son avarice insatiable et scandaleuse. Son avidité allait si loin que François I fut obligé d'y mettre un frein. Il demandait toujours, et le roi répondait sans cesse par ces mots de Virgile :

Sat prata bibêre.

Duprat n'était pas moins ambitieux qu'avare. Ne conçut-il pas, à la mort de Clément VII, le dessein de monter sur le Saint-Siége. Pour y parvenir, il offrit 400,000 écus à François I, qui lui objectait les frais que nécessiterait un tel projet. Le roi ne manqua pas de les aller faire prendre ; mais il les remit à l'épargne.

François I, voulant partager les dépouilles du cardinal défunt, fit un emprunt forcé de 100,000 écus à ses héritiers.

On rencontre encore au château de Nantouillet un caveau où

Duprat avait amassé des sommes considérables que le roi consacra aux besoins de l'Etat.

Voici au surplus une notice sur la vie du cardinal avare.

Antoine Duprat naquit à Issoire, en Auvergne, le 17 janvier 1463, d'une famille noble, et qui, sans être illustre, n'était pas tout-à-fait obscure. Il s'attacha de bonne heure au barreau, et, après avoir passé par tous les grades de la magistrature, il fut nommé, en 1507, premier président au parlement de Paris. Créature du comte d'Angoulême, il reçut une brillante récompense de son politique et absolu dévoûment, lorsque ce prince monta sur le trône, à la mort de Louis XII. Duprat fut nommé chancelier quelques jours après, à la place d'Etienne Poncher. Cette injuste disgrâce d'un magistrat intègre et capable commença contre son successeur l'animosité publique, qui, toujours croissante, le poursuivit sans relâche pendant sa longue administration; mais il ne s'en mit jamais fort en peine, car, dès les premiers mois de son élévation, il ne craignit pas de soulever contre lui la France entière, par la manière dont il termina les vieilles querelles qui divisaient Rome et la cour.

La pragmatique-sanction, établie par Charles VII en 1438, et détestée par le Saint-Siége à l'égal de l'hérésie, avait été maintenue dans son intégrité, en dépit des violentes agressions dirigées contre elle par tous les papes. Lorsque François I vint en Italie, en 1515, Léon X, dans une entrevue qu'il eut à Bologne avec ce prince, renouvela ces persévérantes attaques. Les matières religieuses étaient bien froides et bien arides pour le jeune et brillant vainqueur de Marignan; aussi se déchargea-t-il de tout souci à cet égard sur son chancelier, qui l'avait suivi. Duprat, devenu veuf, était entré depuis longtemps dans les ordres. Prêtre et favori d'un roi, il devait être ambitieux; il devait chercher à capter les bonnes grâces du pape, souverain chef des dignitaires ecclésiastiques. A cet effet, la pragmatique-sanction fut abrogée et remplacée par le concordat qui, dans ses dispositions nouvelles. lésait les intérêts de l'Eglise de France, mais ajoutait aux revenus du Saint-Siége et à la prérogative du roi. Le chancelier servait ainsi le pape et son maître, dont il avait beaucoup à attendre, et sacrifiait la France, qui ne pouvait rien pour lui.

Le mécontentement fut général. Le clergé, le parlement, l'université, s'appuyant sur la nation, s'opposèrent de tout leur pouvoir à la ratification du traité, et allèrent jusqu'à contester au roi le droit d'abroger, par sa seule volonté, une loi rendue jadis par les premiers de l'Etat. Duprat, se riant des clameurs, brisant violemment les résistances, s'affranchissant des formes légales, répondit à tout par le bon plaisir du roi. Enfin, après une année de résistance, le parlement enregistra le concordat le 22 mars

1517. Le chancelier semblait annoncer ainsi que, tant qu'il l'aurait en main, le pouvoir s'exercerait indépendamment de la justice.

Charles-Quint et François préparaient la guerre longtemps avant de la déclarer, et chacun cherchait avidement l'alliance de Henri VIII. Aussi, en 1520, lors de la fameuse entrevue du camp du Drap-d'Or, Duprat épuisa toutes les ressources diplomatiques pour séduire le cardinal Wolsey, si puissant sur son maître ; mais il avait affaire à plus fourbe partie, et il n'obtint rien du ministre anglais. On n'intrigua plus, on se battit à grands frais. Par la vente des offices, l'établissement de rentes sur l'Hôtel-de-Ville de Paris, par des contributions frappées sur le clergé, et par d'autres impôts illégalement ordonnés et perçus, Duprat alimenta la guerre et les prodigalités de la cour. Pourvu que son maître eût de l'argent, et qu'il lui en restât quelque peu à lui-même, il n'importait guère à l'intrépide chancelier que la nation eût sujet de crier et de se plaindre.

Pendant la captivité du roi, à la suite de la funeste bataille de Pavie, l'autorité de Duprat s'exerça plus pleine et plus libre que jamais. La régente, Louise de Savoie, ne servait en quelque sorte qu'à légaliser les impérieuses volontés de son ministre. Un surcroît de pouvoir entre les mains d'un homme tel que le chancelier n'était qu'une facilité de plus pour pratiquer l'oppression et l'injustice. Aussi la haine publique fit-elle explosion. La reine et son favori furent hautement accusés des malheurs de la France, et c'était avec raison, car ils les avaient préparés, en causant la défection du connétable de Bourbon, par l'injuste procès qu'ils lui suscitèrent, la reine pour venger ses amours dédaignées, Duprat pour avoir des dépouilles à s'approprier. Répondant au cri de la nation, le parlement instruisit contre le premier ministre : c'était mal prendre son temps, car alors Louise et Duprat conduisaient avec habileté et succès, au moins les affaires extérieures, puisqu'ils parvenaient à changer les dispositions de l'Europe, et à les rendre favorables à la France. François, remis en liberté, ratifia tous les actes de son chancelier, et annula toutes les procédures dirigées contre lui par le parlement, sous prétexte qu'elles étaient faites par gens privés et sans juridiction ; cependant le parlement fut trouvé compétent, quelques années après, à poursuivre et juger le chancelier Poyet, également accusé de malversations !

Duprat, qui s'était déjà fait nommer à l'archevêché de Sens, obtint le chapeau en 1527, et le pape, en 1530, le choisit pour légat *à latere*. Tolérant jusqu'alors, ou plutôt méprisant les contestations religieuses, le nouveau légat crut devoir au saint Père et à ses fonctions sacrées de sévir contre les calvinistes. La mort, précédée de tortures, fut prononcée contre eux dans un concile qu'il présida. Il mourut à l'âge de soixante-douze ans, en son château de Nantouillet, dans les affreuses douleurs d'une maladie pédiculaire.

Essentiellement positif, sans moralité, sans conscience, sans respect pour les lois et les droits, pour la justice, l'honneur et la probité, Duprat ne recula jamais devant un moyen, quelque odieux qu'il pût être, pourvu qu'il fût efficace. Audacieux et violent, il allait, arrachant au peuple et aux classes privilégiées leur pouvoir et leur argent, pour enfler le trésor et étendre la prérogative de son maître. Il sépara constamment le roi de France, et servit toujours l'un aux dépens de l'autre, parce que c'était en même temps servir ses propres intérets. Le chevaleresque François ne pouvait aimer ni estimer un pareil homme; mais il le protégea comme un instrument utile. « Duprat, en se chargeant de » la haine publique, empêchait qu'elle n'arrivât jusqu'au roi; on » imputait au chancelier les levées extraordinaires, les mesures » violentes et illégales; et le prince, qui en recueillait le fruit, » n'en était pas moins aimé. » Duprat a, en quelque sorte, fondé une école de despotisme et d'arbitraire, et il est également odieux pour le mal qu'il a fait et pour le mal qu'il a enseigné à faire. Il établissait de funestes antécédents, trop commodes pour que ses successeurs n'en fissent pas leur profit.

Le château de Nantouillet est aujourd'hui converti en ferme, et dans le plus grand état de délabrement. On remarque pourtant encore un bel escalier à jour, une vaste cheminée, ornée de trèfles, et un charmant perron. Parmi les sculptures, domine partout la salamandre de François Ier. Les peintres, les amateurs des monuments de la renaissance, trouveront dans diverses parties de ce château des détails du plus grand intérêt.

LE CHATEAU DE SAINT-GERMAIN

L existence du vieux château de Saint-Germain, dont nous donnons ici la gravure, ne remonte pas au delà de l'année 1325. C'est vers cette époque que François Ier, auquel on devait déjà l'édification des maisons royales de Fontainebleau et de Chambord, entreprit de reconstruire le château de Saint-Germain, qui depuis est demeuré tel à peu près que nous le voyons aujourd'hui. Nous ne nous occuperons point, par conséquent, de l'espèce de château-fort qui, sous les rois précédents, avait existé à la place de celui-ci; nous dirons seulement que cette position, unique par son avantage, ayant de tout temps attiré l'attention des maîtres de la contrée, il est fait mention, dès le IIe siècle, dans les chroniques, d'un château royal de Saint-Germain.

Plusieurs auteurs ont pompeusement raconté et les noces de François Ier avec madame Claude, lesquelles furent célébrées au château de Saint-Germain, et le goût prononcé de ce prince pour cette habitation royale.

Ce fut pour Diane de Poitiers, que la beauté du paysage et la pureté de l'air de Saint-Germain avaient séduite, que François Ier tira le château de ses ruines. Par une bizarrerie que la galanterie de l'époque peut seule faire comprendre, il fit donner à cette construction la forme d'un D gothique. Pour qu'il ne manquât rien aux agréments de cette résidence, François Ier y joignit un parc de quatre cent seize arpents, enclos de murs, et dans lequel on enferma des cerfs, des daims, des sangliers, amenés en grand nombre de la forêt de Fontainebleau.

Plusieurs rois de France affectionnèrent le séjour de Saint-Germain ; c'est sous le règne de Henri IV que l'on vit s'élever, à côté de l'ancien château, une seconde habitation royale, qui prit le nom de Château-Neuf. Jacques II est le dernier qui ait habité cette résidence royale, et avec ces hôtes couronnés toute son importance a cessé. Les deux édifices ont souffert de cet abandon. Le Château-Neuf avait déjà cessé d'exister avant 93, et, si l'ancien a résisté aux ravages du temps et des révolutions, on le doit à l'étonnante solidité de sa construction, qui seule a arrêté la main des niveleurs. Il est, comme on l'a dit, d'une forme pentagone irrégulière et entouré de fossés profonds, que l'on traverse au moyen de deux ponts-levis. Sa hauteur moyenne est de quatre-vingt-dix pieds à partir de sa base dans le fossé.

Cet ancien palais, tout plein de souvenirs historiques, est aujourd'hui devenu une maison de correction militaire. C'est ce que

Château de Saint-Germain.

vous annoncent ces grilles, ces verrous, ces murs qui s'ajoutent à la profondeur des fossés. Pénétrons donc dans cette maison de rachat; nous ne verrons que des corps jeunes et robustes, apprenant à faire un emploi intelligent de leurs forces, des cœurs qui s'émeuvent à tous les nobles sentiments, et qui travaillent à se réhabiliter assez pour être encore dignes de porter l'uniforme.

Cette institution a été appliquée, pour la première fois, à l'armée. par ordonnance royale du 3 décembre 1832. Les essais en furent faits dans les bâtiments de l'ancien collége Montaigu, situés entre le collége Sainte-Barbe et la place du Panthéon ; mais ce local devint bientôt trop étroit pour le nombre des détenus; il fallut faire un nouveau choix, et, au mois d'avril 1836, le pénitencier militaire fut transféré à Saint-Germain. Les vastes appartements, les galeries, avaient été distribués en rangées de cellules ordinaires, où chaque prisonnier se retire le soir ; les celliers avaient fait place à des cellules ténébreuses, où sont renfermés ceux qui ne se soumettent pas à l'ordre de la maison. L'immense hauteur des salles d'armes, des salles de gala, avait été coupée en plusieurs étages d'ateliers, et le château royal pouvait recevoir cinq cents prisonniers.

Cette création est surtout remarquable en ce point, que le condamné militaire est seulement suspendu de son service, mais ne cesse pas de faire partie de l'armée, et reste soumis au code particulier qui la régit; parmi ses heureux résultats nous citerons le suivant : Il y a quelque temps, seize hommes avaient atteint le terme de leur expiation ou obtenu remise du reste de leur peine; au lieu de quitter le château pour tomber dans les hideuses séductions qui déjà les attendaient, on les a vus, revêtus de l'uniforme des corps divers auxquels ils appartenaient avant leur faute, sortir en rangs, sous le commandement d'un sous-officier, traverser au pas et en bon ordre cette ville que leurs devanciers avaient plus d'une fois troublée des excès de leur joie et se diriger sur Versailles, où ils ont trouvé dans la discipline militaire l'appui dont ils avaient besoin contre eux-mêmes. Loin de se plaindre de cette précaution, ils ont chargé le sous-officier qui les accompagnait de leurs remercîments pour le commandant.

LE CHATEAU DE NANTES.

La ville de Nantes, dont l'origine se perd dans la nuit des temps, était déjà, au commencement du xe siècle, une cité importante; mais elle n'avait pour fortifications que quelques ouvrages incapables de la mettre à l'abri d'une invasion, lorsque, en 930, Alain-le-Grand, duc de Bretagne, dont cette ville était la résidence, y fit construire un château-fort sur l'emplacement où se trouve aujourd'hui la citadelle. Le duc espérait, grâce à cette forteresse, pouvoir résister aux Normands dont les barques avaient déjà paru plus d'une fois au pied des murailles de la ville, baignées par la Loire; mais les constructions étaient à peine terminées que les Normands apparurent de nouveau, prirent la ville qu'ils détruisirent de fond en comble. Le château, après s'être vigoureusement défendu, fut aussi obligé de se rendre, et il eut le même sort que la ville.

Dix ans s'écoulèrent pendant lesquels les Normands se maintinrent sur les ruines de la ville et du château de Nantes; mais ils furent enfin chassés par le duc Alain-Barbe-Torte, qui voulant, après la victoire, aller rendre grâce à Dieu dans la grande église, fut obligé de s'ouvrir la route à travers les ronces et les épines, avec son épée encore rouge du sang de l'ennemi, tant l'œuvre de destruction était complète. Ce duc fit reconstruire le château, qui reçut le nom de Tour de Sainte-Hermine, et il y établit sa résidence. En 952, Alain-Barbe-Torte étant mort, les Normands reparurent, mais déjà la ville s'était relevée; les fortifications du château étaient devenues formidables, et les barbares, après avoir fait des pertes considérables sous ses murailles, furent contraints de se retirer.

A partir de cette époque, la ville se fortifia de plus en plus, l'enceinte de la tour Sainte-Hermine fut agrandie; ses murailles s'épaissirent et furent flanquées de tours. Le duc Conan, vers le milieu du xie siècle, fit encore élever de nouvelles constructions, qui, dans le siècle suivant, furent considérablement augmentées. Au xiiie siècle, le duc Guy de Thouars y ajouta encore. Enfin, pendant l'occupation de la France par les Anglais, au temps de Charles VI et Charles VII, et pendant les guerres civiles du xvie siècle, la forteresse de Nantes subit tous les changements nécessités par les nouvelles découvertes de la révolution qui s'était opérée dans l'art de la guerre. Mais les diverses parties de ces constructions manquaient d'homogénéité lorsque, en 1588, après le meurtre du duc de Guise aux états de Blois, le duc de Mœrcœur ayant résolu de partager la fortune de la Ligue, vint s'établir dans le château de Nantes, auquel il fit faire de tels agrandissements, des changements si nombreux et si importants, que l'on peut à bon droit le considérer comme le fondateur de la citadelle telle qu'elle est aujourd'hui. Il y fit construire deux bastions, l'un du côté de la ville, l'autre sur la Loire, un rempart, des demi-lunes, des tours et un fossé communiquant avec la Loire.

Tous ces ouvrages, qui existent encore, ont pourtant encore subi d'importantes modifications. Le cardinal de Richelieu, qui ne négligeait aucune occasion de déployer son génie et ses connaissances militaires, fit remuer les pierres du château de Nantes, et ses armes frappées sur les murs de la chapelle rivalisèrent avec la croix de Lorraine appliquée aux flancs des remparts. Enfin, un incendie qui consuma une partie du château, en 1670, marque la date des constructions récentes, dont le caractère moderne contraste avec les différents styles que présentent les vieilles faces de l'édifice.

La tour de Sainte-Hermine ainsi transformée, est aujourd'hui une forteresse importante pour sa force militaire, et un monument des plus curieux sous le rapport architectural; mais son principal intérêt est dans les traditions qui se rattachent à ses antiques murailles, et dans le souvenir des événements historiques dont il a été le théâtre. Palais des ducs de Bretagne et des comtes de Nantes avant la réunion de la province à la couronne de France, séjour des gouverneurs, demeure des rois pendant leurs voyages, forteresse de la ville contre les ennemis étrangers, prison d'État, refuge des agents du pouvoir, lorsque l'émeute bretonne, jadis si prompte, si ardente et si opiniâtre, agitait la cité, le château de Nantes, à ces titres divers, a vu jouer dans son enceinte ces scènes dramatiques de tout ordre et de toute nature, que nouent et dénouent les intrigues et les passions des cours, les calculs de l'ambition et de la politique, les vicissitudes de la guerre, les actes de justice ou d'injustice, et les soulèvements du courroux populaire.

Dans ses vastes salles se donnèrent ces fêtes et ces banquets splendides, où les ducs de Bretagne, formidables vassaux de la couronne de France, comptèrent des rois d'Angleterre, de France, de Sicile, parmi leurs convives, et où, après eux, les rois de France, leurs héritiers, vinrent tous, de Louis XII à Louis XVI, s'asseoir en maîtres, et ranimer par leurs pompes royales la mémoire éteinte de la magnificence ducale. Quoique les murailles aient eu de nombreuses attaques à repousser depuis le temps où les flots de la Loire, dont elles sont encore baignées, jetèrent à leur pied les barques normandes, cependant, elles n'ont guère été témoins que de faits d'armes vulgaires. Mais, au château de Nantes appartient

Château de Nantes.

l'histoire dramatique de Pierre Landois, ce fils de tailleur, que la faveur du faible duc François II (xve siècle) avait fait maître de la vie et de la bourse des Bretons.

Les prisons du château avaient vu se consumer dans la faim et la misère le chancelier Chauvin, dont la fierté et la vertu indépendantes avaient offensé l'insolent favori. Le prince d'Orange, le maréchal de Rieux, Louis de Rohan et d'autres seigneurs bretons, voulant venger à la fois sa mémoire et leurs injures personnelles, s'introduisirent dans la citadelle, et pénétrèrent jusqu'à l'appartement du duc, pour lui demander la tête de son ministre. Mais Landois s'étant échappé, et étant descendu dans la ville, réussit à soulever le peuple au nom du duc, dont il disait les jours menacés; les conjurés furent obligés de fuir et d'ajourner l'exécution de leurs projets. L'heure favorable leur sembla venue lorsque de nouveaux attentats de Landois eurent rendu l'indignation générale. Toute la population de Nantes, ameutée par les seigneurs et appuyée par l'armée, vint frapper, furieuse, aux portes du château, et sommer le duc d'abandonner son favori à la vindicte publique. En vain la foule avait-elle brisé les barrières et s'était-elle répandue dans les cours, en vain le comte de Foix disait-il à François : « Monseigneur, je vous jure que j'aimerais mieux être prince d'un million de sangliers que de tel peuple que vos Bretons; il n'y a pas à balancer, il faut livrer votre ministre. » Le duc résista jusqu'au moment où les insurgés s'avancèrent vers ses appartements. Alors il retira Landois d'une armoire, où il l'avait caché et enfermé, et le confia à son chancelier, en le rendant responsable, sur sa vie, de tout grief qui pourrait advenir. Quelques jours après, néanmoins, le ministre coupable était condamné et exécuté, à la grande joie du peuple.

L'édit de Nantes est aussi une des illustrations de la citadelle de cette ville. Henri IV le signa en 1598, dans la salle où les ducs de Bretagne recevaient les hommages de leurs vassaux, où les rois de France tenaient leur cour, et où tout à l'heure encore le duc de Mercœur trônait au nom de la Ligue. « Ventre-saint-gris! les ducs de Bretagne n'étaient pas de petits compagnons! » s'était écrié le roi, après avoir admiré la ville, le château et ses fortifications. Les derniers événements politiques ont encore ajouté une page à l'histoire du château de Nantes : le nom de la duchesse de Berry clôt la liste des illustres prisonniers qu'ont enfermés ses murailles.

LE CHATEAU D'AMBOISE.

« A l'orient de Tours, dit un vieux chroniqueur, est la ville et château d'Amboise, sur la rivière de Loire, ville autant gracieuse en séjour qu'en toutes sortes d'aménités. »

Bâti par Jules César, détruit deux fois par les Normands, le château d'Amboise fut relevé de nouveau par les premiers comtes d'Anjou, Suplice, Hugues et Ingelger. Les descendants de ce dernier embellirent et augmentèrent successivement le manoir paternel, qui, passant en propriété, en 1341, à Philippe de Valois, devint alors une résidence royale. Louis XI et Charles VIII habitèrent souvent le château d'Amboise ; mais ce fut sous le dernier de ces princes, que ce séjour acquit un nouveau degré de splendeur.

Bâti sur une masse élevée de rochers, au confluent de la Loire et de l'Amasse (département d'Indre-et-Loire), le château qui se dessine au bout d'un pont, dont une mention faite par Grégoire de Tours atteste l'antiquité, a ses approches défendues d'un côté par la rivière, et de l'autre, vers la campagne, par un large et profond fossé ouvert dans le roc. Ses murailles crénelées et soutenues par des contre-forts massif carrés, ses tours rondes et ses toîts arrondis, et s'élançant dans les airs en pointes aiguës, forment un ensemble gothique d'en effet pittoresque. Diverses parties de l'édifice méritent une attention particulière. La chapelle, remarquable dans la richesse de ses ornements et dans la délicatesse exquise de ses détails, rappelle, par son style quelque peu italien, que le jeune roi qui la fonda était tout préoccupé de cette Italie, à travers laquelle la victoire l'avait emporté si rapidement. Le morceau capital du monument est une puissante tour ronde, haute de quatre-vingt-quatre pieds. Dans sa cavité, monte lentement en spirale un escalier sans degrés, ou plutôt une rampe dont la pente est si douce et le plan si graduellement incliné, qu'une voiture la peut gravir jusqu'à la plate-forme, du sommet de laquelle l'œil charmé s'abaisse sur les rives tant vantées de la Loire. Cette rampe est pratiquée sous une voûte d'assez belles proportions, qui appuie ses arceaux sur des têtes humaines réunies en groupes. Indépendamment de la chapelle et de la tour, le château posséda encore pendant longtemps une autre merveille, sur laquelle le cicérone appelait surtout l'admiration des visiteurs. C'était un immense bois de cerf, accompagné d'une tête, d'un cou et de côtes non moins gigantesques. Chacun, à leur aspect, se récriait de surprise, lorsqu'en 1700 le roi d'Espagne, Philippe V, s'étant avisé de les examiner avec une attention plus minutieuse, reconnut qu'ils étaient l'œuvre d'un artiste habile sans doute, mais non point de la nature.

D'importants évènements dont il fut le théâtre ont donné au château d'Amboise une grande illustration historique. Louis XI y fonda, le 1er août 1469, un ordre de chevalerie : il le plaça sous l'invocation et le patronage de l'archange saint Michel, qu'il révérait avec une dévotion toute particulière, « parce qu'il fut, disait-il dans l'acte d'institution, le premier chevalier qui, pour la querelle de Dieu, victorieusement batailla contre le dragon, ancien ennemi de la nature humaine, et le trébucha du ciel, et qui, son lieu et oratoire, appelé le mont Saint-Michel, a toujours sûrement gardé, préservé, défendu et empêché d'être pris, subjugué, ni mis ès mains des anciens ennemis de notre royaume. » Ces paroles et la devise de l'ordre : *Immensi tremor Oceani* (terreur de l'immense Océan) consacraient une ancienne tradition populaire, suivant laquelle toutes les fois que les Anglais avaient tenté de s'approcher du mont Saint-Michel, on avait vu l'archange former les orages dans les airs et déchaîner la tempête sur les mers. L'ordre de Saint-Michel, d'abord tenu en haute estime, fut ensuite prodigué sans mesure, surtout par Catherine de Médicis, tellement qu'il perdit tout son éclat et toute sa considération, et que, sous les fils de Henri II, on ne l'appelait plus que le *collier à toutes bêtes*.

Les travaux qu'il fit exécuter au château d'Amboise ne sont pas les seuls souvenirs qu'y ait laissés Charles VIII. Sa vie, qu'il y passa en partie, y avait commencé (1470); elle y devait finir. Voulant aller voir jouer de plus près une partie de paume, à laquelle il assistait d'une fenêtre, il descendit dans les fossés, et se heurta si violemment la tête contre une porte basse, qu'il mourut quelques heures après (1497). On montre encore la porte fatale qui causa l'accident.

En 1560, sous le règne si court de François II, un évènement politique, qui reçut depuis le nom de conjuration d'Amboise, vint ajouter à la célébrité de cette résidence royale. Le chef apparent de cette conjuration, dont le prince de Condé, malgré ses désaveux constants, passa pour être le chef réel, se nommait La Renaudie, et jouissait de la réputation d'un brave capitaine. Belleforest le cite comme l'un des hommes les plus éloquents du royaume. Un procès qu'il eut à soutenir relativement à la possession d'un bénéfice, et dans le cours duquel il commit un faux, compromit son honneur et sa vie. Le duc de Guise ayant favorisé

Château d'Amboise.

son évasion, La Renaudie s'enfuit à Genève, où il embrassa le calvinisme. Ensuite il parcourut l'Allemagne et les Pays-Bas, pour établir des rapports entre les notabilités du parti protestant. Mais voyant qu'au zèle religieux il fallait joindre des motifs d'intérêt et d'ambition pour imprimer un mouvement actif à leur cause, il voulut rentrer en France, et le duc de Guise lui en rouvrit l'accès en lui procurant des lettres de révision.

Au lieu de songer à son procès, La Renaudie ne s'occupa que d'abattre la puissance des Guises, persécuteurs du calvinisme. Quand il crut pouvoir compter sur le dévouement et la discrétion d'un certain nombre d'hommes influents, il leur développa un plan de conspiration, qu'ils adoptèrent. Une consultation rédigée à Genève décida que, sans blesser sa conscience, ni manquer à la majesté royale, il était loisible de recourir à la force pour soustraire le roi à la domination des Guises. Les conjurés se réunirent à Nantes le 1er février 1560 : La Renaudie les harangua dans un discours que de Thou nous a conservé, puis il vint à Paris avec l'autorisation de lever cinq cents cavaliers et quinze cents fantassins. Il logea chez un avocat nommé Avenelles, auquel il se confia, et qui le trahit par timidité.

La cour, avertie du complot, quitte Blois, ville sans défense, pour se rendre à Amboise. Les conjurés s'y rendent aussi par détachements, afin d'exciter moins de soupçons ; mais, à mesure qu'ils arrivent, on s'empare de leur personne ; le duc de Nemours les fait jeter dans les prisons de la ville, ou pendre aux créneaux du château, selon qu'il en attend ou non de nouvelles lumières. Instruit de ce désastre, La Renaudie se dispose à attaquer Amboise et à l'enlever de vive force. Il traversait la forêt de Chateau-Renaud, lorsqu'il est rencontré par le jeune Pardaillan, son cousin, qui court sur lui le pistolet à la main. La Renaudie saute à bas de son cheval, et renverse le jeune homme de deux coups d'épée ; mais un page de Pardaillan l'étend mort d'un coup d'arquebuse sur le corps de son maître. Le cadavre de La Renaudie, rapporté à Amboise, fut attaché à une potence avec cette inscription : *La Renaudie, dit Laforêt, chef des rebelles.*

LE CHATEAU GAILLARD.

En 1188, Richard Cœur-de-Lion, ayant succédé à Henri II d'Angleterre, s'unit avec Philippe-Auguste pour la troisième croisade. Les deux rois s'embarquèrent à Gênes. L'entreprise ne fut pas heureuse : Philippe y perdit son armée, revint en France, et aida Jean-sans-Terre à usurper la couronne d'Angleterre en l'absence de Richard. Lui-même fit la conquête de la Normandie; mais Richard, de retour, la reprit. Ce fut alors que ce prince conçut la pensée d'élever une nouvelle barrière entre lui et son suzerain, sur la limite orientale de son duché.

A la hauteur de l'île d'Andely (Eure), au bord de la Seine, une chaine de collines qui dessine la vallée de Gambon se terminant brusquement par une masse de rochers nus, escarpés, de difficile accès, commandant la vallée et le cours de la rivière, dominant une vaste étendue de pays, faits tout exprès enfin pour porter une forteresse du moyen-âge. Ce fut là que Richard Cœur-de-Lion voulut placer son château.

« Quiconque verra le château de la Roche, dit un historien, partagera l'enthousiasme de son royal fondateur. Jamais la terre de Normandie, jamais peut-être la terre de France ne se couronna de remparts qui alliassent tant de force à tant d'élégance; jamais enceinte de murailles ne fut munie de renflements plus doux, jamais les machicoulis d'un donjon ne furent supportés par des contreforts plus étranges à la fois et plus gracieux; jamais enfin les regards des guerriers ne furent enchantés par un paysage plus ravissant. Admirable architecture militaire, qui n'avait point eu d'exemple, qui n'eut point d'imitation. ».

La nature se joignait à l'art pour faire de ce château une forteresse véritablement inexpugnable : les murailles, qui étaient d'une hauteur prodigieuse, s'appuyaient sur le rocher dont elles étaient en quelque sorte doublées; des fossés profonds avaient été creusés dans le roc, et des ouvrages presque inattaquables, élevés sur le cours de la Seine, joignaient l'île d'Andely au château de la Roche, nom auquel Richard Cœur-de-Lion substitua celui de Château-Gaillard.

Plusieurs années s'écoulèrent avant que la force de ce château fût mise à l'épreuve. Richard était mort, et Jean-sans-Terre lui avait succédé, lorsque; en 1203, Philippe-Auguste, réveillant d'anciens griefs, déclara la guerre au comte de Flandre, qui s'unit à l'empereur Othon et au roi Jean d'Angleterre. Ces deux souverains marchent chacun de leur côté. Philippe envoie son fils Louis avec une armée contre Jean, et les Français vinrent mettre le siége devant le Château-Gaillard; mais malgré les forces imposantes dont ils disposaient, les assiégeants mirent plus de quatre mois à s'emparer de l'île d'Andely, et des ouvrages avancés de la forteresse. Ils convertirent alors le siége du château en blocus, en établissant tout autour une enceinte fortifiée, qui, rendant tout secours extérieur impossible, devait amener la famine dans la place et l'obliger à se rendre. Roger de Lasey, qui commandait la forteresse, résolut alors d'en faire sortir les bouches inutiles : une première troupe de femmes, d'enfants, de vieillards, se présenta aux assiégeants qui en eurent pitié et les laissèrent passer; mais une seconde troupe, composée de la même manière, ayant succédé à la première, n'obtint pas la même faveur. Ces malheureux retournèrent alors au Château-Gaillard, dont le commandant refusa de les recevoir, de sorte qu'ils furent contraints de se réfugier dans les fossés où toutes les horreurs de la faim vinrent les assaillir. Ces infortunés en étaient réduits à manger les cadavres de ceux d'entre eux qui succombaient, lorsqu'enfin les Français, touchés de tant de maux, consentirent à recevoir les déplorables débris de cette troupe. Le fossé dans lequel se passèrent ces scènes de désolation existe encore aujourd'hui, et il a conservé le nom de fossé des *Affamés*.

Enfin, après huit mois de siége, la garnison du Château-Gaillard, réduite à moins de deux cents hommes, se rendit aux Français.

Quatre fois pendant la grande guerre que la première moitié du XVe siècle vit prolonger avec tant de fureur entre la France et l'Angleterre, le Château-Gaillard eut à soutenir des siéges qui acquirent à sa renommée un nouvel éclat.

Ce fut dans cette forteresse que Philippe-le-Bel, au commencement du XIVe siècle, fit enfermer ses belles-filles, Blanche et Marguerite de Bourgogne, qui scandalisaient la cour de France par leurs désordres, dont le théâtre ordinaire était la Tour de Nesle. D'après la tradition, ces princesses attiraient dans cette tour de jeunes hommes qui, après avoir servi à leurs plaisirs, étaient impitoyablement poignardés et jetés dans la Seine. Blanche, qui était à ce qu'il paraît la moins coupable, recouvra sa liberté après une assez longue détention; mais Marguerite y fut étranglée avec ses longs cheveux par ordre du roi, en même temps que les complices de ses affreux déportements enduraient les plus cruels supplices dans les fossés de la forteresse. Les cellules souterraines dans lesquelles ces coupables princesses furent enfermées, et le banc de pierre sur laquelle Marguerite fut exécutée.

Le château-Gaillard, illustré par tous ces souvenirs, arriva sans déchoir jusqu'au règne de Louis XIII, et il avait encore entendu quelquefois le bruit des armes pendant les guerres religieuses qui désolèrent la France sous les fils de Henri II et sous Henri IV. Ensuite, à la faveur des désordres qu'amena la minorité de Louis XIV, des bandes de partisans s'y cantonnèrent et troublèrent de leurs brigandages tout le pays d'alentour; la force publique les en chassa, et le gouvernement fit démanteler la forteresse devenue inutile. Pour accélérer l'œuvre de destruction, on autorisa des corporations religieuses, des communes et même des particuliers, à y venir prendre des matériaux; mais la carrière était si abondante qu'on n'a pu l'épuiser depuis deux siècles qu'on l'exploite.

LE CHATEAU D'AZAY-LE-RIDEAU

Presque tous les châteaux, ainsi qu'on peut le remarquer, ont été placés dans une agréable situation. Celui d'Azay s'élève dans une île formée par la rivière d'Indre, et rien n'est plus pittoresque qu'une belle et grande résidence environnée d'eau et ombragée d'arbres. Azay, par la richesse des détails de son architecture, mérite d'être mis au nombre des plus beaux monuments de la renaissance.

Sa construction, telle qu'elle se voit aujourd'hui, n'appartient pas tout entière à cette époque. La grosse tour indique évidemment l'existence d'un ancien château féodal. Le reste de l'édifice doit être de la fin du XVIe siècle. Cet ensemble dans lequel les deux principaux corps de bâtiments sont flanqués de tourelles, s'élève sur pilotis; ils forment une masse aussi imposante qu'élégante, allant du nord au midi. Il est baigné par la rivière d'Indre, qui, au couchant, se divise de manière à former plusieurs petites îles couvertes d'arbres.

Si l'on ouvre les archives du château d'Azay, on trouve une suite de seigneurs qui l'habitaient dès le XIIIe siècle. C'est Hugo Ridelley qui commence la liste. Il était seigneur d'Azay.

D'où est venu au château le surnom le Rideau? On n'en sait rien. On suppose que c'est sa position dans une île et parmi les grands arbres qui lui a valu ce surnom.

La terre d'Azay, antique châtellenie, a passé successivement du surintendant de François I entre les mains des dauphins d'Auvergne, de plusieurs seigneurs des maisons de Montpensier, de Sancerre, de Cossé, de Saint-Gelais, de Lansac, de Lusignan et de Vassé.

François I visita souvent ce manoir où il avait sa chambre. C'était alors un lieu de plaisirs. En effet quoi de plus gracieux que la cour de ce roi, et le gentil usage des filles de la reine, nobles demoiselles qui servaient les intimités du Palais. Lorsque le roi allait courre le cerf à Fontainebleau, à Azay, à Saint-Germain ou à Chambord, cette nombreuse suite de jeunes demoiselles l'accompagnaient, et sa majesté prenait avec elles ses ébats, sans trop se soucier de passer pour un prince sans mœurs. La cour de François Ier était, comme dit Brantôme, assez gentiment corrompue: «Une cour sans femmes, disait ce roi galant, est une année sans printemps, un printemps sans roses, un jardin sans fleurs, et ressemble mieux à une cour de satrape ou d'un Turc, que non pas d'un roi très chrétien. » Quand le roi s'acheminait vers quelques uns de ses châteaux, sans y mener les femmes, chose, du reste, qui était assez rare : « Nous étions, dit encore Brantôme, si esbahis, si perdus et fâchés, que pour huit jours que nous faisions de séjour séparés, d'elles et de leur beaux yeux, ils nous apparaissaient un an, et toujours à souhaiter : « quand serions-nous à la cour ? n'appelant la cour bien souvent là où était le roi, mais où étaient la reine et les dames. »

Le but de François 1er avait été de raviver l'esprit chevaleresque des vieux temps, non point qu'il pût évoquer du tombeau une institution qui était morte avec les idées et les mœurs de la conquête féodale ; mais le courage galant du preux monarque se complaisait avec les fières prouesses, les bons coups d'épées, les combats à fer émoulu qui s'unissaient si bien à l'amour des dames, à la douce licence des mœurs et des propos. Jamais les tournois, les chocs des longues piques n'avaient été plus fréquents et plus hardis ; on se mêlait aux joûtes par amour de sa mie : rois, princes du sang et simples chevaliers. Quels beaux échafauds parés de mille couleurs ! quelle foule de nobles demoiselles donnant le prix de vaillance à travers les trophées d'armes et les blasons ! Aussi, tous les châteaux bâtis à cette époque sont-ils surchargés de devises galantes, de chiffres entrelacés que soutiennent de petits amours, et le château d'Azay, plus qu'un autre, rappelle ces singuliers passe-temps.

LA TOUR DU DIABLE DU CHATEAU DE MONTFORT.

Arthur avait vingt-cinq ans, quand un jour, à deux heures du matin, le pont-levis se baissait pour donner entrée à ce jeune rejeton de l'antique race des Montfort.

Il portait sur son visage, où la violence des passions avait laissé plus d'une trace, la marque d'un profond désespoir.

Il parcourait avec rage les longs corridors du château, les galeries décorées des portraits de ses ancêtres, et jetait autour de lui d'avides regards, signe d'une ame en peine qui réclame un secours surnaturel.

A dix-huit ans, ce descendant de nobles sires était maître de sa fortune. Son père, tué dans une croisade, n'avait laissé auprès de son fils aucun guide sûr, aucun tuteur fidèle.

Pour seul frein à sa jeunesse orageuse il n'avait qu'une mère, toute tendresse, douceur et indulgence, et il l'avait perdue trop jeune encore pour pouvoir se passer des sages conseils et des soins attentifs dont elle environnait son inexpérience.

Dès ce moment, Arthur se livra à l'orgie et à la débauche : il n'aimait pour société que la fréquentation des jeunes seigneurs les plus dissolus du pays. Ils devinrent ses compagnons de tous les jours. Dans cette vie désordonnée, il portait une ame confiante et généreuse, et partant il allait bien plus vite que tout autre sur la route des mauvais exemples, qu'il suivait avec ardeur.

Comme des dévorants, des jeunes hommes ruinés se jetèrent sur sa fortune. En voyant cet essaim d'intrigants affamés qui s'attachaient à Arthur, comme la guêpe au fruit pour le ronger, le vieil intendant de la maison des Montfort éleva la voix pour l'avertir de son aveuglement, et lui montra l'abyme immense qu'il creusait sous ses pas tous les jours, l'abyme qui devait l'engloutir. Pour prix de ce sage avis, Arthur chassa le fidèle et vieux serviteur, et le remplaça par un valet complaisant pour ses caprices, et dont il n'avait à redouter aucun conseil respectueux ou importun.

Il ne fallut pas cinq ans à Arthur pour dissiper l'immense fortune des Montfort, et l'imprudent et malheureux jeune homme, dans une nuit de folie et d'ivresse, dans une partie de jeu de cinq minutes, avait perdu jusqu'au mausolée de ses pères.

A l'heure nocturne où il revenait au château, les somptueux appartements qu'il parcourait n'étaient plus son patrimoine. A l'aurore, celui qui l'avait vaincu sur un dé, sur une carte, un juif, un escroc peut-être, viendrait donner des lois dans ce château, où commandaient ses aïeux depuis cinq cents ans.

Cette chambre où fut son berceau, ce sol de ses premiers pas; ces longues galeries où, enfant, il avait aimé à courir, ces salles de festins et de danses; ce parc si beau avec ses hêtres, ses mélèzes; jardins splendides, lambris dorés, tout cela allait être souillé par la présence d'un ignoble maître, d'un débauché, d'un joueur, d'un manant, d'un valet, d'un homme sans nom, sans honneur, d'une origine inconnue. Cet être, dans quelques heures, passerait insolemment devant le portrait de son père, se délasserait dans sa couche, userait de tous les droits qui n'auraient pas dû être aliénés de la famille des Montfort, possèderait le tombeau de sa mère.

Arthur, riche hier, n'a plus aujourd'hui où reposer sa tête. Il veut, aux bords de l'abîme de son avenir, il veut mourir; il veut en finir avec cette vie qui ne lui offrira plus que l'opprobre, la nudité. Il entre dans les accès du désespoir en examinant, avec une anxiété cruelle, les heures infortunées qui se sont écoulées depuis son absence du château. Dans une ardeur fébrile il a tout joué, tout perdu. Son nom sera sa honte. Rien ne peut le sauver de l'ignominie que de l'or, beaucoup d'or.

De l'or! qui lui en donnera?

Arthur se souvient d'avoir entendu vanter, par ses compagnons de debauches, l'efficacité des puissances infernales. Il les appelle à son secours. Pour avoir de l'or, plein seulement une botte, il vendrait son âme à Satan,

A peine a-t-il accueilli cette pensée criminelle, qu'une voix forte, sonore, retentit à son oreille. Satan lui-même répond à son appel :

« Jeune homme, tu es malhrureux, et plus encore que tu ne

penses. Tu n'as pas réflechi à toute l'horreur de la destinée qui t'attend. Que vas-tu devenir, toi si mollement nourri dans les plaisirs, si doucement bercé par les voluptés enchanteresses? Au sortir de ton beau manoir, où trouveras-tu un ami pour te recueillir et consoler tes peines? Ceux qui ont jusqu'ici partagé ta fortune. demain détourneront la tête à ton passage. Toutes les carrières te seront fermées ; ruiné sans retour, tu ne pourras plus tenir le rang de tes ancêtres ; tu seras oblige d obéir là où ils ont commandé. Traînant ta malheurense existence de ville en ville, conçois-tu maintenant ce qui t'est réservé pour l'avenir ? Mais je suis là, et si tu veux, je réparerai tes pertes. Tu demandais tout-à-l'heure de l'or, tu en auras. Demain, au point du jour, suspends cette botte à la plus haute tour de ton château, elle sera remplie, et je m'engage à te la faire trouver toujours pleine ; tu peux compter sur ma parole. Les conditions de ce service, tu les as toi-même fixées ; ton ame m'appartiendra à l'instant où j'aurai rempli la botte ; à ta mort, je réclamerai mes droits. » Ainsi parle Lucifer. « Oui, j'y consens, s'écrie Arthur, dont l'imagination égarée savait enfin sur quoi se reposer. » Et de nouveau il fut seul dans sa chambre.

Ce n'était point une illusion.

Avec de l'or il pourra cacher ses folies.

Avec de l'or il pourra racheter son château, riche et respectable héritage qu'il ne devait pas livrer aux chances d'un tour de cartes. Jeu d un instant, source d'angoisses atroces! Il pourra revivre et dire ...

Mais il revoit les portraits de ses aïeux, il les contemple avec respect. Celui de sa mère s'offre à lui. Le jour qui commençait à paraître colorait d'un rouge de feu le visage pâle de la châtelaine. On eût dit que sa grande ombre courroucée allait se détacher, pour s'opposer à la conduite impie, sacrilège de son fils. La terreur glace Arthur ; il reste enchaîné devant ce portrait qui est pour lui l'aiguillon du remords. Où il avait reçu des leçons de sagesse d'une mère chérie, où elle l'avait fait prier, il a contracté un pacte diabolique.

Nouvelle lutte, nouveaux tourments. Il se jette à genoux, et appelle à grands cris la protectrice de son enfance, sa mère ; sa mère, qui avait été si douce et si indulgente.

Puis, soudain, il a une inspiration lumineuse.

Satan doit remplir d'or la botte d'Arthur. Mais s'il peut l'engager à renoncer à sa promesse, l'ame d'Artur ne lui appartiendra plus. Arthur imagine donc de détacher le dessous d'une botte ; stratagême puéril, il est vrai, mais dont le résultat était de rendre cette botte ouverte des deux côtés et impossible à remplir. Il va lui-même la suspendre à la plus haute tour de son castel. A peine la botte percée est-elle en place, que voilà une pluie d'or, une pluie d'or énorme qui roule comme la grêle au pied de la tour. Satan se hâte d'en accumuler un monceau pour acheter cette ame prête à lui échapper.

Il veut à toute force combler le vide immense qui lui empêche de tenir sa parole; ce vide qui part de la cime de la tour, et va jusqu'à sa base. Il le prodigue, l'or. Arthur pénètre dans les intentions de l'esprit tentateur. A sa voix, aussitôt tous ses serfs, ainsi que ses serviteurs accourent de tous les côtés armés de pioches et de pelles. Ils combinent leurs efforts pour détourner l'entassement d'or qui menace de monter jusqu'au bout, jusqu'au haut de la tour et au-dessus de la botte. Tous travaillent à l'envi sous le commandement d'Arthur, qui les conjure de ne pas l'abandonner. Nul ne se laisse vaincre, ni par les blessures qu'il reçoit de la force avec laquelle le métal tombe sur sa tête et ses mains en les meurtrissant, ni par la vitesse de Satan, qui redouble l'élan de sa pluie métallique, sur laquelle il attend la victoire.

Depuis le matin jusqu'à midi l'or n'avait cessé de tomber.

Mais l'*Angelus* sonne au presbytère, et soudain un horrible craquement jette l'épouvante parmi les travailleurs. Ils reculent, et tout-à-coup cette haute tour, qui semblait par sa solidité défier les ravages du temps, s'écroule d'elle-même comme les murailles de Jéricho.

A cette chute épouvantable, Satan est vaincu, et sa rage impuissante avait détruit le monument de sa défaite.

Le jeune Montfort, foudroyé par le prodige, revenu à des sentiments dignes du beau nom qu'il portait, voulût rebâtir la tour massive, mais sa volonté trouva un obstacle invincible. Il ne put la refaire; la puissance infernale l'avait abymée. L'emplacement était devenu un terrain sans consistance. Toujours un évènement inattendu détruisait les travaux. Ni Arthur, ni les fils d'Arthur, ni les fils de leurs fils ne purent réparer la brèche faite au noble manoir.

Plusieurs siècles après, on montrait encore des débris, des décombres de la tour écrasée. L'on disait aux curieux visiteurs : C'EST ICI LA TOUR DU DIABLE !

Telle est la légende provinciale du château de Montfort. C'est une des plus jolies et des plus remarquable du moyen âge ; elle est rapportée en différents termes par les chroniqueurs. Elle manifeste une croyance a une puissance supérieure sur les destinées humaines ; elle est en même temps dramatique et chevaleresque : elle représente un jeune homme égaré, enfant prodigue qui rougit de lui-même, et qui, à l'aspect de la demeure perdue de ses pères et de leurs portraits, source de remords pour lui, cherche un moyen de réparer ses pertes, fût-ce à l'aide d'une puissance infernale, tant il voudrait ne pas dégénérer de la puissance paternelle.

LA QUINQUENGROGNE.

Avant de parler de la Quinquengrogne, jetons un coup d'œil sur Bourbon-l'Archambault, où elle est située. L'histoire de cette ville du Bourbonnais est inconnue avant le VIIIe siècle. Prise par Pépin, qui l'assiégea en 759, elle n'était alors qu'une place du Berry, dépendant de l'Aquitaine. Pépin, dit-on, en fit présent, ainsi que de son territoire, à l'un de ses parents, dont la postérité obscure en jouit sans éclat au IXe siècle. Mais au Xe on trouve des preuves qui constatent l'existence des seigneurs de la race de Pépin. On voit leur puissance s'accroître et briller sous un nom qui devait être si illustre.

Bourbon-l'Archambault, malgré son origine, serait aujourd'hui dépourvu d'intérêt, sans ses eaux minérales. De son immense château, il ne reste que des ruines. Ce manoir antique, situé sur des rochers, était entouré des trois côtés par des précipices creusés par la rivière de Bruges, qui forme là un étang remarquable par la beauté de ses eaux et la construction de la chaussée. Cette situation était formidable au temps où l'artillerie n'était pas inventée. A l'époque de Pépin ce n'était qu'une forteresse ; les Archambault en firent un château habitable où se succédèrent des personnages d'origine royale.

On aperçoit encore les débris de ce château qui sont sur une hauteur.

Vingt-quatre grosses tours en défendaient l'enceinte : il en reste encore trois debout.

L'une d'elles énorme et qui occupe l'angle méridional de cette masse confuse de constructions de toutes les époques, est assise sur des rochers hérissés : elle domine la ville aux toits entassés et noirs.

C'est la *Quinquengrogne.*

L'accent de ce mot signifie une lutte, une colère, autant au moins le mécontentement et le murmure.

En effet, quand le duc Louis I fit creuser les larges fondements de cette tour, les bourgeois, jaloux et méfiants, ou comprenant par cette construction une entreprise dangereuse pour leur sûreté ou leur liberté, se mutinèrent.

Aussitôt le duc braqua ses couleuvrines sur le rempart et s'écria : « *On la bâtira qui qu'en grogne.* »

Tant que les ouvriers remuèrent la pierre, placèrent le ciment, les vieux routiers tinrent la mèche allumée. Les bourgeois furent obligés de céder, et la colère de leur seigneur baptisa la nouvelle et formidable tour : *Qui qu'en grogne, tel est mon plaisir.*

Ces mots servirent de devise aux premiers Joies et ducs de Bourbon.

Cette conduite de Louis I, duc de Bourbon, révèle un caractère prononcé. Aussi était-il vaillant homme d'armes, fol amateur de carrousels, de joûtes, de tournois. Mais il était grand dépensier et de grandes sommes de deniers étaient loin de suffire à ses plaisirs.

Il pressurait ses vassaux et s'attirait leur haine.

Il lui fallait donc une bonne tour crénelée pour les empêcher de *grogner*. La Quinquengrogne battait la ville.

Un homme comme Louis ne pouvait qu'être utile à la puissance royale, aussi servit-il la royauté avec énergie et dévoûment. Nous sommes sous le règne de Philippe-le-Bel, qui en récompense des services du duc, lui donna l'importante place de grand-chambrier de France, l'une des quatre premières de la couronne, dignité qui depuis fut héréditaire dans la maison de Bourbon, jusqu'à la défection du connétable, sous François I. Eh bien, les revenus de cette haute dignité étaient lestement dépensés. Les prodigalités du grand-chambellan allèrent si loin, que sa mère, pour acquitter ses dettes, fut obligée d'engager plusieurs châtellenies du Bourbonnais, comme celle de Montluçon, Chantelles et Verneuil.

Dans l'élan de l'esprit chevaleresque et religieux qui enfantait alors les croisades, le duc Louis ne perdit pas de vue le Bourbonnais, sa grande seigneurie, et en 1315 il conçut le projet d'y fonder un chapitre.

On peut citer à la gloire de Louis de Bourbon d'avoir défendu seul et avec fermeté la loi salique, d'avoir été admis dans les conseils de Philippe-le-Long, et d'avoir traité des affaires très importantes de l'Etat, ce qui lui valut une grande réputation d'habileté et de sagesse.

C'étaient le duc de Bourgogne, les comtes de Valois et de la Marche qui voulaient exclure du trône Philippe-le-Long, quand Louis de Bourbon défendit la loi salique et triompha de la ligue des puissants seigneurs.

L'influence de Louis à la cour devait nécessairement donner une nouvelle importance à ses domaines. Le Bourbonnais devint donc de simple baronnie un duché-pairie par les lettres d'institution de Charles-le-Bel. Ce roi relève avec emphase non seulement les grandes qualités et les services de Louis, mais l'étendue et les richesses du Bourbonnais et l'avantage de posséder l'imprenable château de Bourbon-l'Archambault.

La célèbre Quinquengrogne sert aujourd'hui de prison et d'horloge à la ville qu'elle domine. C'est, disons-nous, le reste d'un manoir terrible.

Maintenant quelques lignes sur le connétable de Bourbon dont nous avons annoncé la défection.

Dès ses jeunes années, le connétable de Bourbon s'était fait remarquer par sa valeur, à une époque féconde en guerriers illustres. Rien ne manquait à sa gloire, lorsqu'une injustice du roi l'enleva à la France et à ses devoirs et mit la maison de Bourbon dans une défaveur qui se prolongea jusqu'aux derniers jours du règne de Louis III.

Le connétable fut dépouillé de ses biens par suite d'un procès suscité par la mère de François I. Ce procès occasionna la retraite désastreuse du connétable qui s'était distingué, en plusieurs occasions, par un courage indomptable, surtout à la bataille de Marignan, où il reçut, à vingt-six ans et des mains de François I, l'épée de sa dignité. La mère du roi ayant gagné, dans le litige, les domaines du connétable lui furent ravis. Celui-ci, trop fier de se voir dépossédé injustement (car le procès n'avait eu lieu que parce que le connétable avait méprisé l'amour de la reine-mère), quitta la France et alla offrir ses services à Charles-Quint. Il contribua beaucoup au gain de la bataille si fatale de Pavie. Mal récompensé par Charles-Quint, qui lui avait fait les plus brillantes promesses, il se fit chef de partisans et conduisit ses troupes au siége de Rome, en leur promettant le pillage de cette capitale. Il y fut tué en montant à l'assaut en 1527. Il n'avait que trente-huit ans et ne laissa pas de postérité.

LE CHATEAU D'ANET.

De vastes ruines s'étendent au fond d'un beau vallon qu'arrosent les eaux réunies de l'Eure et de la Vesgne, à l'extrémité de la forêt de Dreux, tout auprès du bourg d'Anet. La terre d'Anet avait fait partie des domaines que les princes de la maison de Navarre possédaient en France; son vieux château était même désigné sous le nom de Palais des rois de Navarre. Après que les Etats des rois de Navarre eurent fait retour à la couronne de France, le roi Charles VII donna la châtellenie d'Anet à Pierre de Brézé, sénéchal de Normandie, en récompense de ses services. Le fils de ce seigneur de Brézé épousa Diane de Poitiers, et lui laissa en mourant le domaine d'Anet, où elle fixa son séjour.

A cette époque, le duc d'Orléans, depuis Henri II, âgé de treize ans, se prit d'un vif amour pour cette veuve, qui avait alors plus de deux fois son âge. Quand il fut devenu dauphin, Diane, sa maîtresse, se trouva en concurrence avec la duchesse d'Etampes, maîtresse du roi. La duchesse, plus jeune de dix ans, prétendait être née le jour du mariage de Diane : elle et ses partisans ne l'appelaient que la vieille ridée. Mais la passion du dauphin ne faisait que s'accroître; la beauté de Catherine de Médicis, qu'il vint à épouser, ne l'affaiblit même pas.

Henri II monta sur le trône (1547), et dès lors il ne manqua plus à Diane que le titre de reine. Elle débuta par faire exiler la duchesse d'Etampes; bientôt elle changea tout dans le conseil, dans le ministère et dans le parlement. Créée en 1548 duchesse de Valentinois, elle obtint la concession d'un droit que François I n'avait octroyé qu'à sa mère, et dont elle consacra le produit aux embellissements du château d'Anet, que les poètes célébrèrent sous le nom de Dianet.

Le vieux castel des rois de Navarre n'était plus en rapport avec la brillante fortune de la toute-puissante favorite du roi de France : il fut abattu, et sur ses débris s'éleva le château d'Anet, longtemps cité parmi les plus somptueux palais de la France. Henri II demanda les plans du château à l'architecte alors le plus en vogue, à Philibert Delorme, dont le nom est attaché avec tant de gloire au palais des Tuileries. Philibert Delorme ne trompa point les magnifiques intentions du roi, et son œuvre prit place au nombre des plus beaux monuments de la renaissance. Henri II, qui faisait

Château d'Annet.

parade de ses sentiments pour la favorite, voulut que son chiffre royal constatât l'origine du château ; des H et des D entrelacés et surmontés de couronnes furent appliqués, de toutes parts, sur les cheminées, sur les panneaux des fenêtres, sur les parois des murs. Le goût prétentieux et recherché de l'époque multiplia aussi dans les ornements de l'architecture l'allégorique symbole de la duchesse ; le croissant mythologique rappela partout le nom de Diane. La manie des allusions emblématiques alla plus loin encore : on voulut que chacun sût tout d'abord, dès les premiers regards jetés sur le palais, qu'ils pénétraient dans les domaines de la divinité chasseresse de la fable. Au dessus d'un portique élégant qui formait la principale entrée du château, fut placée une grande figure en bronze représentant Diane. Tout autour d'elle se groupaient, comme des insignes caractéristiques, des chiens, des sangliers, également faits de bronze. Outre ces inventions quelque peu pédantesque, l'imagination féconde de l'artiste s'était encore révélée dans un travail assez curieux : une horloge avait été disposée dans l'attique ; un cerf de bronze et une meute de chiens de même métal, distribués à sa suite, décoraient le cadran ; cerf et chiens restaient en repos pendant le cours des heures ; mais, au moment où les aiguilles allaient achever leur révolution horaire, le cerf se mettait en mouvement, la meute s'élançait à sa poursuite, et la chasse durait jusqu'à ce que le cerf, de ses pieds de devant, eût frappé les heures sur le timbre de l'horloge.

Diane de Poitiers aimait beaucoup le séjour d'Anet ; elle avait dépensé des sommes considérables pour l'orner et l'embellir ; elle en avait fait une demeure toute royale.

Blessé par la lance de Montgommery, Henri II touchait à sa dernière heure. Catherine de Médicis fit signifier à la duchesse de Valentinois l'ordre de se retirer, et de rendre les pierreries de la couronne. « Le roi est-il mort? » demanda Diane; et comme on lui répondit qu'il vivait, mais qu'il ne passerait pas la journée : « Je n'ai donc pas encore de maître, répliqua-t-elle; que mes » ennemis sachent que je ne les crains point; quand ce prince ne » sera plus, je serai trop occupée de la douleur de sa perte, pour » que je puisse être sensible aux chagrins qu'on voudra me » donner. »

Dans son veuvage royal, Diane se retira au château d'Anet, où elle mourut, âgée de soixante-six ans. Une opinion vulgaire supposait que la magie n'était pas restée étrangère à la prolongation de son empire sur le cœur du roi. Toute la magie de Diane consista dans le charme de l'esprit, des talents et des grâces. Suivant Brantôme, la nature l'avait douée d'un rare privilége : elle n'avait jamais été malade. Dans les plus grands froids de l'hiver, elle se lavait le visage avec de l'eau de puits, et n'usait d'aucun autre cosmétique.

Eveillée tous les jours à six heures, elle montait à cheval, faisait une ou deux lieues, et venait se remettre au lit, où elle lisait jusqu'à midi : singulière alliance d'activité et de paresse! Brantôme, qui vit Diane peu de temps avant sa mort, assure qu'elle n'avait pas encore cessé d'être belle.

La splendeur du château d'Anet ne s'éclipsa pas à la mort de Diane de Poitiers; sa célébrité ne fit que s'accroître. Apporté en dot par une des filles de la favorite à la maison de Mercœur-Lorraine, Anet, érigé de châtellenie en principauté (vers la fin du XVIe siècle), fut ensuite possédé par l'illustre famille de Vendôme, du sang de Henri IV. Alors la cour reprit la route longtemps oubliée du château, et le bruit des pas retentit de nouveau dans le palais de la duchesse de Valentinois. Les princes de Vendôme y firent exécuter de grands travaux d'embellissement. Devenu la propriété et le séjour de la turbulente duchesse du Maine, le château d'Anet, succursale de Sceaux, fut encore mis en grand relief comme lieu de fêtes brillantes, de plaisirs, d'intrigues politiques. Un autre genre de célébrité lui était enfin réservé : passé aux mains du charitable duc de Penthièvre, il devint l'asile de la bienfaisance; et si les grands seigneurs ne se souvinrent plus du château d'Anet, les pauvres durent apprendre à le connaître. Tels étaient les titres historiques du château d'Anet, précieux aussi comme monument d'une époque chère aux arts, lorsque éclata la révolution, dont les châteaux eurent tant à souffrir. Aujourd'hui le palais de Diane de Poitiers est morcelé, ruiné; le seul fragment qui ait assez heureusement conservé sa forme est le portique. Quoique dépouillé de ses ornements de bronze et de marbre, ce débris suffit cependant pour donner une haute idée de la magnificence architecturale de l'ensemble de l'édifice.

LE CHATEAU DE SAINT-FARGEAU.

Ce qui fait la célébrité de cet antique château, situé sur la place principale de la vieille et jolie petite ville de Saint-Fargeau, arrondissement de Joigny, vaste manoir bâti, vers 980, par Héribert, évêque d'Auxerre, c'est qu'après avoir appartenu à ce prélat et à ses héritiers, il passa dans l'apanage de grandes maisons comme les familles des barons de Toucy, de Thibaut de Bar, de Jacques Cœur, argentier de Charles VII, de Jean de Chabannes, de Réné d'Anjou, de François de Bourbon, duc de Montpensier, en faveur duquel cette résidence fut érigée, par François I, en duché-pairie.

Mais le principal personnage auquel ce château peut se glorifier d'avoir donné asile, c'est la fameuse Anne-Marie-Louise, duchesse de Montpensier, si connue sous le nom de Mademoiselle et comme fille de Gaston d'Orléans, frère de Louis XIII et époux de l'unique fille de François de Bourbon.

Mademoiselle de Montpensier est réputée pour la quantité de mariages qu'elle souhaita et dont on lui fit la proposition.

Toute jeune, elle se nourrissait de l'idée d'épouser Louis XIV. Après lui, tous les hommes de guerre, tous les grands noms furent désignés pour la princesse. Parler du cardinal-infant, du comte de Soissons, du roi d'Espagne, du prince de Galles et du duc de Savoie, c'est assurément désigner des hommes de haute lignée.

Pourquoi ne considéra-t-on pas les nombreux desseins de la princesse comme de vagues caprices? C'est que mademoiselle de Montpensier n'était pas de ces femmes qu'entraîne et touche une passion vulgaire. Romaine par caractère, elle se révéla dans les orages de la Fronde. Envoyée à Orléans par les frondeurs, elle s'y montra en amazone pour maintenir cette ville dans son parti. On la vit ensuite, au combat du faubourg Saint-Antoine, faire tirer le canon de la Bastille sur les troupes du roi, pour empêcher la ruine de l'armée du prince de Condé.

Cette princesse, en un mot, était une de ces âmes passionnées et fières, qui se jettent avec ardeur dans le tumulte des mouvements populaires, pour planer sur eux, parce que le tumulte est l'élément naturel des imaginations vives et des cœurs hauts. Elle développa donc un caractère éminemment antique dans le parti de la Fronde, dont elle gouverna les résolutions incertaines et les âmes timorées. Pendant cet orage qu'on n'a pas bien apprécié et que certains écrivains sans profondeur et sans larges vues ont traité de ridicule parade, parce qu'ils n'ont considéré que la surface des choses, mademoiselle de Montpensier fut l'âme du peuple, la reine des halles, dominant à la fois l'échevinage et le parlement.

Il ne faut pas, pour quelques traits de faiblesse imputés à la princesse, éprise du duc de Lauzun qu'elle aima dans sa vieillesse, lui ravir la gloire de son caractère.

Louis XIV, rentré dans Paris, l'exila dans sa terre de Saint-Fargeau. Cette retraite forcée fut un enfer pour elle. Le mouvement, qui était la loi de son esprit, ne la laissa pas tranquille : elle porta son activité vers l'étude. Elle se mit à lire et à écrire ; elle fit même imprimer les fruits de ses pensées. Elle composa les mémoires que nous avons d'elle, ouvrage plein de ses souvenirs, et où elle prend occasion de retracer les caractères des personnages de son temps avec une couleur naturelle et vraie. Elle n'oublia pas les détails de ces misérables intrigues où sa franchise naturelle et l'élévation de son âme énergique, de son caractère ouvert, la rendirent la dupe de l'astuce et de la politique machiavélique de Mazarin.

Au château de Saint-Fargeau, elle réunit une cour choisie, quoique peu nombreuse, qui accueillit Legrais, auteur des Nouvelles françaises, imaginées pour cette société distinguée. Cette demeure princière fut augmentée et changée dans les appartements intérieurs par Mademoiselle. Elle préférait à ses autres châteaux cette résidence qu'elle donna par legs au duc de Lauzun, son époux en mariage secret.

Quoique construit en briques, le château de Saint-Fargeau s'est très bien conservé ; il a l'appareil d'une maison royale par son étendue, par la division de ses nombreuses salles, par son parc immense, par une vaste pièce d'eau et de magnifiques jardins. Son entrée, qui donne sur la place principale de la ville, produit un superbe effet.

C'est une relique de féodalité par ses petites tourelles, par son large pavillon du centre, par sa salle d'armes avec ses râteliers, où les barons pendaient leurs énormes rapières et autres ornements qui se sentent de la chevalerie.

Le château dont il s'agit, vendu par le duc de Lauzun à la famille des Lepelletier, qui a fourni un conventionnel, régicide décidé, renferme, dans sa chapelle, le tombeau de ce dernier, assassiné par un garde du roi, le 20 janvier 1793. Cette mort devint le signal de sanglantes immolations. Les obsèques de Lepelletier, faites avec éclat, furent suivies de son transport au Panthéon, sur un grand char sépulcral ; mais la révolution, qui l'avait porté en triomphe, revint bientôt sur son décret, et celui qui avait été élevé, en 1793, fut foulé aux pieds deux ans après, car le cadavre du conventionnel fut retiré comme indigne du Panthéon, et il fut rendu à sa famille, qui l'a placé où il est encore.

Château de Saint-Fargeau.

Ruines du château de Coucy.

LE CHATEAU DE COUCY EN PICARDIE.

Les murailles et les tourelles de ce château datent de 1052. La grosse tour du milieu, haute de cent soixante-seize pieds, est un des plus beaux débris du moyen-âge.

Au dessus de la porte principale, on voit encore un chevalier armé de toutes pièces, visière baissée, qui s'élance vaillamment contre un lion furieux. Près de l'entrée se trouve un bloc de pierre soutenu par trois lions. « Icelui monument, dit un auteur de chroniques, fut bâti et dessiné en mémoire du grand et incomparable courage d'Enguerrand le troisième, lequel, averti par ses gens qu'un lion féroce et indomptable parcourait la campagne, mangeant et dévorant blés, froment, femmes et petits enfants, alla droit à lui, et le pourfendit d'un bon coup de sa longue rapière. »

Aussi tous les ans, les bourgs voisins, délivrés de cette bête de grande force et hardiesse, députaient un manant, en habit de fête, qui, faisant claquer son fouet à trois reprises à l'entrée du pont-levis, venait offrir au seigneur certaine corbeille remplie de pains d'épices et autres gourmandises, en souvenir de la délivrance opérée par la bonne épée d'Enguerrand, histoire qui a tout l'air d'être de la même famille que la gargouille de Rouen, la bête du Géraudan et autres monstres dont on ne trouve plus traces que dans les légendes.

Si l'on visite les campagnes qui avoisinent le château, on entend ces récits merveilleux. Le descendant du pauvre serf vous contera, dans sa langue naïve et pittoresque, les faits et gestes des sires châtelains, leurs duels, leur vaillantise, leur guerre sainte, pour la gloire de Jérusalem. Chose singulière! ces pauvres gens prononcent respectueusement le nom de barons impitoyables qui pressurèrent sans pitié leurs pères, manants faibles et sans défense! Il faut que la renommée militaire atténue singulièrement les griefs, pour laisser passer ainsi sans reproche une puissance tyrannique. Telle était celle des Coucy, rudes et vaillants paladins, régnant sur d'immenses domaines, qu'ils étaient redoutables à tout voisin, ami ou ennemi. Louis-le-Gros succomba lui-même devant eux dans sa lutte contre la féodalité. Ils se montrèrent indomptables. Tous ont fait quelque action éclatante, bonne ou mauvaise. Le plus célèbre est Raoul de Coucy, fils d'Enguerrand, qui partit, en 1191, pour la Terre-Sainte, et qui périt au siége d'Acre.

Raoul, avant que de rendre le dernier soupir, chargea son écuyer de porter, après sa mort, son cœur à la dame de Fayel, qu'il aimait. L'écuyer, arrivé en France, se mit en devoir d'exécuter les dernières volontés de son maître ; mais il fut surpris par l'époux. Celui-ci prit le cœur et le fit manger à sa femme, qui, instruite trop tard de son malheur, jura de ne plus prendre de nourriture, et se laissa mourir de faim.

Cette aventure a fourni à de Belloy le sujet d'une tragédie, intitulée : *Gabrielle de Vergy*, nom que l'historien Froissart donne à cette femme.

Le dernier des Coucy périt vaillamment à Nicopolis, journée funeste à la chevalerie chrétienne, décimée qu'elle fut par les Turcs sous Bajazet. Comme tous les grands fiefs, le château de Coucy retourna aux mains des rois de France, et devint une résidence royale. A la suite des troubles de la Fronde, Mazarin fit démanteler les remparts. Depuis Mazarin, les ruines se sont considérablement accrues ; le tremblement de terre qui se fit sentir en France en 1692, fendit du haut en bas la grande tour dont les murs sont pourtant d'une épaisseur de vingt-un pieds ; les autres tourelles subsistent encore dans leur entier, mais les voûtes, qui formaient trois étages, se sont écroulées pour la plupart. De sorte que ce château célèbre, qui était, il n'y a pas deux siècles, une des merveilles de la France et peut-être une des plus fortes places du royaume, n'est plus de nos jours qu'un triste monument de la magnificence de ses anciens seigneurs.

LE CHATEAU DE SULLY.

Près d'Orléans se trouve le village appelé Sully, et dont le château tire une grande célébrité du nom de son ancien maître, Maximilien de Béthune, duc de Sully, qui y passa les dernières années de sa vie. Quand Sully fit l'acquisition de ce château, en 1602, il était fort peu considérable ; mais il prit un accroissement successif et fut érigé en duché-pairie par Henri IV, le 12 février 1606. Cette érection changea le nom de l'ami du roi, et le marquis de Rosny devint duc de Sully. Voici ce que dit, dans ses *Mémoires*, Sully, à l'occasion de son élévation à la dignité de duc et pair :

« J'avais déjà refusé cette dignité, lorsque le roi m'avait en- « voyé ambassadeur en Angleterre. Les libéralités de ce maître « bienfaiteur ayant levé depuis ce temps-là l'obstacle qui m'avait « empêché de profiter de sa bonne volonté, j'acceptai avec recon- « naissance ce nouveau bienfait.

« Il n'y eut aucun des seigneurs de la cour, ni presque des « grands du royaume, qui ne me fît l'honneur de m'accompagner, « lorsque je me présentai au parlement pour la cérémonie de ma « réception.

« Elle fut encore plus honorée par la présence de tous les prin- « ces du sang, excepté M. le comte de Soissons. La grand'cham- « bre, la salle, toutes les galeries et les cours même, étaient si « pleines, qu'à peine on pouvait s'y retourner. J'amenai, au sor- « tir, soixante des plus distingués, à l'arsenal, où les attendait un « repas en gras et en maigre, pour lequel je n'avais rien épargné. « Une surprise heureuse pour moi fut d'y trouver sa majesté elle- « même, qui s'y était rendue pendant la cérémonie, sans avoir « voulu m'en prévenir.

« *Monsieur le grand-maître*, me cria le roi du plus loin qu'il « me vit arriver, *je suis venu au festin sans prier; serai-je mal* « *dîné? — Cela pourrait bien être, sire*, lui répondis-je, *car je* « *ne m'attendais pas à tant d'honneur*.

« *Je vous assure que non*, reprit ce prince, en interrompant « mes remerciements ; *j'ai visité vos cuisines, en vous attendant,* « *où j'ai vu le plus beau poisson qu'il soit possible de voir, et force* « *ragoûts à la mode; et même, parce que vous tardiez trop à* « *mon gré, j'ai mangé de vos petites huîtres de chasse, tout-à-* « *fait fraîches, et bu de votre vin d'Arbois, le meilleur que j'aie* « *jamais bu.*

« La gaieté du roi, assaisonnant le plaisir de la table, le reste « du jour se passa à la satisfaction de tous les convives. »

C'est là, certes, une scène intéressante, un trait caractéristique. Cette visite du bon roi à son loyal ministre, ces paroles bénignes échangées sans gêne, cette courtoisie, cette descente dans une cuisine, mettent en évidence la bonhomie de Henri IV mieux qu'une action de bienfaisance éclatante.

Nous ne ferons pas une longue description du château de Sully, à l'exemple de beaucoup d'écrivains. Il nous reste assez de quoi pour remplir le cadre rétréci de cet article, en puisant dans l'histoire de notre sage des anciens règnes.

Il suffit de dire que le ministre du généreux roi Henri embellit le château : au dehors par des jardins, des cours d'eau, un parc; au dedans, par des boiseries, des peintures et des dorures.

Plusieurs augmentations sans utilité ne furent faites à l'édifice que pour faire vivre quantité de pauvres réclamant du travail dans un moment de cherté.

L'amitié que le roi montrait à Sully lui inspira de lui former un appartement proportionné au nom de ce potentat. Cet appartement était le principal du château, autrement appelé l'*appartement du roi*. Là se trouvait l'une des plus belles salles des châteaux de France, et dans laquelle on distinguait un superbe tableau de Henri IV, avec emblèmes et devises

Donnons un aperçu de la vie de Sully dans son château.

Quand Henri-le-Grand ne fut plus, Sully prit sa retraite de la cour et se retira dans ses domaines

A le voir avec un grand nombre d'écuyers, de pages, de gentilshommes, de gardes avec leurs officiers, et une foule de domestiques, chacun songeait qu'il menait un train royal. En effet, tout annonçait autour de lui un caractère de grandeur et de majesté qui reflétait bien l'expression de son esprit grave et sérieux.

Du reste, tout procédait de l'ordre dans sa maison.

Levé dès le grand matin, Sully, après ses prières et sa lecture, entrait dans son cabinet pour y travailler avec quatre secrétaires. Là il s'occupait à ranger ses papiers, à répondre aux lettres, à rédiger ses mémoires, à mettre ordre à ses affaires et à diriger celles de ses gouvernements et celles de ses fonctions.

Vers midi, il sortait pendant une demi-heure. Une grosse cloche informait de sa sortie les gens de sa maison, qui se plaçaient en rang sur son passage, depuis son appartement jusqu'au bas de l'escalier. Précédés de deux suisses avec leur hallebarde, ses écuyers, ses gentilshommes et ses officiers marchaient devant lui. A sa droite et à sa gauche se tenaient ses amis et les membres de sa famille. La marche, fermée par quatre suisses, se formait d'une compagnie de soldats avec officiers.

De retour de sa promenade, Sully entrait dans la salle à manger, vaste appartement orné de peintures retraçant ses actions mémorables, ainsi que les grands traits de la vie de Henri-le-Grand.

Près d'une longue table sur laquelle il prenait ses repas, lui et la duchesse avaient seuls des fauteuils. Les autres convives, même de haut rang et de parenté très-proche, sa fille, la princesse de Rohan, n'avaient que des tabourets et des sièges pliants. A cette époque, on poussait la subordination et le respect envers les pères et mères, au point que les enfants ne se couvraient et ne s'asseyaient que sur l'ordre paternel.

La magnificence régnait sur la table de Sully, qui était du reste servie avec un goût recherché.

Château de Sully.

A cette table n'étaient admis que les seigneurs et dames du voisinage, les principaux gentilshommes; les dames et filles d'honneur de la duchesse.

Une autre table était servie pour les jeunes gens.

Tous les convives ordinaires se levaient et sortaient au dessert.

Sully, après son dîner, se rendait avec ses intimes dans un cabinet contigu à la salle à manger, et appelé *le cabinet des illustres,* à cause qu'il était décoré de portraits de papes, de rois et de personnages distingués.

Après cette récréation, Sully remontait chez lui pour s'y occuper comme le matin et pendant deux ou trois heures.

Si le temps le permettait, il allait se promener dans son coche, avec son épouse et accompagné de son cortège. A sa rentrée au château il reprenait sa besogne.

Le souper avait le même cérémonial que le dîner, et chacun se retirait chez soi.

Sully savait se faire servir, respecter et obéir, et l'ordre et la paix régnaient dans sa maison et parmi tous ses serviteurs.

Le duc de Sully ne portait nulle décoration, excepté la médaille représentant le portrait de Henri IV, médaille attachée à une chaîne d'or et de diamants qu'il suspendait à son cou, qu'il contemplait et baisait avec transport, et ne quittait jamais.

Sully, rebelle à la mode, portait toujours le même habillement.

Tout, en un mot, avait une allure royale autour du ministre de Henri IV.

Cette manière de vivre de Sully nous fait connaître quelle dignité les grandes maisons des beaux siècles de la monarchie entretenaient pour s'attirer le respect du rang. Les dignitaires de la couronne aimaient à imiter tout ce qui se passait autour du trône. Dans de grands royaumes, les grands avaient, dans le moyen âge, une importance bien plus considérable que tant de rois dont l'histoire sait à peine le nom.

Résumons en peu de mots la vie de Sully.

Né à Rosny en 1560, Sully fut de bonne heure le compagnon de Henri IV, auprès duquel il se distingua par son intrépidité, sous le titre de baron ou marquis de Rosny. Un beau mariage, beaucoup d'ordre, des spéculations commerciales très-heureuses le rendirent fort riche en peu de temps. Henri IV crut qu'il ne pouvait mieux confier les finances du royaume qu'à l'homme qui administrait si bien ses propres affaires, et il le nomma, en 1597, surintendant des finances. Sully se montra financier parfait; il remit de l'ordre dans les comptes, fit rentrer un arriéré considérable, paya des dettes écrasantes, suffit aux dépenses des guerres avec l'Espagne et la Savoie, et à l'achat des places qui restaient encore aux chefs ligueurs.

Il encouragea l'agriculture, créa de grands approvisionnements de guerre, poursuivit partout les abus et les prodigalités, et amassa ainsi, tous frais payés, quarante-deux millions. Au titre de surintendant des finances, il joignait ceux de gouverneur de la Bastille, de grand-maître de l'artillerie et des fortifications, de grand-voyer de France, de surintendant des bâtiments, de capitaine héréditaire des eaux et des forêts, et le gouvernement du Poitou.

A la mort de Henri, il s'éloigna de la cour, se démit de presque tous ses offices, et ne conserva que le gouvernement du Poitou, avec la grand-maîtrise de l'artillerie et des forêts. Bien que mécontent de la reine-mère, il n'eut qu'une part très-faible aux troubles de la régence, et refusa de prendre les armes avec les protestants. Louis XIII le fit maréchal en 1634. Sully mourut, en 1641, dans le protestantisme de Calvin. Chose singulière, il ne voulut jamais abjurer, et c'est lui qui donna le conseil à Henri IV de se faire catholique. Il avait été fait duc par Henri IV en 1606, et il avait pris, à cette occasion, le nom de la terre de Sully qu'il venait d'acheter. Qui a lu l'histoire de France connaît l'étroite amitié qui unissait Henri IV et Sully. Le ministre ne craignit pas, en plus d'une occasion, de heurter le roi, en lui faisant de sévères reproches sur ses égarements, et s'opposant avec énergie à ses prodigalités. Du reste, il n'était rien moins que désintéressé, et il ne s'était pas montré fort scrupuleux sur les moyens de faire fortune.

On a de Sully des mémoires très-précieux, mais rédigés sous une forme très-bizarre. Il suppose que ses secrétaires lui racontent sa propre vie. Ces mémoires parurent, pour la première fois, de 1634 à 1662.

Quoi qu'il en soit des reproches qu'on adresse à Sully, c'était, sans contredit, un ministre d'État d'une capacité extraordinaire.

Son avidité et ses immenses richesses ont servi d'arguments au cardinal de Richelieu pour mettre en doute la probité administrative du surintendant, et pour insinuer que Henri IV songeait à lui retirer les finances. Mais la jalousie du cardinal doit rendre suspectes des accusations que n'appuie aucun fait notoire.

LE CHATEAU DE BLOIS.

Ce monument n'a aucun caractère d'architecture particulier; tous les styles s'y trouvent réunis et en quelque sorte confondus; et il est aisé de voir qu'il y eut de longs intervalles entre les constructions de ses diverses parties. Son originie est pourtant fort ancienne; mais, depuis près de deux siècles, les constructions primitives ont disparu. Déjà il n'en restait qu'une tour au commencement du XVIe siècle, lorsque les princes de la maison de Champagne firent bâtir un nouveau château sur les ruines du premier. Louis XII, n'étant encore que duc d'Orléans, vint ensuite habiter ce palais, et y fit ajouter des constructions importantes.

L'aile du château située à l'orient fut bâtie à deux époques différentes. La partie la plus ancienne renferme la salle où se tinrent les états, sous Henri III, en 1576 et en 1588. Le reste de l'édifice fut achevé sous le règne de ce dernier prince. Tout le côté septentrional est du règne de François Ier. De grands souvenirs historiques se rattachent à cette partie du château de Blois : Henri II, Charles IX, Henri III y résidèrent, et ce fut là que le duc de Guise tomba sous les coups des assassins à la solde du roi.

Henri III, effrayé de l'audace de la Ligue, avait fait défendre au duc de Guise d'approcher de Paris. Celui-ci, dédaignant les ordres du prince, fait son entrée dans la capitale. Henri envoie contre lui les gardes suisses; mais les bourgeois de Paris prennent parti pour le duc; ils élèvent des barricades, assiégent le Louvre. Obligé de fuir, le roi se rend à Rouen, et de là au château de Blois, où il convoque les états, en même temps que, à la suite d'une feinte réconciliation, il y faisait appeler le duc de Guise.

Les états s'ouvrirent à Blois le 16 octobre 1588. Le clergé avait cent trente-quatre députés, la noblesse cent quatre-vingt, ainsi que le tiers-état. En qualité de grand-maître de la maison du roi, le duc de Guise fit les honneurs de la première séance. « Les dé- « putés étaient entrés, dit un contemporain, et la porte fermée; le « duc de Guise assis en sa chais, habillé d'un habit de satin « blanc, la cape retroussée à la Bigearre, perçant de ses yeux toute « l'épaisseur de l'assemblée, pour reconnaître et distinguer ses « serviteurs, et d'un seul élancement de sa vue les fortifier en « l'espérance de l'avancement de ses desseins, de sa fortune et de « sa grandeur, et leur dire, sans parler : Je vous vois, se leva, et, « après avoir fait une révérence, suivi de deux cents gentilshom- « mes et capitaines des gardes, alla quérir le roi, lequel entra, « plein de majesté, portant son grand'ordre au col. »

Le discours du roi était empreint de modération : cependant les ligueurs s'en offensèrent, et l'obligèrent à rétracter quelques expressions. La ratification de l'*édit d'union* et sa conversion en loi de l'État fut la décision la plus importante que prit l'assemblée. L'immense intérêt politique des circonstances dominait toute discussion, et rendait les députés indifférents à toute autre matière, tandis que l'importance même de la question qui était à résoudre, quoiqu'on ne l'avouât pas, faisait hésiter chacun avant de l'abor-

dor. Deux mois s'étaient écoulés en petites hostilités, qui toutes auraient révélé, si la chose eût encore été à faire, le mauvais vouloir du duc de Guise; ainsi, en même temps qu'il forçait le roi de s'engager à mener vigoureusement la guerre contre les huguenots, il le mettait dans l'impossibilité de tenir son engagement, en l'obligeant à souscrire à une considérable réduction des impôts, déjà insuffisants. La pensée principale du duc, au moment où il fut frappé de mort, et le premier point qu'il voulait emporter, était de se faire nommer connétable par les états.

Si les sourdes manœuvres du roi, si les petites mutations dans la domesticité de la cour, n'avaient point éveillé la sollicitude du duc, ses amis s'en étaient inquiétés, et ils lui recommandaient la prudence et la circonspection. Mais de Guise, sans songer que le désespoir des faibles les pousse quelquefois à des partis violents et extrêmes, rassurait ses partisans, et se rassurait lui-même par le souvenir de toutes les occasions favorables qu'avait manquées son ennemi. « *Ils n'oseraient!* » disait-il, parce qu'ils n'avaient pas encore osé, et il persévérait dans sa sécurité avec un aveuglement capable de donner gain de cause aux fatalistes, malgré les avis les plus formels et les plus précis qui lui étaient donnés sur l'attentat que le roi méditait contre lui.

L'assassinat du duc de Guise fut proposé, discuté et voté dans le conseil du roi; les formes de l'exécution furent également mises en délibération, les exécuteurs furent choisis, apostés; enfin toute l'opération fut préparée et conduite avec une longue méditation, un patient raffinement de précautions et de détails, un étrange sang-froid. « Le 22 décembre, dit Anquetil, le roi fit avertir le duc que, voulant avoir la journée libre, il tiendrait le lendemain le conseil de grand matin, et qu'il l'invitait à s'y rendre, parce qu'on y devait traiter deux affaires qui intéressaient ses amis. En arrivant, le duc se trouve investi des gardes du roi (apostés à dessein), qui l'accompagnent jusqu'au haut de l'escalier, le chapeau bas, le priant, en qualité de grand-maître de la maison du roi, de les faire payer de leurs appointements. A la vue de cette troupe suppliante, l'escorte du duc s'écarte et se disperse. Quand il est entré dans la salle du conseil, la porte se ferme, les gardes reprennent leurs postes, et empêchent que de nouveaux avis, qu'on envoyait au duc, ne parviennent jusqu'à lui. A peine fut-il entré que, soit indisposition naturelle, soit frayeur, fruit de la réflexion, il devint pâle, et se plaignit d'un mal de cœur : quelques confortatifs le remirent. Dans le moment qu'il reprenait ses forces, on l'avertit que le roi veut lui parler dans son cabinet. Il salue gracieusement l'assemblée, sort de la salle, entre dans la chambre du roi, qui y était attenante, et de là se rend vers le cabinet; mais comme il était embarrassé à en lever la portière, un assassin, Saint-Malines, saisit d'une main la garde de son épée, et de l'autre lui plonge, du haut en bas, un large poignard dans la gorge, tandis que d'autres officiers (gentilshommes gascons, attachés au service du roi, sans fonctions déterminées), le frappent à la tête et au ventre, dans la crainte qu'il ne soit cuirassé. Il pousse un grand soupir, en s'écriant : *« Je suis mort, mon Dieu, ayez pitié de moi! »*

Dans cette même partie du château s'élève encore la tour où le cardinal de Lorraine, frère du duc de Guise, fut emprisonné aussitôt après la mort du duc, et assassiné comme ce dernier quelques jours après.

A l'orient, il existe une autre aile bâtie à deux époques différentes. C'est dans la plus ancienne de ces deux parties que se trouve la salle où se tinrent deux fois les états, à douze années d'intervalle. La plus ancienne fut achevée sous Henri III, qui avait pour ce palais une affection particulière.

Plus tard, Gaston de France, duc d'Orléans, étant devenu propriétaire du château de Blois, y fit ajouter, par le célèbre Mansard, un corps de bâtiment remarquable par sa riche architecture, mais qui ne fut point achevé. Une immense cour précède le château; ce fut dans son enceinte que se donnèrent deux magnifiques tournois : l'un, en l'honneur du prince de Castille, lorsqu'il vint s'unir à Claude de France; l'autre, à l'occasion du mariage du marquis de Montferrat avec la sœur du duc d'Alençon.

Le château de Blois a servi de retraite à deux femmes d'un caractère bien dissemblable : à Isabeau de Bavière, femme de Charles VI, Messaline éhontée qui mit la France à deux doigts de sa perte, et à Valentine de Milan, épouse de Louis, duc d'Orléans, lâchement assassiné par les partisans du duc de Bourgogne. Retirée à Blois et sentant sa fin approcher, elle assembla ses enfants autour de son lit de mort; parmi eux se trouvait Dunois, que, suivant l'usage du temps, on appelait le bâtard d'Orléans. Valentine les exhorta à soutenir la gloire de leur maison, et surtout à poursuivre la vengeance du meurtre de leur père. Dunois répondit mieux que les autres. « On me l'a volé! s'écria-t-elle, je devais être sa mère. » Cette princesse mourut en 1408, à l'âge de trente-huit ans, après avoir déployé les plus chastes vertus, le plus noble caractère, et conservé des mœurs pures sur une scène corrompue et dominée par les passions.

Les derniers grands personnages qui vinrent chercher un asile au château de Blois sont l'impératrice Marie-Louise, seconde femme de Napoléon, et le roi de Rome, son fils, qui s'y réfugièrent le 30 mars 1814, alors que le canon des alliés retentissait aux barrières de Paris.

LE CHÂTEAU DE BRAISNE.

Soissons est célèbre à plus d'un titre dans les fastes du christianisme. C'est dans cette ville que, sous Dioclétien, deux ouvriers en chaussures, saint Crépin et saint Crépinien, se vouèrent à la prédication de l'Évangile. Ce zèle leur fut fatal : arrêtés par les ordres de l'empereur, ils furent soumis aux plus effroyables tortures, et moururent plutôt que d'abjurer leur foi. Plus tard, à ces deux généreux apôtres succédèrent Sixte et Sinice qui firent faire parmi les Soissonnais d'immenses progrès à la foi catholique, et furent aussi canonisés.

Au temps de Charlemagne, et sous son fils Louis-le-Débonnaire, Soissons était dans toute sa splendeur. Sous ces deux règnes, l'abbaye de Saint-Médard s'enrichit considérablement; mais à cette prospérité succédèrent des troubles, des révolutions, puis vint l'invasion des Normands, qui pillèrent la riche abbaye; elle se releva cependant, mais dès lors elle n'offrit plus qu'un pâle reflet de sa magnificence passée, et aujourd'hui il n'en reste plus que des vestiges assez imposants toutefois pour faire l'admiration des touristes.

Ce fut à Soissons que la reine Frédégonde, d'odieuse mémoire, se livra à toutes ses fureurs, et là aussi l'illustre Abeilard fut contraint de brûler son livre et de faire amende honorable devant ses juges et ses bourreaux.

Après avoir tenu une si grande place dans notre histoire, Soissons n'est plus aujourd'hui qu'une modeste et paisible cité, dont l'ancienne importance ne se révèle que par des fragments et des décombres. Outre les ruines de l'abbaye de Saint-Médard et de ses châteaux royaux, on y voit encore celles du château de Braisne, ancienne forteresse située près de la ville, et dont les hautes tours, noircies par le temps, les épaisses murailles et les larges fossés où se montre maintenant une végétation luxuriante, attestent l'ancienne puissance et la grandeur passée.

LE CHATEAU DE PLESSIS-LES-TOURS.

Ce château, nommé d'abord Montils-les-Tours, appartenait à Hardoin de Maillé, chambellan de Louis XI, lorsque ce prince en fit l'acquisition, le 15 février 1463, moyennant cinq mille cinquante écus d'or, ce qui faisait à peu près cinquante mille francs de notre monnaie. Le roi fit aussitôt abattre l'ancien château, sur l'emplacement duquel il en éleva ensuite un autre, qui reçut de son fondateur le nom de Plessis-les-Tours.

Ce palais n'avait rien de remarquable, ni dans ses distributions, ni dans son architecture, et ne doit sa célébrité qu'au séjour de

Louis XI, dont il retraçait du reste assez bien par sa structure les goûts simples et le caractère ombrageux.

Au commencement de son règne, Louis XI tint, au château du Plessis, une assemblée des prélats et principaux seigneurs du royaume, sous prétexte de prendre leur avis sur les moyens de remédier au mécontentement qui se manifestait de toutes parts contre l'administration de l'Etat; en réalité, son but était de sonder leurs intentions, et de voir face à face ses amis et ses ennemis. Dans cette assemblée, Charles, duc d'Orléans, portant la parole au nom des princes, crut devoir faire au roi des observations sur les impôts dont il avait chargé le peuple, et sur sa tendance au despotisme. Le roi fut d'autant plus irrité de ces remontrances, qu'il ne pouvait s'en dissimuler la justesse. Il en fit au duc des reproches en termes si durs et si offensants, en présence de toute l'assemblée, et Charles en conçut tant d'épouvante et de chagrin, qu'il en mourut à Amboise, quelques jours apres.

Le château du Plessis fut le théâtre d'une des vengeances les plus cruelles qu'ait exercées Louis XI. On sait que Jean Balue, qui de simple clerc était devenu successivement évêque d'Angers, d'Evreux, d'Arras, cardinal de Sainte-Suzanne et dépositaire des secrets du roi, en qualité de ministre d'État, poussa l'oubli de tous ses devoirs jusqu'à le trahir, en révélant au duc de Bourgogne tout ce qui s'agitait dans le conseil. Sa correspondance ayant été interceptée, le roi le fit mettre dans un des cachots du Plessis, renfermé dans une cage de fer, où l'on ne pouvait se tenir ni couché, ni debout. On assure que cette terrible invention était due à Balue lui-même, qui fut le premier aussi à en éprouver le supplice.

Sur la fin de ses jours, devenu sombre et défiant à l'excès, dévoré de peur et d'ennui, Louis XI alla se confiner au Plessis-les-Tours, où il vécut jusqu'au dernier soupir, entouré de Tristan-l'Ermite, son compère et son bourreau, et d'Olivier-le-Daim, son barbier. Il se traînait d'un bout à l'autre d'une longue galerie; dessous ses yeux, pour toute récréation, quand il regardait par les fenêtres, étaient des grilles de fer, des chaînes et des avenues de gibets qui menaient à son château, autour duquel étaient disséminées dix mille chausses-trappes. Tristan rôdait sans cesse dans ces avenues, et tout homme suspect était pendu et noyé sans jugement. Des combats de chats et de rats, les danses de jeunes paysans et de jeunes paysannes qui venaient figurer, dans les donjons du Plessis, le bonheur de l innocence champêtre, servaient à dérider le front du tyran. Puis il buvait du sang de petits enfants pour se redonner de la jeunesse: remède qui semblait tout-à-fait approprié au tempérament du malade. On faisait sur lui, disent les chroniques, de *terribles et merveilleuses médecines*. Par un juste supplice imposé à tous ceux qui versent le sang des hommes, les terreurs de la mort assiégèrent les derniers moments de Louis XI ; il demandait la vie en pleurant à un ermite qu'il avait fait venir de la Calabre pour le consulter. Enfin il fallut mourir. Louis XI porta le premier le nom de roi très-chrétien, et les protestants jetèrent au vent ses cendres : les excès de la liberté religieuse et politique profanèrent la tombe de celui qui avait abusé des pouvoirs de la religion.

Il y eut peu de grands hommes sous Louis XI. Peut-être la main de fer de son despotisme les empêcha-t-elle de naître. L'histoire a cependant conservé la belle réponse que Jean de La Vacquerie, premier président du parlement, adressa au roi, à l'occasion d'un édit que ce célèbre magistrat jugeait contraire au bien public : « Que voulez-vous? lui dit le roi. » — « La perte de nos charges, répond La Vacquerie, et même la mort plutôt que de trahir nos consciences. »

Dans ce siècle, un moine allemand, nommé Guttemberg, découvrit l'imprimerie. Louis XI eut la gloire de favoriser l'établissement de ce bel art en France. Philippe de Commines est un des bons écrivains de notre langue. Ses mémoires, écrits avec naïveté, et cependant avec profondeur, font admirablement comprendre l'influence que la politique de Louis XI exerça sur son pays et le reste de l'Europe.

Sous le régne de Louis XVI, en 1778, le château de Plessis-les-Tours, peu digne d'être conservé comme résidence royale, fut converti en dépôt de mendicité. Plus tard, en 1794, devenu propriété nationale, il fut acheté par des spéculateurs qui le détruisirent presque entièrement. Il n'en reste aujourd'hui qu'une faible portion, insuffisante pour donner l'idée de ce qu'il était à la fin du XVe siècle.

LE CHATEAU D'ÉCOUEN.

Ce fut une grande, noble et généreuse idée que celle d'élever, aux frais de la patrie, les filles de ceux qui avaient versé leur sang pour elle. Ce projet, que Napoléon avait déjà conçu depuis longtemps, il le réalisa à la fin de 1805, après cette glorieuse bataille d'Austerlitz qui lui fit éprouver, plus vivement que jamais, le besoin de récompenser l'héroïsme de ceux qui combattaient pour la France et pour lui. Les institutions créées à cette époque prirent le nom de Maisons-Impériales-Napoléon, mais ce ne fut que le décret du 29 mars 1809 qui en régla l'organisation définitive.

Deux institutions furent fondées successivement, l'une à Saint-Denis, et l'autre à Ecouen. Chacune de ces deux maisons devait recevoir trois cents elèves. Sur ce nombre cent jeunes personnes étaient reçues gratuitement, deux cents payaient une demi-pension de 500 francs. Elles devaient être filles ou sœurs de membres de la Légion-d'Honneur. Par une faveur spéciale, deux cents demoiselles, filles, nièces, sœurs ou cousines germaines de membres de l'ordre, et qui n'avaient pas obtenu l'entrée gratuite ou à 500 francs, purent y être admises en payant une pension de 1.000 francs.

Les règlements de ces institutions furent en grande partie l'ouvrage d'une femme d'un talent supérieur, madame Campan.

Quand l'orage révolutionnaire eut cessé, madame Campan, qui se trouvait sans fortune, éleva un pensionnat à Saint-Germain : le succès passa ses espérances. Son établissement jouit d'une vogue plus qu'européenne : l'Amérique et l'Inde y envoyèrent des élèves. Toutes les grandeurs nouvelles le protégèrent. Bonaparte le visita, et y plaça Caroline, sa jeune sœur, depuis reine de Naples, ainsi que Stéphanie de Beauharnais, sa fille adoptive, depuis grande duchesse de Bade. L'élément de la critique ne manqua pas même à cette vogue extraordinaire : le théâtre reproduisit, sous un point de vue satirique, l'éducation donnée aux élèves de madame Campan. Néanmoins, lorsque la maison d'Ecouen fut fondée, madame Campan en reçut la direction et la surintendance, concurremment avec le comte Lacépède.

On avait d'abord proposé le château de Chambord, mais le manque de salubrité, l'éloignement, et d'un autre côté le bon air et la proximité du château d'Ecouen, firent pencher en faveur de ce dernier séjour.

Ce château fut érigé, au XVe siècle, à la place d'une forteresse

très ancienne qui, de temps immémorial, appartenait à la famille de Montmorency. Au XVIe siècle, Anne de Montmorency le fit considérablement embellir par le meilleur élève du célèbre Pierre Lescot, l'architecte Bullant, qui le decora de sa propre main de sculptures et d'ornements pleins de goût et de délicatesse. Ce château forme un carré parfait de trente-deux toises de côté, composé de quatre corps de logis qui laissent au centre une vaste cour, dont le pavé à compartiments passait autrefois pour un chef-d'œuvre. Aux angles du château sont quatre pavillons plus élevés, et tout l'édifice est entouré d'un fossé sec. La façade du côté de Paris présente un avant-corps décoré d'ordres ionique et dorique avec un attique surmonté d'une campanille. Dans un cintre se voyait autrefois une statue équestre du connétable Anne de Montmorency, l'épée à la main. L'intérieur de la cour présente deux autres avant-corps d'une grande richesse d'architecture. Celui de droite est formé des ordres dorique et ionique superposés; celui de gauche, plus simple, mais aussi plus noble, se compose de quatre grandes colonnes corinthiennes, cannelées, élevées sur un stylobate et supportant un entablement, dont la frise est enrichie de trophées d'armes de la plus belle exécution. Ce château fut habité par plusieurs rois de France. François Ier y vint souvent, et c'est d'Ecouen qu'est daté le fameux édit du mois de juin 1559, par lequel Henri II punit de mort les luthériens. Sous Louis XIII, le château fut confisqué sur le malheureux duc de Montmorency, qui périt sur l'échafaud, victime de la haine de Richelieu, le 30 octobre 1632. L'année suivante, il fut donné à la duchesse d'Angoulême, puis il passa dans la maison de Condé, qui en resta propriétaire jusqu'à la révolution. Le prince de Condé ayant émigré, Ecouen devint propriété nationale; les objets précieux, soit sous le rapport de l'art, soit sous celui de la matière, que ce château renfermait, furent dispersés dans les divers musées.

Lors des premières guerres de la Vendée, le château d'Ecouen servit un instant de dépôt pour les prisonniers principaux faits dans les provinces insurgées.

Créée par l'empire, soutenue par le triomphe des armes, la maison d'Ecouen partagea toutes les vicissitudes de Napoléon. Lorsqu'il tomba, sa fondation s'écroula avec lui.

Nos revers militaires amenèrent, à la suite de la campagne de France, l'armée de la coalition dans les plaines de Paris.

Entre Paris et cette armée, formée de cinq ou six armées, Ecouen et ses trois cents pensionnaires se trouvaient sous la sauvegarde des Prussiens, des Russes et des Cosaques qui arrivaient. Frappant l'attention par sa situation élevée au milieu de la route, dominant la campagne comme une position militaire, le château d'Ecouen allait immanquablement être fouillé et occupé par l'avant-garde de l'armée. Quelle riche revanche à prendre sur les filles de ces soldats, de ces séduisants capitaines, dont les galanteries avaient autant causé de ravages que les armes en Italie, en Allemagne, en Espagne!

Et pas de moyens de fuite! Ecouen est en plaine. Quatre lieues découvertes d'Ecouen à Paris. La chaussée est déserte, les boulets seuls la traversent. Risquer trois cents jeunes filles sur cette chaussée, pour les faire couper en deux par les boulets; et pour aller, où? Paris s'est barricadé de porte en porte. Rien ne pénètre dans Paris.

Ce fut une terrible situation, un moment de délire, une douleur dont aucune mère n'a l'idée, les mères qui ont tant de douleur, pour la pauvre et faible directrice de la maison d'Ecouen, de voir tant d'enfants se pressant autour d'elle dans une vague épouvante, et lui demandant de les sauver; enfants dont elle répondait devant la nation, devant Dieu et devant leurs mères, ce qui est plus que Dieu; enfants qu'elle avait juré de rendre à leurs mères, blanches comme leur trousseau, vertueuses comme elle les avait reçues; enfants qu'elle chérissait par les soins qu'elle leur avait prodigués, par la gloire qu'elles avaient répandue sur sa longue carrière d'honneur, et par les caresses qu'elle leur donnait le soir quand elles étaient toutes alignées dans leur lit de lin; le matin quand elles revenaient de la prière, le front blanc et pur de l'eau fraîche où elles s'étaient baignées.

Toutes pleuraient, et elle pleurait avec toutes. On alla dans la chapelle, et l'on pria. Peu savaient le danger qu'elles couraient. Elles s'agenouillèrent dans la chapelle, dont les vitraux s'ébranlaient au bruit du canon. La mystérieuse terreur des sacrifices antiques planait sur cette scène. Les chants des pensionnaires s'arrêtaient de temps en temps pour laisser entendre la canonnade continue de l'artillerie dans la campagne. Toutes ces têtes gracieuses s'abaissaient alors, les yeux se fermaient, les mains se joignaient à d'autres mains; pendant une heure entière, cette oraison, cet adieu déchirant de l'innocence, monta vers le ciel sur les ardentes colonnes de la fumée des combats.

Puis, quand Dieu fut chargé de cette immense responsabilité, trop forte pour une pauvre mère, la directrice d'Ecouen dit à toutes ses filles, dont les pères et les frères mouraient au même instant, de venir l'embrasser pour la dernière fois.

Et comme on entendait déjà le bruit des roues de fer de l'artillerie criant sur les pavés de la grande route, elle et ses élèves montèrent sur la terrasse qui domine l'horizon. L'horizon marchait; un horizon d'hommes!

Là, madame Campan fit appeler les quatre soldats et le caporal que le general Hullin lui avait envoyés pour la défendre contre cent mille hommes, les trois pompiers et les deux gardes-chasse attachés au service de la maison ; et jugeant avec raison que cette apparence de résistance, toute faible qu'elle fût, pouvait la compromettre auprès des ennemis, elle les congédia, pleine d'attendrissement pour le dernier dévoûment dont ces gens voulaient se rendre dignes. Elle fut sourde à leur protestation de mourir en défendant l'établissement. Ils furent obligés de partir. Pas un homme ne resta. Seulement elle envoya par l'un d'eux, au général russe Saken, une lettre où elle mettait sous sa protection de vainqueur, d'homme et de chrétien, l'établissement d'Ecouen et l'honneur de cinq à six cents familles. Quel sort pouvait avoir cette lettre !

Aucun devoir ne restait plus à remplir.

Alors madame Campan, après avoir fait placer toutes ses pensionnaires sur la terrasse, ordonna qu'on ouvrît toutes les portes, et alla se placer sur les marches de l'entrée, afin de mourir la première.

Jusqu'au soir de la grande bataille, les filles d'Ecouen, dont les pères étaient morts ou mouraient dans les fossés de la route, attendirent.

A la nuit, quatre soldats russes firent retentir leur talon de fer sur les marches du perron. Un frisson parcourut la maison.

Ils se présentèrent devant madame Campan.

Saken avait reçu la lettre.

L'un des soldats russes était décoré de la Légion-d'Honneur.

LE CHATEAU DE PIERREFOND.

Situé à l'extrémité orientale de la forêt de Compiègne, le château de Pierrefond fut bâti lors des premières invasions des Normands, en vue d'arrêter les déprédations de ces barbares. Bâtie et scellée aux flancs d'un rocher escarpé, cette forteresse, après avoir longtemps résisté aux invasions successives qui désolaient la

France et Paris lui-même, devint à son tour un monument d'oppression et de tyrannie. Enfermés dans ces puissantes murailles, flanquées d'énormes tours, entourées de profonds fossés, les seigneurs de Pierrefond devinrent redoutables à leurs voisins; et bientôt leur puissance, appuyée sur la force, ne connut plus de bornes. D'abord ils s'emparèrent à force ouverte de tous les domaines avoisinants, et leurs vassaux devinrent si nombreux, qu'ils purent braver la puissance royale et traiter avec elle d'égal à égal. C'étaient en rois que du xe au xII^{e} siècle parlaient et agissaient les seigneurs de Pierrefond, dont plus de vingt villes, bourgs ou villages reconnaissaient la souveraineté, laquelle s'étendait sans cesse et par tous les moyens. Un seigneur avait-il à se défendre contre un ennemi plus fort que lui, il invoquait la protection de Pierrefond qui lui était accordée, à la condition qu'il reconnaîtrait la suzeraineté de cette maison. L'ennemi qui l'avait menacé était bientôt écrasé, et ses domaines venaient grossir ceux du puissant protecteur. Il n'était pas un château, un monastère à plus de dix lieues à la ronde qui, à l'apparence du moindre danger, ne s'empressât de se placer sous la protection de ces redoutables châtelains, et qui ne fît volontairement, dans ces circontances, l'abandon de quelques parties de terres, dont les seigneurs de Pierrefond enrichissaient leurs plus vaillants hommes d'armes.

Tous les moyens étaient bons à ces seigneurs pour agrandir leurs domaines, et il suffisait que, dans une querelle, leur nom fût invoqué pour qu'ils intervinssent aussitôt et missent les parties belligérantes d'accord en s'emparant de leurs biens. Voici un exemple de leur manière de procéder dans ces circonstances, rapporté par un chroniqueur dont nous rajeunissons le style, afin d'être intelligible pour tous.

En 940, sous le règne de Louis IV, le baron de Roulnoy en Parisis, revenant de l'Allemagne, où il avait passé une année entière, trouva la baronne sa femme sur le point de devenir mère. Aux questions et aux menaces de son mari elle ne put ou ne voulut répondre que ces mots: « Qu'il soit fait selon que vous ordonnerez; mais je ne puis avouer vous avoir offensé, le fait étant faux. Il faut qu'il y ait en ceci quelque diablerie ou sorcellerie. »

Le baron jura qu'il aurait raison du diable ou du sorcier, s'il pouvoir les découvrir, et pour y parvenir, il ordonna que tous ses serviteurs ainsi que ceux de la baronne, hommes et femmes, seraient fouettés tous les jours sous les yeux de la châtelaine, jusqu'à ce que un où plusieurs d'entre eux eussent avoué la part qu'ils avaient dû nécessairement prendre à cette diablerie, ou jusqu'à ce que tous eussent expiré sous le fouet.

Des mesures furent prises immédiatement pour l'exécution de cette barbare sentence, et deux heures après, quatre des plus anciens serviteurs du baron étaient attachés nus a quatre pieux plantés à cet effet dans une des salles basses du château. Le signal du supplice allait être donné, lorsqu'un jeune écuyer qui avait probablement de puissants motifs pour prendre la défense de la baronne, s'approcha du mari offensé et dit à haute voix : « Sire de Roulnoy, je déclare ta femme innocente et te proclame traître et félon. Je soutiendrai mon dire casque en tête et lance au poing. Sur ce, que Dieu et le sire de Pierrefond me soient en aide. »

Et pendant que le baron, stupéfait, hésitait sur le parti auquel il devait s'arrêter, le jeune écuyer s'élançait sur un excellent cheval qui l'attendait dans la cour, sortait du château et s'en éloignait à toute bride. Le sire de Roulnoy redoutant l'intervention du seigneur de Pierrefond, fit surseoir à l'exécution qu'il avait ordonnée, et, après avoir enfermé sa femme dans une tour, il se dirigea lui-même vers la forteresse de son redoutable voisin ; mais ce dernier refusa de l'entendre avant qu'il se fût déclaré son vassal. Le baron indigné retourna chez lui et se prépara à la guerre ; car il ne doutait pas que son ennemi ne vînt bientôt l'attaquer. Deux jours après, en effet, le seigneur de Pierrefond paraissait sous les murs de Roulnoy, à la tête de deux mille hommes ; le château de Roulnoy fut emporté ; le baron fut pris, attaché nu à la queue de deux vigoureux chevaux auxquels on fit faire trois fois le tour du château en les chassant à coups de fouet dont le plus grand nombre tombait sur le corps du patient qui bientôt ne fut plus qu'un cadavre sanglant et méconnaissable. Pendant ce temps, le jeune écuyer délivrait de sa prison la baronne qu'il épousait dès le lendemain après avoir prêté foi et hommage au seigneur de Pierrefond dont il recevait comme fief les domaines du vaincu.

On comprend qu'avec de tels procédés ces terribles châtelains devaient étendre rapidement leur autorité ; aussi vers le milieu du XIIe siècle, cette autorité était devenue toute royale ; ce fut alors qu'ils créèrent des pairs choisis parmi leurs plus nobles vassaux, qu'ils instituèrent des églises collégiales, donnèrent des chartes aux villes et bourgs de leur dépendance, nommèrent des juges et battirent monnaie.

Mais le temps était proche où ce pouvoir usurpé devait être brisé par la main victorieuse d'un grand prince. Déjà, lors de son avénement au trône, Philippe-Auguste s'était ému de cette insolente rivalité ; mais entraîné dans de longues guerres, il remit à un autre temps le soin de rappeler dans le devoir ses grands vassaux ; la perte de l'armée française, presque entièrement détruite pendant la troisième croisade, fit encore ajourner ce projet ; mais vint plus tard la victoire de Bouvines, qui releva la puissance royale et lui permit de revendiquer tous ses droits. Philippe fait pendant cette terrible journée des prodiges de valeur : renversé à terre, foulé aux pieds des chevaux, il parvient à se dégager, ralie les plus vaillants chevaliers et redouble d'efforts; enfin l'armée ennemie est mise en déroute, et l'empereur Othon est forcé de prendre la fuite, laissant l'aigle impériale aux mains des Français. Philippe rentre à Paris aux acclamations du peuple, et son premier soin est de relever les communes dont les milices avaient rivalisé de courage avec les chevaliers. Fort de ce nouvel appui il rappelle au devoir et à la soumission les vassaux qui s'en étaient écartés, et porte ainsi les premiers coups à la féodalité. Les seigneurs de Pierrefond tentèrent vainement de résister au roi victorieux; ce dernier s'empare de leur château, en fait abattre les murailles, combler les fossés, et le donne aux religieux des environs, en leur imposant la condition de n'en pas relever les ruines.

Plus d'un siècle et demi s'était écoulé depuis cet acte de vigueur, le château de Pierrefond n'était plus qu'une modeste ferme exploitée par des religieux, lorsque, en 1390, Louis, duc d'Orléans et de Valois, fit construire, non loin des vestiges de l'ancienne forteresse, un nouveau château de Pierrefond. C'est avec une sorte d'enthousiasme que les contemporains décrivent cette magnifique demeure, et aujourd'hui même il suffit d'en visiter les ruines pour se convaincre que les éloges qu'ils en ont faits n'ont rien d'exagéré.

Ce nouveau château que Monstrolet appelle « un chatel moult bel et puissamment édifié, moult fort défensable, bien garni et rempli de toutes choses appartenantes à la guerre, » couvrait une surface de mille six cent quatre-vingts toises carrées. Ses tours, hautes de cent huit pieds, et ses solides murailles étaient scellées dans le roc vif, et les pierres des angles étaient unies les unes aux autres par des crampons de fer.

Quoique tout fût calculé pour la force, cependant l'architecte n'avait pas rejeté toute élégance de ses plans, comme le font voir les restes de la chapelle. Cette chapelle, placée sous l'invocation de saint Jacques, occupait la partie basse d'une tour centrale qui, consacrée tout entière au service de l'église, contenait dans sa partie supérieure un chapitre et une sacristie. La structure de cette chapelle était d'autant plus curieuse qu'elle retraçait exactement celle de la chapelle de l'ancien château, dite de Saint-Mesme, martyr de Paphlagonie, que les premiers seigneurs de Pierrefond avait choisi pour leur patron.

Ce second château qui, ainsi que le premier, avait été construit pour servir de forteresse, ne manqua pas à sa destination, et les guerres successives qui suivirent sa fondation ne s'écoulèrent pas sans que quelque épisode de chacune d'elles n'eût eu les murailles de Pierrefond pour théâtre. Assiégé par les Bourguignons, lorsque les sanglantes rivalités entre les ducs d'Orléans et de Bourgogne eurent commencé, le château leur fut livré par trahison (1405). Sommé de le rendre au duc d'Orléans, rentré en faveur auprès de Charles VI, le comte de Saint-Paul, qui en avait été gouverneur, et qui s'y trouvait bien, ne s'y décida qu'à la dernière extrémité. Avant d'en sortir, il prépara un incendie qui ne devait éclater que quelque temps après et comme par l'effet du hasard. Le château fut promptement enveloppé de flammes, mais sa masse était à l'épreuve de leur action. Le feu ne fit que calciner la surface des murailles sans pouvoir les pénétrer et les détruire. Rétabli de ce désastre, que les écrivains de l'époque déplorent comme une calamité publique, le château de Pierrefond, manquant de vivres, fut pris par les Anglais au commencement de la lutte que Charles VII soutint contre les étrangers; mais repris bientôt par les troupes royales, il ne cessa plus de porter la bannière française jusqu'à la fin de la guerre.

Si voisine de la capitale et si importante comme position militaire, la forteresse de Pierrefond, que Louis XII avait fair réparer, ne pouvait manquer d'être un des champs de bataille de la Ligue. Tenue au nom des ligueurs par le fils d'un maréchal-ferrant, Rieux, à qui ses exploits de soldat de fortune méritèrent l'honneur d'être nommé dans la satire Ménippée, la forteresse résista aux troupes d'Henri IV, sous les ordres du duc d'Epernon et du maréchal de Biron, et fut achetée et non enlevée de force après la mort de Rieux. Recommençant sur une moindre échelle les premiers seigneurs de Pierrefond, un capitaine de Villeneuve, qui gouvernait le château au moment de la petite guerre des mécontents, se mit à battre la campagne à la manière des anciennes compagnies franches, enlevant les coches et les convois, pillant les chaumières et rançonnant les voyageurs. Il fallut un siége en règle dirigé par un prince du sang, Charles de Valois, pour obliger le capitaine Villeneuve à se rendre. C'étaient de fâcheux antécédents pour le château de Pierrefond; aussi Louis XIII ordonna-t-il qu'il serait démantelé (1617). L'œuvre de destruction, ordinairement aisée et prompte, ne put cette fois s'accomplir que difficilement, qu'incomplètement. On ne put en abattre que quelques parties : on parvint à en dégrader d'autres; mais le fer et le feu furent impuissants pour détruire ces hautes murailles, dont les pierres, unies par un ciment indestructible, sont en outre attachées les unes aux autres par d'énormes crampons de fer. Il fallut renoncer à mutiler les principaux ouvrages taillés dans le roc; les tours formidables restèrent debout; et, aujourd'hui, le château de Pierrefond domine encore les plaines environnantes de ses ruines majestueuses.

LE CHATEAU DE CLISSON.

Les guerres de la Vendée, si désastreuses pour les peuples de la Bretagne, furent surtout fatales à la ville de Clisson. Ses habitants, dont le nombre s'élevait à trois mille, sont réduits à douze cents ; ses couvents, ses églises ont disparu, et de son château si formidable il ne reste plus que quelques débris. En sortant de la ville, on y entre par une porte à demi démolie, attenant aux murailles élevées par Olivier Ier de Clisson, et qui présentent encore un aspect imposant. Cette porte est accompagnée d'une autre plus petite. Toutes les deux avaient autrefois un pont-levis. Partout, à mesure qu'on avance, les vestiges d'une horrible dévastation se joignent à ceux de la vétusté. Dans la première cour, à gauche, sont des caveaux humides dans lesquels on peut descendre ; ces souterrains, qui ne recevaient le jour qu'à travers d'épaisses grilles, étaient les prisons du château.

De la première cour on entre dans un bastion où se trouvent deux ormes, dont la vieillesse atteste si bien la vétusté de ces ruines. Après avoir franchi dix portes, dont plusieurs sont défendues par des ponts-levis et des herses pratiquées dans des murailles de dix pieds d'épaisseur, on parvient à la dernière cour. C'est là qu'étaient les habitations de ces guerriers, qui faisaient une prison de leur demeure, et qui ne se croyaient en sûreté que lorsqu'ils étaient inaccessibles.

Le milieu de la cour était marqué par un puits, témoin des cruautés les plus atroces de nos dernières guerres civiles. Ce puits est comblé aujourd'hui... Un arbre funéraire planté dans son enceinte proclame l'oubli pour le meurtrier, la pitié pour la victime.

Ici, mille sensations confuses vous assiègent. On considère ces fortifications assises sur le granit, pour rivaliser de durée avec lui. Des chambres ont été pratiquées dans leur intérieur, et on dirait une habitation destinée à des géants. Si quelque chose peut donner une idée de ces constructions colossales, c'est le foyer de la cuisine, partagé en deux cheminées, d'une longueur de dix-huit pieds sur neuf de profondeur.

Aujourd'hui, le soleil pénètre dans ces murs qui ne recevaient le jour que par d'étroites ouvertures ; le vent siffle dans ces salles désertes, où retentissait le bruit des armes ; le lierre rampe sur ces créneaux brisés, où flottaient les nobles bannières. Ces tours, qui

Château de Clisson, p. 48.

avaient résisté tant de fois aux attaques de l'homme, n'ont pu soutenir les assauts du temps. Vers le milieu du XVIIe sicle, la moitié du donjon s'est écroulée.

Les fenêtres partagées par une croix de pierre, la forme des créneaux, des machicoulis, le plan même de l'édifice, tout annonce cette architecture moresque née dans des climats plus doux, et qui parait comme étrangère sous notre ciel humide.

Cette forteresse, en effet, fut construite par Oliver Ier de Clisson, à son retour des croisades; mais, bâtie sur un rocher, en face du confluent de deux rivières, sa position était trop avantageuse pour qu'on puisse supposer que quelque édifice ne s'était pas déjà élevé sur l'emplacement qu'elle occupe. Elle remplaça, dit-on, un ancien castel, qui lui-même avait succédé à des fortifications romaines détruites par les Normands.

C'est à ce monument que se rattachent les souvenirs les plus illustres des annales bretonnes. C'est là que naquit Olivier de Clisson, cet ennemi irréconciliable des Anglais, ce rival de Montfort, ce frère d'armes de Duguesclin, qu'il fut jugé digne de remplacer.

Olivier Clisson n'était âgé que de douze ans, lorsque son père eut la tête tranchée à Paris, par ordre de Philippe de Valois. Elevé en Angleterre, il revint dans sa patrie dès qu'il put porter les armes, et prit part aux querelles des comtes de Montfort et de Blois. La bataille d'Aurai termina le débat à l'avantage du premier (1364). Clisson, qui avait contribué à la victoire, ne fut pas content de la manière dont on paya ses services. Charles V l'appela à sa cour, le combla de bienfaits. Devenu le frère d'armes de Duguesclin, il l'aida puissamment à débarrasser le royaume du fléau des *grandes compagnies* (1370). Au lit de mort, Charles V désigna Clisson comme seul capable de porter l'épée de connétable pendant la minorité de Charles VI (1380). C'est lui qui commandait l'avant-garde de l'armée française à la bataille de Rosbecq, si fatale aux Flamands (1382). La nuit du 13 au 14 juin 1593, il fut attaqué dans la rue Culture-Sainte-Catherine, et laissé pour mort par une vingtaine d'assassins, ayant à leur tête Pierre de Craon, qui voulait se venger du connétable. Le caractère inflexible de Clisson le perdit à l'époque où la démence de Charles VI plaça ce monarque sous la tutelle de ses oncles. Accusé de maléfices et condamné à une amende de cent mille marcs d'argent, il se retira dans son château de Josselin en Bretagne, où il mourut. La cupidité, l'avarice ternirent les grandes qualités de Clisson : son héritage s'élevait à un million sept cent mille francs, somme prodigieuse quand on calcule la valeur de l'argent au XVe siècle. C'est en vain que Saint-Foix a essayé de réhabiliter sa mémoire : la voix des contemporains l'accuse avec trop de force pour qu'il soit possible de croire que la source de sa fortune ait été entièrement pure.

Lorsque les guerres de la Ligue commencèrent à désoler la France, Henri de Bourbon, roi de Navarre, assiégea ce château en 1588. Ne pouvant le prendre, il se rejeta sur Beauvais, dont il s'empara. A la mort de Henri III, le duc de Mercœur, qui était le chef de la Ligue en Bretagne, et qui prétendait se rendre maître du duché, sur lequel il faisait valoir les droits de la maison de Blois, dont il avait épousé l'héritière, ne voulut plus reconnaître le successeur de ce prince. Les états de Bretagne se déclarèrent du parti contraire, et la plupart des places fortes de Bretagne furent fermées au prince rebelle. Il assiégea vainement le château de Clisson.

Depuis cette guerre, cet édifice était resté dans un abandon total. Déjà ses vieilles murailles, délaissées pendant deux siècles, commençaient à tomber en ruines, lorsque la guerre de la Vendée a achévé de le rendre inhabitable. A cette époque, il servit de place d'armes à l'armée de Mayenne.

Les ruines du château de Clisson appartiennent maintenant à un amateur d'antiquités qui les garde pour l'amour de l'art. Malheusement la vie de l'homme est courte, et les spéculateurs sans entrailles sont nombreux.

LE CHATEAU DE VAUX-LE-PRASLIN.

Ce château, commencé en 1653, fut d'abord appelé Vaux-le-Vicomte. La construction de ce superbe domaine fut confiée aux mains les plus habiles. Nommer Levau, Lenôtre, Lebrun, c'est nommer des maîtres. Le premier suivit l'architecture, le second forma le plan des jardins, et le troisième conduisit la peinture.

Ce château devait renfermer bien des beautés de toute espèce, si l'on fait attention au prix que l'œuvre coûta. Il existe encore :

1° L'avant-cour se présente décorée de portiques et fermée, du côté de l'avenue, par une grille de cariatides, en même temps que de larges fossés d'eau vive et bordés d'une balustrade de pierre entourent ce château au point où nous le considérons ;

2° La cour est ornée de deux bassins enrichis de groupes.

3° Un immense vestibule communique à un grand salon ovale dont l'architecture se compose d'arcades et de pilastres.

4° Quatre statues de marbre, modelées sur le style, remplissent quatre de ces arcades.

5° Des figures en stuc et des peintures magnifiques rehaussent la beauté des appartements.

6° La frise est ornée d'arabesques.

7° Du côté des jardins, la façade du château offre deux pavillons ornés de pilastres d'ordre ionique : deux petits avant-corps, qui les accompagnent sont surmontés d'une balustrade régnant pareillement sur le dôme qui est déterminé par une campanille.

8° Quatre colonnes relèvent le milieu de la façade.

9° Au-dessus de cette façade, sont aussi quatre pilastres avec un fronton.

10° Sur l'entablement s'élèvent quatre figures de pierres.

11° Des chiffres, des armes supportées par des lions, et des génies tenant des couronnes, surmontent le bandeau des croisées du rez-de-chaussée. On aperçoit dans le fronton les armes des anciens maîtres du château.

12° De magnifiques bassins, une belle pièce d'eau, une chute d'eau, un canal de 500 toises de longueur, occupant toute la largeur d'un parc de 600 arpents, de nombreux piédestaux, jetant chacun de l'eau dans une coquille, tels sont les principaux décors de cette belle et immense propriété qui, après les Fouquet, passa au maréchal de Villars. Celui-ci lui donna son nom. De la maison de Villars il alla à celle du duc de Praslin, ministre d'État. A l'époque de la puissance de ce dernier, le domaine en question fut érigé en duché-pairie, et prit le nom de Vaux-le-Praslin, qu'il n'a plus quitté.

Cette terre appartient encore à la famille Praslin.

Ce séjour si somptueux, si riche, n'est plus ce qu'il était jadis. Il faudrait d'immenses et dispendieuses réparations pour lui rendre son antique et radieuse splendeur.

Les jardins, témoins de tant de fêtes féeriques, sont maintenant déserts et presque méconnaissables. Le palais tombe en ruine.

On n'y voit plus une foule d'avides courtisans, des essaims de visiteurs s'empresser pour adorer la fortune de l'opulent financier, du si fameux Fouquet, dont il est indispensable de retracer en peu de mots la catastrophe.

Le lendemain de la mort de Mazarin, Louis XIV ayant déclaré que désormais il régnerait par lui-même, tint conseil tous les jours, et travaillait ensuite secrètement avec Colbert. Ce travail secret fut l'origine de la catastrophe de Fouquet. La chute de ce ministre, à qui on avait bien moins de reproches à faire qu'au cardinal Mazarin, fit voir qu'il n'appartient pas à tout le monde de faire les mêmes fautes. Sa perte était déjà résolue, quand le roi accepta la fête magnifique que ce ministre lui donna dans sa maison de Vaux.

Ce palais et les jardins lui avaient coûté dix-huit millions. Il avait bâti le palais deux fois et acheté trois hameaux, dont le terrain fut enfermé dans ces jardins immenses, regardés alors comme les plus beaux de l'Europe. Les eaux jaillissantes de Vaux, qui parurent depuis au-dessous du médiocre apres celles de Versailles, de Marly et de Saint-Cloud, étaient alors des prodiges. Mais quelque belle que soit cette maison, cette dépense de dix-huit millions prouve qu'il avait été servi avec aussi peu d'économie qu'il servait le roi.

Il est vrai qu'il s'en fallait beaucoup que Saint-Germain et Fontainebleau, les seules maisons de plaisance habitées par le roi, approchassent de la beauté de Vaux. Louis XIV le sentit et en fut irrité. On voit partout dans cette maison les armes et la devise de Fouquet. C'est un écureuil, avec ces paroles : *Quò non ascendam ? — Où ne monterai-je pas ?*

Le roi se la fit expliquer. L'ambition de cette devise ne servit pas à apaiser le monarque. Les courtisans remarquèrent que l'écureuil était partout poursuivi par une couleuvre, qui était les armes de Colbert.

La fête fut au-dessus de celles que le cardinal Mazarin avait données, non-seulement pour la magnificence, mais pour le goût. Ce qui augmentait le ressentiment du roi, c'est que mademoiselle de La Vallière, pour qui le prince commençait à sentir une vraie passion, avait été un des objets des goûts passagers du surintendant, qui ne ménageait rien pour les satisfaire. Il avait offert à mademoiselle de La Vallière deux cents mille livres ; et cette offre avait été reçue avec indignation, avant qu'elle eut aucun dessein sur le cœur du roi.

Le surintendant, s'étant aperçu depuis quel puissant rival il avait, voulut être le confident de celle dont il n'avait pu être le possesseur; et cela même irritait encore le roi qui, dans un premier mouvement d'indignation, avait été tenté de faire arrêter le surintendant, au milieu même de la fête qu'il en recevait ; il usa ensuite d'une dissimulation peu nécessaire. On eût dit que le monarque, déjà tout puissant, eût craint le parti que Fouquet s'était fait.

Le projet de Louis XIV état de livrer Fouquet à une commission. Il fallait donc auparavant l'engager à se démettre de la charge de procureur-général, qui lui donnait le droit d'être juge par le parlement. On lui dit que cette charge était incompatible avec le titre de premier ministre, et il se hâta de s'en défaire moyennant douze cent mille livres, qu'il fit porter à l'épargne. Tout étant préparé, le roi se rendit à Nantes : Fouquet le suivit, quoique malade de la fièvre. Colbert et lui voyageaient sur la Loire dans deux bateaux différents, et les courtisans disaient, en les voyant voyager : « *L'un coulera l'autre à fond.* »

Saint-Simon, dans ses mémoires, appelle le chancelier Letellier et Colbert les deux artisans de la ruine du surintendant. On blâmait, devant Turenne, l'emportement de Colbert contre Fouquet et la modération de Letellier. « Effectivement, dit Tu-« renne, je crois que M. Colbert a plus d'envie qu'il soit pendu, « et que M. Letellier a plus de peur qu'il ne le soit pas. »

Fouquet avait reçu divers avertissements, mais il refusa d'y croire. Le lendemain de son arrivée, il se rendit au conseil, et eut avec le roi deux heures d'entretien. En retournant chez lui, il fut arrêté par d'Artagnan, capitaine des mousquetaires, qui le conduisit au château d'Angers, d'où il fut transféré à Amboise, à Vincennes, à Moret, puis à la Bastille.

Fouquet soutint sa disgrâce avec courage et dignité. Une commission, composée d'hommes choisis dans les parlements du royaume, fut chargée de prononeer sur son sort. On trouva dans ses papiers un chiffon écrit plus de douze ans auparavant, et pendant les troubles de la Fronde. C'était une espèce de mémoire ou d'instruction pour indiquer à sa femme la conduite qu'elle avait à tenir, un plan vague de résistance et de fuite dans les pays étrangers. Ce chiffon servit de base à l'accusation de crime d'État. Dans un des interrogatoires, Letellier, insistant sur ce point, et disant a Fouquet qu'il ne pouvait en disconvenir : « Un crime « d'État, reprit Fouquet, c'est quand on est dans une charge « principale, qu'on a le secret du prince, et que tout d'un coup « on se met du côté de ses ennemis ; qu'on engage sa famille dans « les mêmes intérêts ; qu'on fait ouvrir les portes des villes, dont « on est gouverneur, à l'armée des ennemis, et qu'on les ferme à « son véritable maître ; qu on porte dans le parti contraire tous « les secrets de l'État : voilà, Monsieur, ce qui s'appelle un crime « d'État. » Cette réponse avait le mérite de rappeler l'histoire complète du chancelier.

Les partisans de Fouquet luttèrent de zèle et ses adversaires d'acharnement pendant ce long procès, dont l'instruction dura trois années.

Son véritable crime, c'était d'avoir pillé le trésor public dans un temps où personne ne s'en faisait scrupule. On le condamna, pour un délit imaginaire, en un bannissement perpétuel et à la confiscation de ses biens. De vingt-deux juges qui opinèrent, neuf seulement osèrent se prononcer pour la mort.

Le roi commua l'arrêt de bannissement en une prison perpétuelle. Fouquet partit pour la citadelle de Pignerol, sous une forte escorte, et fut traité dans la route avec une grande sévérité. D'abord il chercha, par l'aveu de ses torts, par l'expression de son repentir, à fléchir le roi; mais, voyant que ses prières étaient inutiles, il se résigna et ne demanda plus de secours qu'à la religion. Il mourut le 23 mars 1680, à l'âge de soixante-cinq ans, après en avoir passé dix-neuf dans la captivité.

D'illustres amitiés avaient entouré Fouquet dans sa fortune: Boileau dit:

Jamais surintendant n'a trouvé de cruelles.

Par la même raison, jamais il n'a manqué d'amis. L'exemple de Pélisson nous montre à quel prix bon nombre de ces amitiés s'étaient formées. (*Mort de Pélisson.*) Mais quel que soit le principe d'un dévouement, il est toujours honorable, quand il survit à la cause qui l'a fait naître. Pélisson, Gourville, mademoiselle de Scudéry, Saint-Évremont, restèrent fidèles au ministre disgracié. Madame de Sévigné a laissé dans ses lettres un vif souvenir de l'attachement qu'elle lui portait. La Fontaine déposa ses regrets dans une touchante élégie. Le poète Hénault lança un sonnet contre Colbert, et le gazetier Loret perdit sa pension pour avoir fait l'éloge de Fouquet dans son *Mercure burlesque*. Les mémoires composés par Pélisson ont été regardés comme des modèles d'éloquence.

D'après un témoignage qui a subi des contradictions, Fouquet aurait passé en liberté les derniers moments de sa vie.

LE CHATEAU DE MAINTENON.

Le château de Maintenon n'a pas conservé la date où fut bâti le corps principal, la partie la plus ancienne de l'édifice qui a été augmentée de plusieurs constructions successives. Les différences de style de son architecture l'indiquent assez. Nonobstant les divers changements que le château a subis, il n'a pas perdu son vrai caractère. Il est constant que primitivement il était de forme carrée, comme tous les manoirs compactes, bâtis à l'époque gothique et calculés pour la défense. Quand on aborde ce château on remarque une ceinture de fossés qui protègent son approche. Puissamment flanqué aux quatre coins de quatre tours armées de créneaux, il était au sud enveloppé dans une forte et large muraille qui allait d'une tour à l'autre et qui a été démolie pour rendre l'habitation plus agréable.

Toute l'aile gauche de l'entrée de la première cour est une œuvre commandée par Louis XIV. On voit encore l'appartement de madame de Maintenon, dans l'aile de l'ouest qui est à droite en entrant dans la deuxième cour.

La seigneurie de Maintenon avait été érigée, en 1594, en ba ronnie, et, en 1641, en marquisat. Louis XIV l'éleva au marquisat-pairie, en 1688.

A l'époque où madame de Maintenon maria mademoiselle d'Aubigné, sa nièce, au duc d'Agen, fils du maréchal de Noailles, l'épouse secrète de Louis XIV lui fit donner cette terre embellie par ses soins, et qui lui appartenait depuis 1674. Depuis ce moment, la maison de Noailles n'en a pas été dessaisie. Cette famille agrandit même ce domaine par la réunion du comté de Nogent et du duché d'Epernon, sans compter plusieurs seigneuries des environs.

Un château qui a possédé un personnage comme madame de Maintenon, est un château illustre, et ce n'est pas sans intérêt que l'on visite une demeure, propriété d'une femme qui appartint à Louis XIV.

Là, on peut retrouver l'appartement de ce roi, sa chambre, son cabinet. Là, on vous dira l'endroit où Racine méditait *Esther* et *Athalie*; l'allée du jardin que le poète préférait pour se promener en composant ses beaux vers.

Quelques mots maintenant vont faire connaître madame de Maintenon. Sa vie, comme eût dit Bossuet, réunit toutes les extrémités que peut subir une destinée.

Françoise d'Aubigné, marquise de Maintenon, petit-fille de Théodore-Agrippa d'Aubigné, ami de Henri IV et chaud partisan de la réforme, naquit en 1635 dans la prison de Niort, où ses parents étaient renfermés comme protestants. Elle resta de bonne heure orpheline. Madame de Maintenon, après avoir été tour à tour catholique et protestante, s'attacha définitivement au catholicisme et se fit remarquer par une grande dévotion. Elle vécut dans un état voisin de la misère jusqu'en 1659, époque où le poète Scaron, touché de ses infortunes, l'épousa quoique vieux et infirme, et uniquement pour lui servir de protecteur. Sa maison fut dès lors le rendez-vous de tout ce qu'il y avait de plus spirituel à Paris. Devenue veuve dès 1660, elle allait retomber dans la misère, quand elle obtint, comme veuve de Scaron, une pension de 2,000 francs. Chargée, en 1669, par Louis XIV, d'élever secrètement les enfants nés de son commerce avec madame de Montespan, elle s'acquitta si bien de ce soin qu'elle acquit de jour en jour plus de crédit auprès du roi. Elle le charmait surtout par l'agrément et la solidité de sa conversation. Elle finit par faire oublier madame de Montespan. Le roi lui donna, en 1674, la terre de Maintenon, qu'il érigea pour elle en marquisat, comme nous l'avons dit.

Après la mort de la reine, Louis XIV s'unit avec elle, assure-t-on, en mariage secret, mariage qu'on rapporte à l'année 1684. Madame de Maintenon fonda, en 1685, à Saint-Cyr, une maison religieuse pour l'éducation des jeunes filles nobles et pauvres. Racine, à sa prière, composa, pour l'établissement, *Esther* et *Athalie*. En 1715, époque de la mort du grand roi, madame de Maintenon se retira à Saint-Cyr où elle resta, jusqu'à sa mort, livrée aux exercices d'une piété rigide.

Madame de Maintenon eut pendant longtemps une grande part aux affaires.

On lui reproche d'avoir conseillé de mauvais choix, par exemple d'avoir introduit, dans la direction du gouvernement, des hommes comme les Chamillard et les Villeroi, d'avoir fait régner la bigoterie à la cour, et surtout d'avoir contribué à la révocation de l'édit de Nantes.

C'était au reste, ce que nous appelons un bas-bleu, une femme de lettres. Nous avons d'elle un recueil de lettres.

Voici au surplus quelques traits qui la caractériseront.

Ainsi s'exprime un auteur sur elle :

Ce qu'il y a de constant, c'est qu'elle se joignit à Bossuet et à Montausier pour détacher le roi de celle dont elle finit par prendre la place. « Il vient un temps, lui dit-elle, où de longs regrets succèdent à de courtes passions : jetez les yeux sur les Carmélites, et voyez comme on s'en punit ! » Cette courageuse éloquence ne déplut pas à Louis XIV, qui multiplia les occasions de l'entendre. Madame de Maintenon crut avoir mission d'en haut pour « travailler au salut du roi : » ce sont ses termes. Malheureusement, l'orgueil de la terre ne demeura pas étranger à son œuvre ; mais toute la cour reconnut à des signes certains les progrès de sa faveur. Madame de Montespan était revenue : les querelles avaient recommencé ; mais madame de Maintenon ne craignait plus d'en appeler au monarque. Des intrigues indignes de l'histoire occupèrent plusieurs années : un mot de madame de

Château de Maintenon.

Montespan fera connaître l'état de la cour. De concert avec Louvois, Marsillac et madame de Richelieu, cette femme altière, oubliant ce qu'elle était elle-même, avait accusé madame de Maintenon, auprès de la reine, de chercher à devenir la maîtresse du roi. «Il y en aurait donc trois? dit un jour madame de Maintenon. Oui, répondit madame de Montespan, moi de nom; cette fille (mademoiselle de Fontanges) de fait, et vous de cœur.»

«La reine publiait hautement qu'elle n'avait jamais été si bien traitée que depuis que madame de Maintenon était l'*amie* du roi. Ce fut dans les bras de cette amie qu'elle mourut, le 30 juillet 1683. Ici se place une période incertaine et obscure, pendant laquelle madame de Maintenon franchit le dernier obstacle qui s'opposât à son élévation. Louis XIV lui avait déclaré sa tendresse: «A quarante-cinq ans, écrivait-elle, il n'est plus temps de plaire; mais la vertu est de tout âge... Il n'y a que Dieu qui sache la vérité... Il me donne les plus belles espérances... Je le renvoie toujours affligé et jamais désespéré.» Permis au lecteur de ne voir, à travers ce style mystique, que le manége d'une coterie dévote et ambitieuse, qui avait son but, et qui l'atteignit. Enfin, madame de Maintenon réunit, en sa seule personne, l'héritage de madame de Montespan et celui de Marie-Thérèse. La date précise du jour où le petit-fils de Henri IV s'allia secrètement à la veuve de Scarron n'est pas connue: les historiens varient même sur l'année, qui cependant paraît avoir été l'année 1685: ce mariage resta au nombre des faits dont on ne peut douter, quoiqu'il soit impossible d'en rapporter les preuves.

Devenue l'épouse de Louis XIV, madame de Maintenon partagea le dépôt des secrets de l'Etat; sa voix influa sur les conseils. Le Roi travaillait chez elle avec ses ministres, et lui demandait son avis en ces termes: «Qu'en pense votre solidité?» Ou bien il disait au ministre avec lequel il n'était pas d'accord: «Consultons la raison.» La solidité, la raison eurent souvent tort: l'histoire le prouve. De déplorables souvenirs s'attachent à cette association d'une femme au pouvoir d'un roi vieillissant. Le ministère de Chamillard, et en général l'irruption des médiocrités dans tous les emplois de la cour et de l'armée, la révocation de l'édit de Nantes surtout, voilà les chefs d'accusation qu'on peut combattre, mais non réfuter victorieusement. Pour n'être pas trop sévère à l'égard de madame de Maintenon, disons qu'elle ne fit pas à Louis XIV et à la France plus de mal que les jésuites à eux seuls n'en auraient pu faire: mais elle commit la faute de leur abandonner le monarque: «Elle n'osa pas même, dit Voltaire, soutenir le cardinal de Noailles contre le père Letellier.» L'établissement de Saint-Cyr, qu'elle fonda en 1685, est le seul titre glorieux pour sa mémoire. «Rien ne m'est plus cher, disait-elle, que mes enfants de Saint-Cyr ; j'en aime tout, jusqu'à la poussière. Je m'offre avec tous mes gens pour les servir; et je n'aurais nulle peine à être leur servante, pourvu que mes soins leur apprennent à s'en passer. »

Rien de plus célèbre que le profond ennui de madame de Maintenon parvenue au faîte des grandeurs humaines : elle-même l'a retracé vivement dans plusieurs mots et dans plusieurs lettres : « Je n'en puis plus ; je voudrais être morte, disait-elle à son frère, qui lui répondait : Vous avez donc parole d'épouser Dieu le père? » « Quel supplice, disait-elle encore, d'avoir à amuser un homme qui n'est plus amusable ! » Avant de mourir, le roi lui fit ainsi ses adieux : « Je ne regrette que vous ; je ne vous ai pas rendue » heureuse ; mais tous les sentiments d'estime et d'amitié que vous » méritez, je les ai toujours eus pour vous. L'unique chose qui » me fâche, c'est de vous quitter ; mais j'espère vous revoir bientôt » dans l'éternité. »

Madame de Maintenon survécut un peu moins de quatre ans à Louis XIV. Retirée à Saint-Cyr, elle fit vendre ses chevaux ; elle renvoya ses domestiques, ne gardant que deux femmes pour la servir. Le régent lui continua la pension de quarante-huit mille livres que le feu roi lui faisait sur sa cassette et qui devint le patrimoine des pauvres. Les visites de la mère du régent et de la reine d'Angleterre, celle du czar Pierre l'honorèrent dans son veuvage.

Les lettres que madame de Maintenon a laissées présentent, suivant Voltaire, un caractère de naturel et de vérité qu'il est impossible de contrefaire. Il y a, dans ce recueil, plus de raisonnements que de faits ; plus de sentences que d'anecdotes : c'est cependant un monument historique d'une incontestable valeur. Dans quelques autres écrits, madame de Maintenon a dévoilé elle-même le principe agissant de toute sa conduite. « Il n'est rien, » disait-elle, que je n'eusse été capable de faire pour acquérir le » nom de femme forte. » Et ailleurs elle ajoutait : « Je ne voulais » pas être aimée en particulier de qui que ce fût ; je voulais l'être » de tout le monde, faire prononcer mon nom avec admiration et » avec respect, jouer un beau personnage, et être approuvée par » les gens de bien : c'était là mon idole. J'en suis peut-être punie » présentement par l'excès de ma faveur, comme si Dieu m'eût » dit dans sa colère : Tu veux de la gloire et des louanges ; eh bien, » tu en auras jusqu'à en être rassasiée. »

Cette analyse ingénieuse et forte complète à la fois son portrait et son histoire.

LE CHATEAU DE PAU.

Le château des d'Albret, dont l'origine va se perdre dans l'indécision des chroniques, fait aujourd'hui l'orgueil et l'ornement de la ville. Resté debout sur ses glacis, il se montre presque intact dans sa belle vétusté. Sa tour principale, carrée, spacieuse, s'élève à côté des ruines de l'ancienne porte d'honneur dans l'angle de la partie du bâtiment, qui conserve avec ses talus, ses meurtrières, ses galeries crénelées et ses poternes, toute sa physionomie primitive de château-fort; une seconde tour sans créneaux, sans nulle ouverture apparente, se montre tristement à l'angle opposé; ses voûtes étaient autrefois les complices discrètes des exécutions de haute justice féodale. Henri d'Albret et Antoine de Bourbon, en réédifiant les autres pavillons, en abâtardirent le caractère, et l'on n'y reconnaît plus que la résidence d'un duc et pair du XVIe siècle. Mais sur les façades de la cour intérieure, des ornements pleins de fraîcheur, des croisées élégantes et richement ciselées, et de nombreux médaillons dus à Marguerite de Navarre, témoignent de son bon goût en même temps que les quelques ogives, les figures bizarres et les mille caprices expressifs que le genre gothique est venu répandre jusque dans cette enceinte, font ressouvenir que c'était encore l'époque la plus brillante de ce système d'architecture. La pensée artiste de la reine de Navarre a également présidé aux heureux embellissements du grand escalier qui conduit par la salle d'armes dans la chambre où naquit le bon Henri.

Le vieil et naïf historien du Béarnais, Hardouin de Péréfixe, exprime le regret de ne pouvoir dire positivement en quel lieu fut conçu le fils d'Antoine de Bourbon et de Jeanne d'Albret; en revanche, il affirme que la première fois que la mère s'apercut de sa grossesse et sentit remuer son enfant, ce fut au camp de Picardie, où elle se trouvait avec son mari, gouverneur de cette province. « Certes, ajoute-t-il, il était bien juste que celui dont » la Providence divine avait destiné de faire un prince extra- » ordinaire marquât les premiers mouvements de sa vie dans un » camp, au bruit des trompettes et du canon, comme un vrai » enfant de Mars. »

Henri d'Albret, père de Jeanne, vivait encore, et dès qu'il connut l'état de sa fille, il la rappela près lui. « Avant cela, dit » encore Péréfixe, le roi Henri d'Albret avait fait son testament,

» que la princesse sa fille avait grande envie de voir, parce qu'on » lui avait rapporté qu'il était fait, à son désavantage, en faveur » d'une dame que le bonhomme avait aimée. Elle n'osait lui en » parler; mais, étant averti de son désir, il lui promit qu'il le lui » mettrait entre les mains, lorsqu'elle lui aurait montré ce qu'elle » portait dans ses flancs, mais à condition que dans l'enfantement » elle lui chanterait une chanson, « afin, lui dit-il, que tu ne me » fasses pas un enfant pleureur et rechigné. » La princesse lui pro- » mit, et eut tant de courage, que, malgré les grandes douleurs » qu'elle souffrait, elle lui tint parole, et en chanta une en son lan- » gage béarnais, aussitôt qu'elle l'entendit entrer dans sa chambre. » L'on remarqua que l'enfant, contre l'ordre commun de la nature, » vint au monde sans pleurer ni crier : aussi, certes, ne fallait-il » pas qu'un prince, qui devait être la joie de toute la France, na- » quit parmi des cris et des gémissements. Sitôt qu'il fut né, le grand- » père l'emporta dans le pan de sa robe en sa chambre, et donna » son testament, qui était dans une boîte d'or, à sa fille, en lui » disant : « Ma fille, voilà qui est à vous, et ceci est à moi. » Quand » il tint l'enfant, il frotta ses petites lèvres d'une gousse d'ail, et » lui fit sucer une goutte de vin dans sa coupe d'or, afin de lui » rendre le tempérament plus mâle et plus vigoureux. La nature avait pourvu de reste à ce que la recette produisît de l'effet : la recette n'en demeura pas moins célèbre, et dernièrement, quand la famille dégénérée de notre Henri crut nécessaire de se préparer pour soutien un grand homme, nous la vîmes recourir à l'usage de la gousse d'ail et du vin de Jurançon.

CHATEAU DE CRÉQUI.

Les monuments des vieux âges s'écroulent, tombent en ruines. Ce sont des cadavres étendus sur le sol, qui se décomposent. Chaque année il se détache une pierre des donjons des châteaux qui ont échappé à la tourmente révolutionnaire. Le territoire de France était couvert pendant toute la période du moyen-âge de vieux manoirs féodaux. Ils semblaient, avec leur pose solennelle, avec leurs ailes robustes, avec leurs murs larges, cimentés vigoureusement, élevés par l'architecture gothique aux formes massives, affronter les dents incisives du temps. Le temps qui ronge, dévore les blocs de pierre, efface de la surface de la terre ces compactes châteaux, il emporte dans ses ravages ce qui paraissait durer éternellement. L'historien n'a plus qu'un instant pour constater à la hâte l'existence des fragments qui restent non debout mais penchés comme un arbre déraciné par l'ouragan. C'est faire acte de patriotisme que de recueillir les débris des siècles passés.

Non loin de Montreuil en Artois, on distingue les ruines du château de Créqui, antique résidence des seigneurs de ce nom. Elles consistent en quatre tours délabrées et en quelques pans de murailles qui bientôt vont disparaître et laisseront la place du château vide, comme si la demeure seigneuriale n'eût jamais existé.

L'ancienne maison de Créqui remonte au IXe siècle et s'est divisée en un grand nombre de branches qui ont fourni une foule de personnages distingués, de vaillants guerriers.

Sur le sommet des tours du manoir de Créqui, le sire châtelain hissait son glorieux gonfalon, illustre dès le XIIe siècle, et sur lequel était gravé en grossiers caractères, le cri de guerre de sa famille : A CRÉQUI. CRÉQUI LE GRAND BARON NUL NE SI FROTTE.

Et c'était la vérité. Qui allait se frotter près de ces preux était bien sûr de ne pas revenir intact. Tous les sires de Créqui, en effet, bardés de fer, frappaient d'estoc et de taille ; nul ennemi n'ignorait leur ardeur et les belles prouesses héréditaires de cette vieille race digne du trône. Aussi furent-ils appelés à toute institution chevaleresque ; aussi s'avancèrent-ils les premiers sur les champs de bataille.

La branche aînée, dite des sires de Créqui, se fondit, en 1543, avec la maison de Blanchefort, d'où sont sortis les ducs de Créqui et les princes de Poix. Parmi les membres les plus illustres de cette famille, nous citerons Jacques et Charles de Créqui.

Jacques de Créqui est connu sous le nom de maréchal de Guyonne. Il commanda l'armée de Philippe-le-Bon, duc de Bourgogne, contre les Liégeois révoltés. Cinq ans après, et en 1413, il fut nommé lieutenant-général en Guyenne. Il s'opposa d'abord aux efforts des Anglais ; mais il fut fait prisonnier à Bordeaux. S'étant échappé des mains de l'ennemi, il assista à la bataille d'Azincourt, en 1415, où il fut pris de nouveau et mis à mort.

Charles de Créqui, prince de Poix, gouverneur du Dauphiné, pair et maréchal de France, défit les troupes d'Espagne au combat du Tésin, en 1636, et fut tué au siége de Brême, en 1638.

Un de ses fils, François de Bonne de Créqui, duc de Lesdiguières, fut aussi maréchal de France. Il servit avec gloire sous Louis XIV dans les campagnes de Flandre, d'Alsace et de Lorraine, de 1667 à 1678, et prit Luxembourg en 1684. Il mourut, dit Voltaire, avec la réputation d'un homme qui devait remplacer le maréchal de Turenne. Le duc de Saint-Simon place Créqui au nombre des familiers de Louis XIV, et trace son portrait en peu de mots : « Homme dont la vie était toute occupée de bonne chère, de plaisirs et du plus gros jeu. » Son fils fut le dernier seigneur de ce nom. Il ne laissa pas de postérité. Toute sa vie s'écoula dans le manoir de Créqui, au milieu d'une société brillante qui animait cette vieille demeure féodale, aujourd'hui si triste et si délaissée.

Madame de Sévigné était enthousiaste de ce seigneur ; elle admirait ses grâces, son esprit et sa bonne mine. Lorsqu'il paraissait à Versailles, toutes les dames de la cour se l'arrachaient, tant le beau chevalier avait d'aimables manières. Il fut prôné à ce point, que duchesses et marquises savaient par cœur le couplet qui suit, dont nous devons le souvenir à madame de Sévigné :

Si j'avais la vivacité
Qui fait briller Coulanges,
Si j'avais aussi la beauté
Qui fit régner Fontanges,
Ou si j'étais comme Conti,
Des grâces le modèle,
Tout cela serait pour Créqui,
Dut-il m'être infidèle.

LE CHATEAU D'HARCOURT.

Le temps et les révolutions successives ont fait subir des changements à ce vieux manoir, attenant à la ville de Lillebonne, et dont la fondation est due aux Normands, attirés par la beauté de la situation de cette antique cité de la Normandie. Le style de chaque époque s'est emparé de lui tour à tour, et a rendu son origine presque méconnaissable.

Son enceinte vide ne présente plus qu'une cour immense dans laquelle on pénètre par une ouverture coupée en forme de guichet. Une nappe de verdure foncée qui couvre ces débris, leur prête un aspect solennel et imposant. A gauche de la porte d'entrée s'élève la tour de Guillaume, que l'on appelle aussi tour de Lillebonne. Elle est séparée du corps d'habitation par un pont-levis de trente-trois pieds, jeté sur un fossé très profond. Son diamètre, de cinquante-deux pieds, est partagé de la manière la plus égale entre le plein et le vide ; les murs ont treize pieds d'épaisseur. Les fenêtres à pointes aiguës, les arêtes des voûtes, chargées de culs-de-lampes élégants, révèlent déjà cet âge de perfectionnement, ou si l'on veut d'ingénieuse imitation, dans lequel l'originalité des conceptions romantiques de l'architecture intermédiaire commençait à reconnaître et à subir l'influence d'une architecture plus classique. On parvient à son sommet, avec un peu de difficulté, parmi des décombres que le temps accumule tous les jours ; et de ce point élevé la vue jouit d'une des perspectives les plus délicieuses de la Normandie ; mais ce château est surtout célèbre par ses anciens et intéressants souvenirs. Son histoire se trouve en quelque sorte liée à celle de Guillaume-le-Conquérant. Ce fut dans le château de Lillebonne qu'il fit tous ses préparatifs pour entreprendre la conquête de l'Angleterre.

A la mort d'Edouard-le-Chaste, roi d'Angleterre, deux compétiteurs se disputèrent son héritage. C'étaient Guillaume-le-Bâtard, duc de Normandie, et Harold, fils d'un bouvier saxon, qui, par d'éminents services rendus à la chose publique, était devenu un des personnages les plus considérables du royaume. Guillaume appuyait ses prétentions sur sa parenté avec Edouard ; sur une institution d'héritier, qu'il disait en avoir reçue, mais dont il n'apportait aucune autre preuve que sa déclaration ; sur un serment de fidélité qu'il avait extorqué à Harold, et sur une bulle du

Château d'Harcourt.

pape, qui lui adjugeait l'Angleterre, moyennant promesse solennelle d'acquitter régulièrement le denier de saint Pierre. Harold lui opposait ses vertus, ses talents, son courage, sa richesse, son immense popularité et la parole du roi mourant, qui l'avait désigné pour son successeur. Ces titres devaient l'emporter, surtout dans un pays où la couronne était elective. Aussi Harold fut-il élu à l'unanimité roi d'Angleterre, et proclamé à la satisfaction générale. Guillaume, quoiqu'il eût fait grand bruit de ses droits, ne comptait guère que sur son épée, à laquelle il en appela aussitôt du jugement de la Bretagne. Il invita l'Europe au pillage de l'Angleterre, et, pendant six mois, affluèrent en Normandie tous les hommes avides de gloire et de fortune. Le pape, en même temps, prêchait une croisade contre l'excommunié Harold, de sorte que le zèle religieux attira sous les drapeaux du bâtard ceux que des considérations humaines n'avaient point entraînés. Au mois de septembre 1066, la flotte de Guillaume se réunit à Saint-Valery, pour transporter à travers la Manche les hordes de maraudeurs qui reprenaient les mœurs et l'esprit de leurs aïeux du Nord.

De vagues rumeurs sur ces immenses armements, l'intervention redoutable du pape, l'apparition d'une comète, de sinistres prédictions, qu'Edouard avait fait entendre sur son lit de mort, répandaient en Angleterre des terreurs superstitieuses ; mais Harold, plein de jeunesse, de feu, d'intelligence et d'espoir, luttait, par son exemple et ses discours, contre ces pernicieuses influences, et ranimait le courage dans tous les cœurs par des préparatifs de défense, proportionnés à la crainte générale. Depuis plusieurs mois, il campait, à la tête de son armée, sur les côtes du sud, attendant les Normands, lorsqu'il apprit que les Norwégiens étaient débarqués au nord, dans la Northumbrie. Aussi prompt à concevoir qu'à exécuter, Harold marcha aux Norwégiens, pour les chasser et revenir recevoir les Normands. Mais, pendant qu'il remportait une victoire complète sous les murs d'York, et qu'il donnait au roi norwégien les six pieds de terre qu'il lui avait fièrement promis avant le combat, la bannière normande aux trois lions était plantée sur le rivage de l'Angleterre.

Avec la même impétuosité qu'il avait couru aux Norwégiens, Harold se retourna contre les Normands, sans laisser à ses soldats le temps de prendre du repos, sans attendre les recrues, qui marchaient vers lui de toutes les parties de l'Angleterre. Le bouillant Saxon, stimulé par les récits des dévastations que commettaient les envahisseurs, se précipita pour les arrêter. Cette rapidité lui fut fatale ; les troupes qu'elle lui permit de rallier étaient beaucoup moins nombreuses que les ennemis. tandis que quelques jours de délai lui auraient assuré la supériorité numérique. Il espérait, par sa célérité prodigieuse, tomber à l'improviste sur les Normands, comme il venait d'arriver sur les Saxons. Mais le cauteleux Guillaume se tenait sur ses gardes ; à peine était-il débarqué, qu'il avait renfermé ses troupes dans un camp fortifié, et elles n'allaient piller que sous l'escorte de détachements de cavalerie, qui exploraient le pays. Obligé de renoncer à l'espoir de surprendre les Normands, Harold s'arrêta à quelques milles du camp ennemi, et fit élever des retranchements, derrière lesquels il semblait vouloir attendre l'arrivée de ses différents corps d'armée; mais Guillaume ne lui en laissa pas le temps. Cependant, et quoiqu'il comprît que sa position lui commandait de hâter l'événement, le duc de Normandie ne voulut pas négliger les moyens d'influence morale que lui offrait la religion. Il envoya un héraut qui somma le roi saxon de tenir son serment prêté sur des reliques saintes, et qui invoqua, au nom du pape, le courroux du ciel sur le parjure et ses adhérents. L'excommunication troublait la conscience des chefs anglais; mais l'un d'eux ayant rappelé que leurs biens étaient partagés d'avance entre les Normands, ils se raffermirent et jurèrent de combattre jusqu'à la mort. Cependant, cédant encore à une inquiétude superstitieuse, ils s'efforcèrent d'empêcher leur roi de prendre part à la bataille : « Harold. lui dirent-ils, tu » ne peux nier que, de force ou de gré, tu aies fait au duc Guil» laume un serment sur les corps des saints; pourquoi t'aventurer » aux hasards du combat avec un parjure contre toi? Nous, qui » n'avons rien juré, la guerre est pour nous de toute justice; car » nous défendons notre patrie. Laisse-nous donc seuls livrer ba» taille ; tu nous secourras si nous plions, et, si nous mourons, tu » nous vengeras. » Mais le roi répliqua que son devoir lui ordonnait de combattre. Ce fut encore au nom du devoir qu'il rejeta les conseils que lui donnaient les chefs de se retirer à Londres, en ravageant tout le pays devant les étrangers. « Moi, répondit-il, » que je ravage le pays qui s'est confié à ma garde ! par ma foi, ce » serait trahison, et je dois tenter plutôt les chances de la bataille » avec le peu d'hommes que j'ai, mon courage et ma bonne » cause. »

Pendant la nuit qui précéda le combat, des scènes différentes, mais également caractéristiques, se passèrent dans les deux camps. Les Normands, dont la civilisation avait déjà altéré le type primitif, après avoir préparé leurs armes, se mirent en oraisons, se confessèrent aux moines, reçurent les sacrements, et se livrèrent à des exercices de piété. Les Saxons, au contraire, redevenus tout-à-fait Scandinaves à l'approche du combat, allumèrent de grands feux, autour desquels ils se divertirent, en faisant retentir leurs vieilles chansons de guerre, et en vidant de larges cornes, remplies de bière et d'hydromel.

Quand le jour parut, Guillaume, après que son armée eut entendu la messe et reçu la bénédiction de l'évêque de Bayeux, commandant en chef de la cavalerie, la mena à l'attaque du camp des Saxons. Il portait, suspendus à son cou, les ossements sacrés sur lesquels Harold avait prêté serment ; à son doigt était un cheveu de saint Pierre, enchâssé dans un diamant, et devant lui flottait l'étendard béni que le pape lui avait donné. Les Normands s'avançaient en chantant la romance de Roland, et en répétant le cri de ralliement des croisades : Dieu aide! Dieu aide!

Les Saxons attendaient derrière leurs retranchements. Trois fois les Normands attaquèrent avec fureur, et trois fois les coups terribles des haches saxonnes, qui brisaient les lances et les épées, et fendaient les armures, les forcèrent à la retraite. Alors Guillaume, pour attirer les Anglais dans la plaine, ordonna à un corps considérable de cavalerie de se porter en avant et de fuir aussitôt en désordre. Ce stratagème réussit : emportés par leur ardeur et croyant déjà à la victoire, les soldats d'Harold se précipitèrent hors de leurs palissades; mais les Normands firent volte-face, et, le changement de position leur donnant l'avantage des armes, ils rompirent les Saxons, et entrèrent avec eux dans les retranchements. Là, le combat se renouvela avec fureur; Harold et ses frères furent tués au pied de leur bannière, que les Normands remplacèrent aussitôt par l'étendard du pape, et les Saxons ne combattirent plus pour vaincre, mais pour mourir. Ils prolongèrent jusqu'à la nuit une résistance désespérée.

Cette seule bataille mit les Normands en possession de l'Angleterre. Les Saxons conservèrent longtemps encore leur courage et leur patriotisme ; mais ils n'avaient plus de chef pour les rallier et les diriger. Guillaume ne rencontra plus que des résistances partielles et locales, et n'eut plus à combattre que des partisans. Cette conquête, quelque odieuses qu'aient été les circonstances avec lesquelles elle s'accomplit, fut un événement heureux pour la civilisation générale de l'Europe ; car les Normands, en dépit de leurs actes, étaient plus avancés en lumières que les Saxons ; ils ne rétrogradèrent vers leur barbarie primitive que pour piller. Lorsqu'ils n'eurent plus rien à prendre, et qu'ils n'eurent plus à craindre pour ce qu'ils avaient pris, ils revinrent à leurs mœurs plus policées.

Le lendemain du combat, deux moines saxons achetèrent de Guillaume, au prix de dix marcs d'or, le droit d'inhumer leur roi. N'ayant pu le reconnaître au milieu des cadavres, déjà dépouillés par les Normands, ils s'adjoignirent une femme qu'Harold avait aimée, la blonde Edith, au cou de cygne. Elle sut bientôt retrouver le corps de son amant. Harold ne fut roi d'Angleterre que pendant quelques mois et la guerre l'occupa tout entier, de

Bataille de Hastings (1066).

sorte qu'il ne put pas déployer ses nobles qualités, ses vertus et ses talents, qui promettaient aux Saxons le retour des jours du grand roi Alfred.

Guillaume, que cette seule bataille rendit maître de l'Angleterre, fit élever au même endroit un couvent sous l'invocation de la sainte Trinité et de saint Martin, patron des guerriers de la Gaule. Ce couvent fut appelé, en langue normande : l'Abbaye de la Bataille. Des moines du grand couvent de Marmoutier, près de Tours, vinrent s'y fixer, et prièrent pour les âmes de ceux qui avaient perdu la vie à Hastings.

LA TOUR DE CREST.

Ce qui sert de maison de correction à la ville de Crest, est un monument d'architecture distingué par sa forme, son élévation, sa solidité, sa hardiesse ; on l'appelle tour de Crest, jadis prison d'État.

Cette tour est un noble débris du château qui dominait la petite cité et le passage de la Drôme.

Cette même tour a été assiégée en vain, à différentes reprises, par les comtes de Montfort, au moment de la guerre des Albigeois.

Nous passons sous silence, comme étant de peu d'intérêt, les détails des guerres subies par Crest, en résistant aux efforts des croisés, qui brisaient leurs lances sous les murs formidables du château.

Voici une autre histoire plus digne de piquer l'attention du lecteur : c'est ce qu'on rapporte de la bergère de Crest, connue sous le nom d'Isabeau Vincent.

Née en 1670, dans les principes de la religion protestante, la bergère de Crest fut conduite, conformément aux édits, à l'église catholique, où elle semblait profiter des soins qu'on prenait de l'instruire.

Elle revint à sa première croyance bientôt; malheureuse du côté de sa famille pauvre, elle s'en alla chez son parrain, qui lui mit en main la garde de ses troupeaux.

Un jour, comme elle était aux champs, un inconnu vint lui dire : « Tu es animée de l'esprit de Dieu, désormais tu peux prophétiser, et annoncer à tes frères en religion le jour prochain de leur délivrance. » La jeune fille, l'imagination exaltée, parcourait les hameaux, et là elle exhortait les paysans à saisir la vieille arquebuse des ancêtres pour la défense de sa religion.

La réputation de la bergère de Crest s'étendit bientôt dans toutes les montagnes du Dauphiné; on accourait de plusieurs lieues pour l'entendre, et l'on s'en retournait rempli d'admiration. Son nom parvint jusqu'en Hollande; le ministre Jurieu écrivit à tous ses coréligionnaires que la bergère de Crest était suscitée par la Providence pour la consolation et le soutien de l'église protestante. Cet enthousiasme pour les prédications d une jeune fille s'explique par l'intelligence de l'époque où elle apparut.

La religion réformée était alors persécutée par les édits implacables de Louis XIV ; cette religion était puissante sur toute la ligne de montagnes qui s'étend depuis les Alpes jusqu'aux Cévennes; elle comptait là de nombreux adeptes, de fervents défenseurs.

Au sommet des rochers escarpés, il existait des familles simples de paysans, qui allaient aux prêches avec toute la ferveur des temps primitifs ; depuis les jours de la persécution, leur zèle semblait se réveiller plus puissant et plus énergique.

Aux époques de persécution, il s'élève toujours des ames inspirées, des prophètes qui annoncent les jours meilleurs, et préparent ainsi à l'espérance.

Le calvinisme si rigide, si profondément ennemi des miracles, eut pourtant des prophètes inspirés ; la montagne retentit d'éclatantes paroles. De pauvres femmes, de jeunes filles, comme la bergère de Crest, agitées par l'Esprit-Saint, prêchaient au milieu des tourments et des supplices ; toutes avaient le don de la double vue, elles apercevaient au loin les détachements de milice ou de dragons chargés d'exécuter les ordres impératifs de Louis XIV ; elles prévenaient les fidèles.

Et, tandis que le soldat avide de pillage brûlait les chaumières, enlevait les troupeaux, les pieux montagnards écoutaient la parole de ministres austères ou de jeunes vierges inspirées, qui parlaient des merveilles de la bonté de Dieu en face des flammes dévorantes.

LE GRAND ET LE PETIT CHATELET.

Lorsque Paris, encore resserré dans l'île de la Cité, était entouré de toutes parts de murailles flanquées de distance en distance par de grosses tours, dont les fouilles récentes ont encore fait trouver quelques débris, on communiquait avec la plaine par deux ponts en bois, dont l'un, nommé *le Grand-Pont*, a reçu depuis le nom de Pont-au-Change, et dont l'autre, appelé *le Petit-Pont*, n'a pas changé de nom. Pour protéger ces passages, on construisit deux forteresses, espèces de châteaux-forts, que leur petite dimension fit appeler des *Châtelets*. Il y avait le Grand et le Petit-Pont, il y eut aussi le Grand et le Petit-Châtelet. Ce n'était d'abord que des œuvres en bois, car on lit dans les chroniqueurs du temps que, lors du fameux siége de Paris par les Normands, la tour du Châtelet fut embrasée. Ces deux forteresses abattues, la population renfermée dans l'île aurait été réduite à s'y maintenir jusqu'à ce que la famine la forçât à mourir ou à se rendre. Ce danger était si bien compris qu'on se battit avec un acharnement dont il n'y a que trop d'exemples. Les fossés furent presque comblés par les cadavres amoncelés, et la Seine fut rouge de sang.

En 1198, Philippe-Auguste entoura Paris d'une ceinture de pierre et réédifia le Petit-Châtelet, qui avait considérablement souffert lors des siéges que la capitale avait eu à soutenir, et qui se relia aux épaisses murailles du Pré-des-Garlandes (aujourd'hui rue Galande), et de la Vallée-de-Misère (Quai des Augustins).

Les bâtiments du Petit-Châtelet consistaient en trois tours carrées de médiocre hauteur, unies entre elles par des espèces de galeries fortement enfoncées dans le sol. Trente-trois fenêtres, bardées de fer, fournissaient le jour, du côté de la rivière, aux divers étages du fort, et, dans les fondations se trouvaient creusées soixante casemates ou cachots. Sur la plate-forme de la tour occidentale, on remarquait encore, à la fin du XVIIIe siècle, la pierre ronde et creusée en forme de cône qui servait à planter l'aigle de la légion.

Depuis Philippe-Auguste jusqu'à saint Louis, cette forteresse fut tour-à-tour hantée par les gens de guerre et par les gens de justice, c'est-à-dire qu'elle tint lieu successivement, et selon la circonstance, de point de réunion pour les levées du ban, lorsque le roi allait à l'armée, et de succursale au Grand-Châtelet, lorsque le nombre des prisonniers était trop considérable pour pouvoir être contenu dans la geôle de cette forteresse. Sous le règne de Philippe-le-Bel, la suppression de l'ordre des Templiers et la confiscation des biens immenses de ces moines militaires ayant ajouté au domaine de l'État le palais du Temple et plusieurs autres lieux de détention, on ne crut pas devoir se servir des bâtiments du Petit-Châtelet, et cet édifice fut à peu près complètement abandonné.

Plus de quatre-vingts ans après, Charles VI ordonna que les prisons de cette forteresse serviraient de nouveau comme supplémentaires à celles du Grand-Châtelet. On fit examiner par des maçons les bâtiments de cet édifice, et on trouva qu'ils étaient sûrs et suffisamment aérés, à l'exception de trois cachots ou *chartres-basses*, où les prisonniers, faute d'air, ne pouvaient vivre longtemps.

En 1402, le même roi destina cette forteresse au prévôt de Paris, «comme une demeure sûre et habitation honorable.» La présence de ce magistrat militaire n'empêcha pas les massacres qui, le 12 juin 1417, furent exécutés par la faction bourguignonne sur les prisonniers.

Les Parisiens étaient las de l'insupportable tyrannie du comte d'Armagnac. Les gros bourgeois et quelques membres de la haute magistrature s'étant assemblés secrètement, il fut décidé que le duc de Bourgogne et ses adhérents seraient introduits dans Paris, à l'effet de prévenir les affreuses cruautés qui se préparaient. Le comte d'Armagnac avait fait acheter plusieurs milliers d'aunes de grosse toile, sous le prétexte de faire des tentes; mais, dans la vérité, pour faire des sacs pour jeter à la rivière, du haut du Petit-Châtelet et de la Tournelle, pendant la nuit, des milliers de femmes qu'on n'osait égorger en plein jour. Ces noyades avaient reçu un commencement d'exécution.

Au signal donné par un quartenier, nommé Eustache Coipeau, sur la place Maubert, alors appelée place aux Chats, la populace, à laquelle se joignit une foule de brigands, se rua avec une aveugle furie sur les Armagnacs et sur ceux qui leur tenaient par leurs emplois ou leurs fonctions.

Ces forcenés se répandirent dans les maisons et dans les hôtelleries, à la recherche des Armagnacs, et, tout autant qu'ils en croyaient trouver, ils les égorgeaient ou ils les traînaient dans la rue, où ils étaient assommés.

Quand la première furie fut apaisée, les gouvernants du moment firent publier à son de trompe la défense de continuer les massacres et le pillage ; mais en même temps il fut enjoint, sous peine de mort, à tous ceux qui recélaient des Armagnacs de les dénoncer.

Dans ce moment, les prisons publiques, le Grand et le Petit-Châtelet, le Louvre, le Temple, Saint-Éloy, Saint-Magloire et Saint-Martin-des-Champs, le For-l'Évêque, la Conciergerie, Vincennes, la Bastille s'encombrèrent par le grand nombre des arrestations, qui se succédaient rapidement, au point que, ne suffisant plus, on eut recours à des couvents et à des maisons particulières.

Le Petit-Châtelet servit de prison politique sous Henri III, et pendant les guerres de la Fronde, il devint le quartier-général des troupes levées par le coadjuteur. Les royalistes appelaient alors plaisamment cet édifice la caserne de M. le cardinal de Retz. C'est au Petit-Châtelet que fut formé, armé et équipé ce fameux régiment de Corinthe, qui devait perdre sa réputation militaire et ses drapeaux à une demi-lieue de Paris, sur les bords de la Marne. Quelques compagnies des troupes royales suffirent pour le mettre en déroute, et les plaisants de l'époque appelèrent cette rencontre *la première aux Corinthiens*. Les soldats du coadjuteur ne cherchèrent pas, du reste, le dangereux honneur d'une seconde entrevue avec les troupes du roi, bornant leur ambition martiale à occuper militairement le Petit-Châtelet et le palais de l'archevêché, où ils avaient, dit un contemporain, « une chère fort délicate pour gens de cette espèce, et du vin à bouche que veux-tu. »

Sous la régence et sous le règne de Louis XV, le Petit-Châtelet continua à servir d'annexe aux prisons du Grand-Châtelet. Lors de la démolition de la Tournelle, on lui confia le dépôt des prisonniers de cette juridiction. Sous Louis XVI, il fut de nouveau abandonné en partie : les chambres qui regardaient la rivière furent destinées aux détenus pour dettes ; mais des plaintes étant parvenues au Parlement sur la malpropreté et l'insalubrité de cette prison, dont les miasmes de l'Hôtel-Dieu, agrandi, corrompaient l'air, on fit déguerpir aussitôt les détenus, qui furent répartis dans les diverses prisons de Paris.

Le Petit-Châtelet fut démoli dans les dernières années du XVIIIe siècle (1780).

Le Grand-Châtelet avait la figure d'un parallélogramme régulier. Du côté de la Seine, des murailles hautes de quarante pieds étaient couronnées par des donjons, placés de distance en distance ; des engins de guerre montraient leurs museaux de fer ou de bronze entre les créneaux de ce mur noir et lézardé que des guirlandes de lichen, de pariétaires et de liserons garnissaient de toutes parts. Une large porte défendue par des herses et des meurtrières servait à la communication de la cité, proprement dite, avec la rue Saint-Denis et toutes les rues et quartiers qui y aboutissaient. Du côté de la rue Saint-Denis, l'aspect du Grand-Châtelet avait quelque chose de lugubre et de terrible : ses murailles, plus hautes de dix pieds que celles qui s'élevaient du côté de la rivière, étaient percées à des distances inégales d'étroites lucarnes, toutes bardées, grillées de barreaux de fer. Ce mur était monté dans toute sa longueur par une espèce de terrasse fort étroite où étaient placées des guérites destinées aux factionnaires qui surveillaient jour et nuit les prisonniers.

Lorsque Philippe-Auguste eut porté au-delà du Grand-Châtelet l'enceinte de Paris, cette forteresse devint inutile pour la défense de la ville, et on y établit le siège des juridictions de la Prévôté et vicomté de Paris.

Les salles destinées à la distribution de la justice se trouvaient dans la partie occidentale du monument, la partie orientale était consacrée aux corps-de-garde du guet, des sergents de robe courte, et aux bureaux des notaires et des huissiers qui dépendaient de la juridiction et instrumentaient en vertu d'offices délivrés par elle. Les prisons occupaient la partie inférieure qui regardait la rue Saint-Denis, et les cachots se trouvaient au-dessous de ces mêmes prisons. Les souterrains qui touchaient à la rivière servaient, selon l'occurrence, de magasins d'armes ou d'approvisionnements. Trois portes, sans compter celle dont nous avons parlé plus haut, et qui s'ouvrait aux voitures comme aux piétons, existaient sur la façade du monument ; la première, du côté du quai de la Mégisserie, était celle qui conduisait aux salles de justice par des escaliers tortueux ; la seconde, où était le guichet, correspondait dans une cour sombre et peu spacieuse qui servait de promenade aux prisonniers détenus pour des délits peu graves ; la troisième conduisait aux salles des huissiers et des fonctionnaires de la juridiction. Celle-là était tout-à-fait au levant. Pour rassembler en un seul bloc tout ce que l'humanité présente de plus affligeant et de plus déplorable, on avait réservé au XIVe siècle, sous la grande voûte de communication, un sale et hideux réduit, qui n'était éclairé que par une moitié de fenêtre, pour exposer les corps des noyés et des gens assassinés dans les rues de Paris. Un grillage informe et une rampe de fer séparaient le spectateur de cet amas de corps presque toujours en décomposition.

A la juridiction du Châtelet appartenait le bourreau. Dans la partie sud du monument, on voyait une petite chambre voûtée

et obscure qui avait reçu le sobriquet de *Réduit aux Géhennes*. C'était là qu'il se rendait le jour des exécutions pour recevoir la sentence et les ordres du lieutenant criminel.

Le Châtelet fut souvent le théâtre, pendant nos guerres civiles, de scènes dramatiques et sanglantes. Lors du procès des Templiers, il devint momentanément la résidence d'une grande quantité de troupes que Philippe-le-Bel avait fait venir à Paris. Pendant les troubles du règne de Charles VI, il servit tour-à-tour à la faction bourguignone et à celle d'Armagnac, comme citadelle et comme prison. Sous les fureurs de la Ligue, il devint un échafaud perpétuel où les hommes les plus purs, les citoyens les plus fidèles, les magistrats les plus intègres allaient expier leur amour pour l'ordre et leur dévoûment à la patrie, en proie aux intrigues de la cour de Rome et d'Espagne. Le fait suivant nous semble digne d'être rappelé :

Le 2 de septembre de l'an 1308, Pierre Jumel, prévôt de Paris, fit pendre un jeune homme nommé Pierre Barbier, natif de Rouen. Ce jeune homme avait été convaincu de vol commis sur un grand chemin. Il se trouva que le condamné était un écolier de l'Université. Comme un des privilèges de ce corps était que tous ses suppôts fussent exempts de la justice séculiere, le recteur, indigné, commença par faire fermer toutes les classes, et ayant dénoncé à l'évêque de Paris l'attentat du prévôt sur la juridiction ecclésiastique, il intervint le 7 septembre, à l'officialité de Paris, une sentence qui ordonnait à tous les curés de se trouver le lendemain, jour de la nativité de la Vierge, à l'église Saint-Barthélemy, à l'heure de tierce, pour de là aller tous ensemble processionnellement, avec la croix et l'eau bénite, au Châtelet, puis à la maison du prévôt, contiguë à cette forteresse, contre laquelle chacun devrait jeter une pierre en criant : « Retire-toi, maudit Satan ; fais « réparation à ta mère sainte, l'Église, que tu as déshonorée et « blessée dans ses privilèges. Autrement, puisse-tu avoir le même « sort que *Dathan* et Abiron, que la terre ensevelit tout vivants. »

Onze à douze mille écoliers suivirent la procession en manifestant hautement l'intention d'attaquer le Châtelet malgré le renfort considérable d'archers que le prévôt avait appelé à son aide. La sagesse du monarque vint mettre un terme à cette fâcheuse et inquietante manifestation. Un héraut, envoyé de la tour du Louvre, vint à toute bride annoncer aux écoliers, rassemblés sur la place du Châtelet, que le roi allait prendre en considération leurs plaintes, et que justice serait faite à l'Université.

Le roi tint parole ; le prévôt de Paris fut destitué de sa charge, et, par lettres patentes du mois de novembre, le roi assigna sur le Trésor public 40 livres de rente perpétuelle pour la fondation de deux chapelains à la nomination de l'Université de Paris, en réparation de l'injure qu'elle avait reçue.

Tout fut alors oublié, et l'Université continua de vivre en bonne intelligence avec la prévôté et le Châtelet.

Louis XIV fit abattre le Grand-Châtelet en 1684, et remplaça les bâtiments abattus par des constructions nouvelles. Ce fut en 1804 que l'on détruisit entièrement tout ce qui restait de cet antique monument. Sur cet emplacement on fit la place du Châtelet, telle qu'on la voit aujourd'hui, et avec la colonne triomphale élevée à la gloire de la grande armée.

LA BASTILLE.

Vers le commencement du règne de Charles V, les Anglais inondaient la France. Leur présence sur le territoire inspirait des craintes continuelles; on résolut de prolonger les murs de Paris, afin de comprendre les faubourgs dans une enceinte de fortifications.

La première pierre en fut posée sous Charles V, mais on ne pensait pas alors à en faire un corps d'édifice. Il ne s'agissait que de deux tours qui flanquaient la porte Saint-Antoine. Quelques années après, on bâtit deux nouvelles tours, et les autres furent élevées sous Charles VI. Ce monument devint ainsi une suite de tours disposées en parallélogramme et jointes par des murs élevés surmontés de créneaux. Les bâtiments de l'intérieur étaient divisés en deux cours. C'est dans les tours qu'on logeait les prisonniers. Les murailles avaient 12 pieds d'épaisseur à la base et 6 pieds au sommet. Des doubles portes de chêne, de 3 pouces d'épaisseur, en défendaient l'entrée. Un escalier tournant conduisait aux chambres de la tour et descendait jusqu'aux cachots humides et infects, dont le séjour était toujours funeste aux misérables qui y étaient ensevelis. Trois chambres étaient superposées au cachot du rez-de-chaussée; l'intérieur était terminé, vers sa partie supérieure, par une quatrième chambre appelée calotte.

On distinguait plusieurs ordres de chambres à la Bastille; les plus horribles étaient les cachots du pied des tours et celles appelées cages ou cachots de fer; venaient ensuite les calottes, prisons obscures, étroites, brûlantes en été et glaciales en hiver. Les chambres hautes situées entre la calotte et le cachot du rez-de-chaussée étaient presque toutes octogones; la lumière y pénétrait tourmentée par une triple grille scellée à chaque croisée. Presque toutes les chambres, excepté les cachots, avaient des poêles et des cheminées barrées de fer; elles étaient numérotées.

Le château de la Bastille, longtemps après sa fondation, fut entouré d'un fossé de vingt pieds de profondeur, où il n'y avait de l'eau qu'à l'époque des pluies abondantes et des crues de la Seine.

Le château était gardé avec une extrême sévérité. La nuit, les sergents faisaient des rondes tous les quarts d'heure. A chaque heure, un coup de cloche sonné par le factionnaire de l'intérieur avertissait les officiers qu'il veillait à sa consigne. Les ponts une fois levés ne s'ouvraient que sur un ordre du roi. Le lieutenant de police, les ministres avaient droit aux honneurs militaires

La garde présentait les armes, la grande porte s'ouvrait pour leur donner passage; un maréchal de France y entrait seul avec son épée.

Tout prisonnier amené à la Bastille était minutieusement fouillé. Les gens de qualité étaient quelquefois dispensés de cette formalité rigoureuse. Ainsi dépouillé, le prisonnier était jeté dans une chambre; trois portes se refermaient lourdement sur lui; six verroux étaient tirés, trois clés tournaient dans trois serrures, et nul bruit du monde n'arrivait désormais à son oreille; il ne savait s'il devait vivre et mourir dans cette effroyable captivité.

La mort même des prisonniers était souvent un mystère; on les faisait inhumer à la paroisse Saint-Paul, sous un nom supposé.

Lorsqu'un prisonnier sortait de la Bastille, on lui faisait jurer un silence absolu sur tout ce qui s'était passé au dedans.

Le serment était toujours bien gardé; car le misérable, accablé par ses souvenirs, craignait, à la moindre indiscrétion, l'apparition subite de l'exempt captureur muni d'une lettre de cachet: une parole inconsidérée eût été payée d'un nouveau martyre.

Une fois par jour chaque prisonnier venait respirer dans la cour du château, étroit espace enfermé entre quatre murs de plus de cent pieds de haut. Sur l'une des murailles, la grosse horloge, dont le cadran était soutenu par deux figures enchaînées, sonnait l'heure aux malheureux pour qui le temps n'était plus qu'une lamentable souffrance; au dessous, une inscription en lettres d'or, sur marbre noir, leur apprenait que l'horloge avait été placée là par ordre de M. Raymond Gualbert de Sartines.

Telle était la vie au fond de la Bastille. L'homme enlevé à sa famille accomplissait lentement son mystérieux supplice, souvent sans en savoir la cause, toujours sans en présumer la fin.

Deux puissants personnages furent conduits à la Bastille et n'en sortirent que pour monter sur l'échafaud; c'étaient Louis de Luxembourg, comte de Saint-Paul, décapité en Grève, le 19 décembre 1475, et Jacques d'Armagnac, duc de Nemours, exécuté sur la place des Halles au mois d'août 1477; tous les deux accusés de conspiration contre Louis XI. Le roi avait ordonné que la décollation de Jacques d'Armagnac aurait lieu non point sur l'échafaud de pierre en permanence au milieu des Halles, mais sur un échafaud de bois. Les enfants du patient furent placés au dessous, afin que le sang de leur père vînt couler sur leurs têtes à travers les fissures des planches; c'est avec ce despotisme que Louis XI commença la ruine de la féodalité.

Le 15 juin 1602, un bateau descendant rapidement la Seine, de Fontainebleau à Paris, avait pris terre sous les murs de l'Arsenal. Plusieurs archers en étaient sortis, conduisant un personnage qui devait appartenir à la haute noblesse, si l'on en jugeait par la richesse de son costume et la fierté de son visage. Le prisonnier, serré de près par ses gardes, traversa les jardins de l'Arsenal, fut introduit à la Bastille, et jeté dans l'ancien cachot du comte de Saint-Paul. Par lettres-patentes du roi, son procès fut attribué au parlement; l'instruction en fut confiée au premier président Achille de Harlay, assisté de Nicolas Pothier, second président, d'Etienne Fleury et de Philibert Thurin, rapporteurs.

Ce prisonnier s'appelait Charles de Gontaut, duc de Biron, pair, maréchal et amiral de France. On l'accusait d'avoir entretenu des intrigues avec les étrangers; le maréchal était gouverneur de Bourgogne; il devait, par un traité secret, épouser la troisième fille du duc de Savoie, à la condition que le roi d'Espagne lui transporterait tous ses droits sur le duché de Bourgogne.

La procédure fut commencée et rapidement instruite. Dans tous ses interrogatoires le maréchal avait manifesté une violence excessive, et proféré des paroles outrageantes pour le roi, pour les témoins et pour ses juges. Il attendait l'issue de l'accusation portée, contre lui, lorsque, le 15 juillet 1602, vers dix heures du matin, M. de Bellièvre, chancellier de France, accompagné d'un greffier du parlement, pénétra dans son cachot. Biron était déclaré atteint et convaincu du crime de haute trahison, comme tel condamné à avoir la tête tranchée en place de Grève; mais par considération pour sa famille, le roi lui faisait remise de la publicité du supplice, et ordonnait qu'il aurait lieu dans la cour de la Bastille; en conséquence, un échafaud avait été dressé tout exprès dès le matin.

Bien des fois Biron interrompit la lecture de la sentence, et peu s'en fallut qu'il ne frappât au visage le greffier, dont la frayeur n'était pas rassurée par la présence d'une garde nombreuse. Le maréchal était rouge de fureur; des paroles brèves et saccadées s'échappaient de ses lèvres; il poursuivit de ses injures le chancelier et le greffier lorsqu'ils sortirent du cachot, puis il continua à se promener à grands pas, exhalant sans cesse la rage qui dévorait son âme.

Une heure s'était à peine écoulée depuis la sortie des gens de justice, lorsqu'un homme entra : c'était le bourreau.

—Monseigneur, l'heure se passe, et il faut aller...

—Déjà! fit le maréchal. Oh! le roi est ingrat, et si je tenais entre mes mains tous les membres de son parlement maudit je les étranglerais sans miséricorde.

Puis il criait sans cesse : « Voilà la récompense de mes services! Le parlement est vendu au roi, et le roi trafique de sa conscience. » Cependant, il avait suivi l'exécuteur et ses gardes, et lorsqu'il eut fait sept ou huit pas, il se trouva sur l'échafaud, qu'on avait dressé au niveau de la croisée de sa chambre, après avoir enlevé les barres de fer scellées dans le mur. Quatre-vingts ou cent personnes étaient au pied ; lorsque le maréchal parut, un frémissement agita la foule.

Que font là tant de marauds et tant de gueux? cria-t-il d'une voix horrible.

L'exécuteur lui présentait un mouchoir rouge : il le prit, se banda les yeux, s'agenouillat ; le bourreau fit un pas en arrière... En une seconde le maréchal s'était relevé, il avait arraché son bandeau, saisi le bras qui tenait la hache ; il se mit à crier encore. « N'y a-t-il donc point de pitié pour moi ? » La hache tremblait dans la main droite de l'exécuteur, car Biron lui étreignait convulsivement le bras ; puis son énergie sembla l'abandonner, son visage se couvrit d'une pâleur livide, il attacha son bandeau, s'agenouilla, inclina la tête sur le billot ; le bourreau leva sa hache. « Non, non, s'écria Biron avec un accent terrible, non, je veux voir le ciel encore ! » Il fixait le ciel de ses yeux égarés, puis les reportait vers l'exécuteur avec une sorte d'expression féroce. Le bourreau eut peur, la foule frémissait ; car cet homme n'était pas lié, et il subissait les élans d'une frénésie affreuse. Il y eut un moment d'incertitude et de silence ; moment pendant lequel éclatait ce dernier effort d'un condamné qui se rattache à la vie. Enfin, le maréchal, épuisé, pâle, le visage inondé d'une sueur froide, se laissa tomber sur les deux genoux ; son front toucha le bois du billot. Le bourreau fit un mouvement rapide des deux bras ; le maréchal se relevait encore, lorsque sa tête et trois doigts de sa main roulèrent à la fois sur l'échafaud.

A neuf heures du soir il fut inhumé dans l'église Saint-Paul.

Pendant le règne de Louis XIX, plusieurs noms illustres furent inscrit sur le registre d'entrée de la bastille. Le 7 septembre 1661, le sur intendant Fouquet y fut enfermé.

Vers la fin de l'année 1671, des bruits sinistres parcouraient Paris. On parlait à chaque coin de rue de personnages ténébreux experts en matière de sorcellerie, et qui avaient appris d'un Italien l'art funeste de composer des poisons.

Marguerite d'Aubray, épouse du sire Gobelin, marquis de Brinvilliers, fut accusée de ces crimes, et conduite à la Bastille le 27 janvier 1672.

La marquise de Brinvilliers, selon les bruits de l'époque, entretenait une intrigue amoureuse avec M. Godin de Sainte-Croix, capitaine de cavalerie, empoisonneur comme elle. Bien des fois elle avait tenté d'empoisonner son mari pour épouser son amant ; mais Sainte-Croix, peu soucieux d'une possession éternelle de sa maîtresse, faisait prendre des contrepoisons au marquis de Brinvilliers chaque fois qu'il était empoisonné ; il succomba pourtant. Atteinte et convaincue d'empoisonnement sur les personnes de son père et de son mari, Marguerite fut condamnée à être brûlée, après avoir eu la tête tranchée, en Grève, le 17 juillet 1676.

Ce procès fut suivi de plusieurs autres semblables, parmi lesquels on distingue particulièrement celui de la femme Deshaies (plus connue sous le nom de La Voisin), Filastre Vigoureux, et de trois prêtres qui furent brûlés vifs en place de Grève. Ces accusations furent jugées par un tribunal institué exprès pour les empoisonnements, et qu'on nomma la Chambre ardente.

L'affaire du jansénisme, peu après la minorité du roi Louis XIV et la révocation de l'édit de Nantes, en octobre 1685, avait peuplé la Bastille d'une grande quantité de victimes; plusieurs d'entre elles moururent dans leur cachot après de longues détentions. La plume se refuse à tracer toutes les horreurs, toutes les souffrances accumulées au fond de cette prison d'Etat par le despotisme et l'intolérance religieuse; c'est une nomenclature si affreuse, qu'elle épouvante, si longue, qu'elle décourage.

Le 18 septembre 1698, M. Saint-Mars conduisit des îles Sainte-Marguerite à la Bastille un prisonnier connu sous la dénomination de l'Homme au masque de fer. Ce héros d'un mystère politique, sur lequel tout le monde a écrit depuis Voltaire, mourut subitement le 19 novembre 1703, et fut enterré le lendemain à l'église Saint-Paul. Le bruit courut que c'était un grand personnage; mais à cette époque aucune personne un peu considérable ne manquait en Europe : les uns dirent que c'était le duc de Montmouth; mais on sait qu'il périt sur l'échafaud : les autres, que c'était le duc de Beaufort, qui est mort au siége de Candie. Voltaire a osé affirmer que le prisonnier mystérieux n'était autre qu'un frère jumeau de Louis XIV dont la naissance avait été tenue secrète par l'avis du cardinal de Richelieu. Toutes ces merveilleuses conjectures viennent de s'évanouir, et il paraît hors de doute aujourd'hui que l'homme au masque de fer était le comte Méthioli, secrétaire d'Etat de Charles III, duc de Mantoue. Ce diplomate avait trahi les intérêts de la France, à prix d'argent, dans une négociation secrète au sujet de la forteresse de Casal. Louis XIV, qui se vit joué, résolut de se venger; il fit attirer l'Italien sur le territoire de France, et ordonna de le jeter dans un cachot pour le reste de ses jours. Cette violation du droit des gens, dans la personne d'un diplomate, pouvait allumer de longues guerres; de là cette résolution de la tenir secrète, et toutes ces précautions pour ne laisser communiquer le prisonnier avec qui que ce soit. Cette découverte, faite récemment dans les archives secrètes des affaires étrangères, renverse toutes les fables ingénieuses qu'on avait faites, et tous ces vaisseaux de haut-bord, qu'on se plaisait à voir à l'horizon, ne se sont plus trouvés de près que des bâtons flottants.

Pendant la régence, la Bastille changea presque de destination. La politique et la religion avaient été détrônées par la débauche ; et l'on incarcérait impitoyablement quiconque avait osé bégayer la critique la plus légère contre le désordre des mœurs de la cour. Voltaire y fut enfermé deux fois.

Bien souvent aussi, la captivité fut à cette époque le dénoûment obligé d'une intrigue amoureuse, et plus d'un gentilhomme expia ainsi ses bonnes fortunès ou ses infidélités. Il était difficile de se risquer sur le terrain glissant de la roucrie sans froisser parfois les scrupules conjugaux de quelque grand personnage, ou la jalousie théâtrale de quelque noble dame qui voulait perdre l'habitude de changer d'amants; et alors, maris et maîtresses entraient en colère, exempts et gens de police se mettaient en campagne, la vengeance était à l'affût : et quelque talon rouge, surpris à l'improviste, s'en allait versifier pendant six mois sous les verroux de la Bastille.

Les rivalités et les duels se terminaient aussi par une lettre de cachet.

Tout le monde connaît l'histoire de MM. d'Alligre et Latude, qui s'évadèrent miraculeusement de la Bastille, pendant la nuit du 25 au 26 février 1756.

Le 6 mai 1766, une voiture fermée et entourée d'une nombreuse escorte sortit de la Bastille ; elle ne s'arrêta que sur le quai des Morfondus, au pied des tours de la Conciergerie.

Un vieillard en descendit ; c'était Thomas-Arthur de Lally, lieutenant-général des armées du roi. Malgré plusieurs victoires remportées sur les Anglais, M. de Lally était accusé d'avoir compromis et perdu, par une mauvaise administration, presque tous les établissements français dans les Indes. Indigné d'une accusation pareille et peu soucieux de l'avenir, le malheureux se constitua volontairement prisonnier, et entra à la Bastille le 1er novembre 1762.

Après avoir mis pied à terre, M. de Lally, entouré de gardes, traversa la cour étroite qui donnait sur le quai ; il descendit les six marches qui conduisaient dans le sombre vestibule de la Conciergerie ; là, deux guichetiers lui firent signe de la main ; il les suivit dans le corridor voûté en ogives qui était à gauche de l'entrée, et il fut introduit dans un cachot donnant sur un préau, où de hautes murailles ne laissaient apercevoir qu'un coin du ciel. La porte était restée ouverte ; quelques minutes après, le greffier de la prison vint lui lire un arrêt de mort rendu par le parlement. « Mais qu'ai-je donc fait? » s'écria M. de Lally avec une voix où il y avait déjà plus de résignation que de désespoir, et son œil se fixa vers la porte, sur le seuil de laquelle l'aumônier de la prison se tenait immobile. Le prêtre conduisit le condamné dans la chapelle, et il l'exhortait à recevoir les dernières consolations de la religion.

— De grâce, monsieur, laissez-moi seul un instant! et M. de Lally alla s'asseoir vers une extrémité de la chapelle, le coude appuyé sur son genou, le front penché sur sa main, dans l'attitude d'un homme qui réfléchit.

Quelques minutes après, deux personnages dissimulés par l'obscurité s'étaient précipités vers le condamné, et ils avaient saisi son bras droit qu'ils tenaient en l'air; ce bras était armé d'un compas aigu, un filet de sang coulait sur la partie gauche de sa poitrine : déjà M. de Lally s'était frappé.

L'ordre arriva aussitôt de hâter l'exécution. On prit le patient, on lui serra les mains avec des cordes, on lui mit un bâillon qui lui entrait dans la bouche comme le mors d'un cheval, on le hissa sur un tombereau. Tout se fit brusquement, rapidement, car le sang coulait toujours sur la poitrine de M. de Lally, et il fallait bien que le peuple eût son spectacle, la justice son cours, le bourreau sa gratification.

Arrivé en Grève, monté sur l'échafaud, le vieillard laissa errer de tristes regards sur la foule qui bourdonnait à ses pieds. Le bâillon qui l'étouffait l'empêcha de proférer une parole. Il se mit à genoux, tendit le cou : un premier coup de hache enleva le crâne... C'était une maladresse du fils du bourreau, jeune homme sans expérience encore; son père le repoussa d'un regard, saisit la hache à deux mains, et ce qui restait de cette tête bâillonnée roula sur les planches de l'échafaud.

On inhuma le supplicié, dont la moitié de la tête portait encore un bâillon, et, le soir, le fils du bourreau fut rudement réprimandé par son père.

M. de La Chalotais, procureur général au parlement de Bretagne, fut enfermé à la Bastille, en l'année 1766, à l'occasion de troubles qui s'étaient élevés dans sa province. Voltaire raconte, dans sa Correspondance, que M. de La Chalotais a écrit ses Mémoires avec un cure-dents et un peu de suie délayée dans de l'eau.

Tout le monde sait qu'en 89 la Bastille fut attaquée et prise par le peuple de Paris. M. de Launay, le gouverneur, fut saisi, promené dans Paris, assassiné, puis décapité. Les portes des prisons furent brisées; mais on ne trouva que sept prisonniers, qui furent portés en triomphe par la ville. Quelque temps après, la démolition fut résolue, et les pierres servirent à la construction du pont de la Concorde.

Plusieurs squelettes enchaînés furent trouvés pendant les démolitions de la Bastille et pieusement inhumés dans le cimetière de Saint-Paul.

LE CHATEAU DE COUCHES.

L'origine du village de Couches (Saône-et-Loire) remonte aux premières années de l'ère chrétienne; il occupe l'emplacement où Sacrovir fut défait par Silius, l'an 21 après Jésus-Christ, et fut fondé peu de temps après cet événement. En même temps que les chaumières, s'éleva le château qui devait les protéger; car ces châteaux, que tant d'historiens présentent comme des monuments de despotisme et de tyrannie, avaient au moins cela de bon qu'ils protégeaient les demeures du pauvre, groupées sous leurs murailles. De ce besoin de protection immédiate est né le système féodal, tant décrié de nos jours, et qui était alors le seul possible. Cela s'est fait, donc cela devait être fait. C'est la doctrine des faits accomplis la plus rationnelle de toutes.

Quoi qu'il en soit, le château de Couches devint un des plus beaux et des plus célèbres de la contrée, et il fut, au VIe siècle, la résidence de Gontran, roi de Bourgogne, ainsi que le prouve la relation suivante, que nous empruntons à un de nos plus féconds chroniqueurs:

« En 1562, Gontran, roi de Bourgogne, étant alors au château de Couches, où il faisait sa résidence, revenait de la chasse, qui n'avait pas été heureuse ce jour-là, ce qui lui donnait de l'humeur. Arrivé sur la lisière d'une forêt, il aperçut plusieurs cavaliers qui étaient comme lui en équipage de chasse. Le roi, mécontent, pousse son cheval vers ces chasseurs, et reconnaît au milieu d'eux un de ses chambellans, nommé Chundon.

« Par les saints apôtres de monseigneur le Christ! s'écria le monarque, il n'est pas étonnant que le gibier manque dans un pays où il y a tant de voleurs!

— Sire, répondit Chundon, j'étais venu pour me joindre aux seigneurs de votre suite...

— Taisez-vous! interrompit Gontran, nous savons comment nous devons traiter les voleurs! »

» Cela dit d'un ton menaçant, le roi tourna bride. Tout à coup une jeune fille charmante, montée sur un beau cheval alezan, et qui jusque-là s'était tenue derrière Chundon, piqua sa monture. Lorsqu'elle fut arrivée à quelques pas en avant du roi, elle mit pied à terre, et, se prosternant devant Gontran, elle s'écria :

« Par pitié, sire, ne nous condamnez pas sans nous entendre. »

« Cette jeune personne se nommait Edwige; c'était la fille unique de Chundon. Elevée loin de la cour, elle n'y était arrivée que de la veille. Gontran, frappé de sa beauté et de sa bonne grâce, s'empressa de descendre de cheval et de la relever; puis ayant appris qu'elle était la fille de son chambellan, il dit en souriant qu'il pardonnait volontiers au père pour l'amour de sa belle enfant. Dès lors, il fut aisé de voir que Gontran était vivement épris des charmes de la jeune Edwige.

» Chundon ressentit un violent chagrin en apprenant ces choses, et pour arracher sa fille aux dangers que courait sa vertu, il l'obligea à quitter le château de Couches, et la fit conduire à Paris, près des parents qu'il avait à la cour de Chilpéric I. Gontran entra dans une grande colère en apprenant la disparition d'Edwige; il donna des ordres pour que l'on courût sur ses traces, en même temps qu'il fit jeter son chambellan en prison, et ordonna qu'on lui fît son procès, à raison du délit qu'il avait commis en chassant dans une forêt royale, crime que la loi punissait de mort, lorsqu'il était le fait d'un homme non noble; mais qui n'était qu'un mince délit dans les circonstances où le chambellan l'avait commis.

» Chundon fut donc jeté dans un cachot, et l'instruction de son procès commença. Dès le lendemain, après un court interrogatoire et un semblant de défense, le chambellan fut condamné à la peine capitale; et le roi, consulté sur le genre de supplice qui devait être appliqué à ce malheureux, ordonna qu'il serait lapidé dans la cour du château de Couches. Le jour suivant, dès le matin, les apprêts de l'exécution se firent selon que Gontran l'avait ordonné. Un poteau fut planté dans la grande cour du château, et à cinq ou six pas de ce poteau, on déposa une grande quantité de pierres de silex. Vers dix heures, Gontran parut au balcon, environné des seigneurs et des dames de sa cour. Au signal qu'il donna, le patient fut amené, escorté par trente hommes d'armes. et précédé de l'exécuteur. Ce funèbre cortége s'avança vers le poteau, auquel le condamné fut fortement attaché ; puis l'exécuteur prit une pierre et la lança contre le patient, qu'elle atteignit à la tête. Aussitôt le sang sortit abondamment de la blessure faite par ce premier coup, et le visage de l'infortuné chambellan en fut inondé. Les trente hommes d'armes, qui devaient concourir à l'exécution, s'étaient aussi munis de pierres ; mais, au moment où leur chef allait leur donner le signal, il se fit dans la cour un grand bruit de chevaux, et l'on vit paraître Edwige, ramenée par les gens que le roi avait envoyés à sa poursuite.

» Sur un signe de Gontran, l'exécution fut suspendue; et la malheureuse jeune fille, ayant appris ce qui se passait, vint se jeter aux pieds du roi. A la vue de sa fille ainsi prosternée, Chundon se sentit saisi d'un noble enthousiasme, et, d'une voix forte, il s'écria :

« Edwige, ma fille bien-aimée, relève-toi ! c'est ton père mourant qui te l'ordonne !... Cet homme n'est plus notre roi, je le renie ; ce n'est plus qu'un vil assassin ! Et ne sais-tu pas d'ailleurs qu'il ne t'accorderait la vie de ton père qu'au prix de ton honneur !...

— « Mon père, répondit la jeune fille, exaltée par ces paroles, que votre volonté soit faite, et que Dieu traite votre meurtrier selon ses œuvres. »

» Aussitôt Gontran se leva ; il était en proie à un incroyable accès de fureur ; ses mains étaient crispées, sa bouche écumait.

« Eh quoi ! dit-il, lorsqu'il lui fut possible de parler, n'ai-je plus autour de moi un seul serviteur fidèle ? Donc, qu'attend-on pour les traiter tous deux de même sorte ?... A mort la fille du voleur ! »

» Deux écuyers saisirent aussitôt la malheureuse enfant, l'entraînèrent dans la cour, et l'attachèrent eux-mêmes au poteau déjà taché du sang de son père ; puis l'exécution continua, et une nuée de pierres vint fondre sur ces deux victimes. Bientôt Chundon, dont le corps était en lambeaux, sentit ses forces l'abandonner ; sa tête tomba sur sa poitrine, il s'évanouit. Le corps d'Edwige offrait encore un aspect plus affreux ; ses mamelles, déchirées, tombaient sur sa ceinture ; elle avait les yeux crevés, et ses mâchoires broyées ne lui permettaient plus d'articuler un mot. Cette horrible scène dura une heure entière, après quoi les deux cadavres, horriblement mutilés et tout-à-fait méconnaissables, furent détachés du poteau et enterrés dans un champ voisin du château. Gontran essaya de continuer à chasser, à donner des fêtes ; mais les remords qu'il s'efforçait d'éloigner ne tardèrent pas à lui ronger le cœur, et il quitta le château de Couches, qui, deux siècles après, n'était plus qu'un monceau de ruines. »

Vers le milieu du xe siècle, ce monument fut relevé après que la paix eût été rétablie en Europe par la médiation du pape (942). Rien ne fut négligé alors pour que la force s'y joignît à la magnificence; et les voyageurs qui parcourent la route de Paris à Lyon, par la Bourgogne, ont dû remarquer ses belles ruines, nobles débris de l'époque féodale, qui s'offrent à la vue avec tout le grandiose des constructions seigneuriales.

ANCIEN CHATEAU DE COURTRAY.

S'il faut en croire divers auteurs, Lille devrait son origine à un château bâti par Jules César. On ignore où était ce château; plusieurs le placent aux environs de l'église Saint-Maurice; il paraît plus vraisemblable qu'il a été où est présentement le cirque; son élévation et les fossés qui l'entourent désignent encore l'emplacement d'une ancienne forteresse; sa position dans une île formée par la Deûle aura vraisemblablement donné le nom de Lille, *Illa*, à la ville qui s'est formée autour d'elle. Cette ville fut ensuite la demeure des châtelains que les Romains laissaient dans les pays qu'ils avaient conquis, et enfin des forestiers qui gouvernèrent la Flandre sous les rois de la première race jusqu'aux comtes de Flandre. Baudouin IV, dit *à la belle Barbe*, sixième comte, trouvant que la ville qui s'était bâtie autour du château pouvait faire un poste de résistance, la fit entourer de murs en 1030; son fils continua l'ouvrage; en 1047, il termina l'enceinte, y fit percer quatre portes, et obtint le surnom de *Lille*, à cause des grands établissements qu'il fit dans la cité.

L'ancien *château de Courtrai*, à Lille, avait été construit en l'année 1300, par Jacques Châtillon, d'après les ordres de Philippe-le-Bel, maître depuis peu de la cité, et qui n'avait pas lieu de compter sur le dévouement des habitants. En effet, Jacques Châtillon fut expulsé deux ans plus tard, et la ville se retrouva au pouvoir de Jean de Namur, fils du comte de Flandre. En 1577, le château de Courtrai fut démoli par ordre des états-généraux assemblés à Bruxelles, ainsi qu'on l'avait fait de la plupart des citadelles des Pays-Bas, afin d'ôter aux insurgés l'occasion de s'en emparer et de s'y maintenir. Philippe II ratifia cette mesure, et accorda à la ville le terrain avec les matériaux provenant des démolitions; une partie des fossés qui entouraient le château subsiste encore; cet emplacement, ainsi que le faubourg de Courtrai, a été enclavé dans Lille par l'agrandissement fait en 1617.

LE CHATEAU DE PONT-GIBAUD.

Dans le département du Puy-du-Dôme (Basse-Auvergne), à cinq lieues nord-ouest de Clermont, sur la grande route de Limoges, on trouve à la chute du Mont-Dôme et du Mont-Doré une riante vallée, sillonnée par une belle rivière, nommée la Sioule. Quand, après avoir franchi de rudes montagnes et de vastes plaines couvertes de laves, à peu près stériles, le voyageur arrive en ces lieux, il est tout émerveillé du changement subit qui s'opère à ses yeux : au lieu d'énormes rochers, de genêts, de ronces ou de quelques coudriers qui croissent çà et là dans l'espace qu'il a parcouru depuis la Barraque, près de Clermont, jusqu'à Pont-Gibaud, les prairies de la vallée d'une fraîcheur délicieuse, d'un aspect vraiment poétique, s'offrent à ses regards enchantés; le géographe, le simple observateur même, ne tardent pas à reconnaître qu'elles sont le résultat du dessèchement d'un lac qu'avaient autrefois formé les laves du Puy-de-Côme, réunies à celles du Puy-de-Lauchadière, en barrant le cours de la Sioule. Cette petite rivière y forme aujourd'hui mille sinuosités; son cours est si calme et si tranquille, qu'au premier abord on ne sait de quel côté elle roule ses eaux. Ses détours infinis forment, en beaucoup d'endroits, des presqu'îles, dont l'une, la plus belle, la plus solitaire, porte le nom de Pré-de-l'Ile.

La vallée, qui s'étend du nord au midi, est terminée au nord par la petite ville de Pont-Gibaud, bâtie en amphithéâtre sur la coulée volcanique.

Cette ville n'a rien de remarquable par elle-même, mais sa situation, qui est des plus heureuses, et surtout le magnifique château qui la domine, offrent un tableau ravissant, un des plus beaux points de vue qu'il soit possible de rencontrer. Cette immense construction date, dit-on, du XIVe siècle; elle forme dans son ensemble une espèce de citadelle où l'on distingue parfaitement la transition de l'ancien mode de fortifications à celui que l'on dut adopter depuis l'invention de l'artillerie. Ce qu'on appelle la tour carrée, qui constitue principalement l'ancien château, puisque toutes les autres constructions sont modernes, est l'ouvrage de la famille Lafayette, dont on voit encore les armes sur la porte d'entrée d'une tour intérieure. Les murs sont si solides que, depuis cinq cents ans, ils n'ont pas éprouvé de graves atteintes des injures du temps. Presque partout ils ont dix pieds d'épaisseur; en beaucoup d'endroits, ils en ont douze, en quelques autres jusqu'à quinze Sur toute l'étendue de la partie qu'on nomme vulgairement le rempart, et qui forme un carré à peu près parfait, règnent de longues plateformes où quatre personnes peuvent marcher de front; elles sont crénelées dans toute leur longueur, de manière que le corps se trouve ainsi à couvert jusqu'à la poitrine; leur élévation peut être de soixante-dix à quatre-vingts pieds. Le donjon, qui est adossé au coin latéral du côté du levant, s'élève encore à vingt-cinq pieds au-dessus. C'est de là, sans doute, qu'on observait les campagnes d'alentour, afin de signaler l'approche de l'ennemi, car la vue ne peut être bornée d'aucun côté. C'est un panorama parfait, un panorama à ravir; tous les effets en sont pittoresques.

Du levant au midi, se développe majestueusement la chaîne non interrompue du Mont-Dôme et du Mont-Dore. Vue de ce côté, cette double chaîne offre un horizon à souhait pour le plaisir des yeux; aussi plusieurs peintres distingués l'ont-ils jugé digne de leurs pinceaux. A droite, et presque au pied du château, on admire ces vastes et verdoyantes prairies dont il a déjà été parlé. Au couchant, la vue s'étend sur des côteaux en pleine culture, où l'on aperçoit de belles touffes d'arbres, près de jolies maisons de campagne.

Une fumée continuelle que l'on distingue du même côté, et qui semble sortir d'une même pyramide, fait découvrir les usines où le minerai de plomb argentifère subit toutes les opérations nécessaires pour la séparation de l'argent d'avec son alliage. Au nord, l'œil plonge dans des gorges sauvages, couvertes de forêts, au fond desquelles se trouvent les mines qu'exploite M. de Pont-Gibaud, et que viennent incessamment visiter une foule de minéralogistes et beaucoup d'autres curieux.

Le château, bâti entièrement en moellons de lave carrés et liés entre eux par un ciment de couleur, présente aux yeux une teinte fort singulière, mais extrêmement agréable. Ces carrés noirs, comme entourés de liserets ou rubans roses, donneraient à penser, à quelque distance, que les remparts, le donjon et la tour dite du Chevalier, sont drapés d'une étoffe imprimée en larges carreaux.

Les bonnes gens du pays affirment que ce château était autrefois habité par une vieille comtesse du nom de Brayère, dont on voit encore le mausolée dans l'église de Pont-Gibaud, et qui dévorait tous les enfants nouveau-nés dans la vaste étendue de sa terre, sans même en excepter ceux des gens de sa maison. Ils racontent tout aussi sérieusement comment le cuisinier de cette noble ogresse parvint à la guérir de la *mauvaise habitude* qu'elle avait prise. L'infortuné chef de cuisine était, hélas! devenu père d'un enfant que la châtelaine réclamait pour son dîner. Dans l'espoir de sauver sa progéniture, il se procura un cochon de lait des plus tendres, épuisa tout son art pour donner à ce mets la saveur la plus exquise, et parvint ainsi à tromper la comtesse, qui voulut désormais n'être plus servie que de la sorte. Nous laissons nos lecteurs libres d'accepter l'authenticité de cette chronique de Pont-Gibaud.

Après avoir passé des mains de la famille Lafayette à divers autres possesseurs, le château de Pont Gibaud fut enfin acquis par M. de Moré, qui y ajouta de magnifiques constructions à la moderne; toutes celles que l'on voit au midi et à l'ouest de la tour carrée sont son ouvrage. De vastes et de superbes jardins furent par ses soins creusés dans le roc, et ainsi conquis sur la lave; des fontaines, de magnifiques jets d'eau surgirent comme par enchantement dans des lieux où auparavant l'on n'aurait jamais cru pouvoir en obtenir : tant un goût éclairé, joint à la persévérance, sait opérer de merveilles.

Pendant la révolution, le château fut vendu à plusieurs habitants de la ville, qui se le partagèrent à leur guise et s'y blottirent à l'envi. Des dégradations eurent lieu en grand nombre ; la tour carrée surtout, inhabitée depuis assez longtemps et presque abandonnée, était exposée à être complètement dégradée par les pluies, qui en sillonnaient les murailles intérieures et endommageaient gravement les voûtes. Tout porte à croire qu'à une époque peu éloignée l'Auvergne aurait vu tomber en ruines un de ses plus précieux, de ses plus beaux monuments. Heureusement M. de Pont-Gibaud, fils de l'ancien propriétaire avant 89, a racheté ce noble et vieux manoir, berceau de son enfance. Ainsi a été conservé aux arts, à l'admiration des étrangers et à celle de la postérité, un de ces gigantesques ouvrages des siècles passés.

LE CHATEAU DE LUYNES.

Le château de Luynes, situé sur un rocher, près de la petite ville de ce nom, fut bâti, selon les apparences, vers le commencement du XIVe siècle. Ses tourelles avec leurs fenêtres percées en meurtrières, leurs escaliers en colimaçon appartiennent à cette époque, aussi bien que ses remparts en ruines et sa grande tour presque entièrement écroulée.

Ce château est une ancienne dépendance de la terre de Maillé, érigée par Louis XIII en duché-pairie, au mois d'août 1619, en faveur de Charles d'Albert, connétable de Luynes, son favori.

Charles d'Albert, qui n'avait pour toutes chances de fortune qu'un physique aimable et la volonté de parvenir, avait été nommé page de la chambre par Henri IV, son parrain, puis attaché, avec l'emploi d'*amuseur*, à la personne du dauphin (Louis XIII). Il s'était rendu agréable au prince par le talent avec lequel il dressait des pies-grièches à chasser des moineaux, et bientôt il avait étendu et consolidé son crédit, en entrant dans les idées religieuses du jeune roi, et en s'associant à ses exercices de dévotion. Louis XIII, qui n'avait besoin que de jouer, de prier, d'aimer et d être dominé, laissa prendre rapidement, à son compagnon de jeux et de prières, un ascendant tel que le maréchal d'Ancre et la reine-mère s'en alarmèrent.

Pour étouffer, en l'assouvissant, l'ambition à laquelle Charles d'Albert pouvait se laisser aller dans sa position, et en même temps pour se l'attacher, Concini lui confia le gouvernement d'Amboise. Mais cette faveur ne fit que stimuler la cupidité du favori; les craintes de Concini, en lui donnant la mesure de son pouvoir, lui inspirèrent le désir et l'audace d'en user, et son ambition alla, du premier coup, jusqu'à convoiter la place du maréchal. Il fit du roi son complice, en lui suggérant l'envie de régner par lui-même et de sortir de tutelle; car il était nécessaire, pour l'exécution de ses projets, d'atteindre du même coup le ministre et la régente. Le ministre fut assassiné, la régente exilée à Blois, et Louis XIII, qui inaugurait ainsi convenablement son règne, s'écria : « *Maintenant je suis roi !* » parce qu'il changeait de tuteur, et que son favori allait gouverner au lieu de sa mère.

Une cupidité et une ambition sans bornes sont les traits caractéristiques de Charles d'Albert : places, honneurs, emplois, dignités, l'épée de connétable, les sceaux de l'État, terres, argent, il convoitait tout et prenait tout pour lui et pour les siens, *qui arrivaient d'Avignon à la cour par batelées,* disait Louis XIII, *sans qu'il y en eût un seul habillé de soie !* C'était d'ailleurs un homme médiocre, sans idées et sans capacité militaire ou administrative, et qui ne montra de talents que dans la défense de sa fortune, qu'attaquaient tant de compétiteurs jaloux et puissants. Il lui fallait, il est vrai, d'autant plus d'habileté et d'efforts pour se maintenir, que le roi, à la fin, l'aimait moins encore qu'il n'aima depuis Richelieu, et qu'il ne jugeait point la conservation de son ministre utile à la chose publique.

Le désordre et l'anarchie, qui désolaient le royaume à la mort de Concini, redoublèrent d'intensité sous le gouvernement du duc de Luynes. La guerre civile s'organisa fortement, parce que les mécontents purent placer à leur tête la reine-mère, que le duc d'Epernon avait enlevée du château de Blois. « Depuis la fameuse « ligue du bien public, dit un historien, on n'avait point vu en « France de plus formidable parti. » Louis XIII et Marie de Médicis se combattirent et négocièrent de puissance à puissance. Le dernier traité, ménagé par Richelieu, et conclu à Brissac (16 août 1620), allait sans doute être rompu, comme ceux qui l'avaient précédé, lorsque la mort du duc de Luynes, en laissant le roi sans tuteur l'engagea à rendre à sa mère l'autorité pour laquelle elle guerroyait depuis trois ans.

A peine cette guerre civile s'éteignait-elle que de Luynes en alluma une autre plus dangereuse encore, pour déflorer son épée de connétable et pour tenir Louis XIII en haleine. Excité par ces motifs et aussi par l'intolérance de ses opinions religieuses (ce fut ce ministre du fils de Henri IV qui permit aux jésuites de rouvrir leurs colléges à Paris), il revint sur les cessions d'églises et les concessions faites aux protestants sous le règne précédent. L'esprit de sédition fermentait alors dans toute la France, et lorsque de vains prétextes suffisaient pour soulever des provinces, des causes légitimes ne pouvaient manquer de produire une conflagratiou générale. Tout le midi de la France prit les armes, et Louis XIII se mit en campagne, sans s'arrêter aux remontrances du vieux Duplessis-Mornay, qui donna à de Luynes cette belle leçon : « Faire la guerre « à ses sujets, c'est témoigner de la faiblesse. L'autorité consiste « dans l'obéissance paisible du peuple ; elle s'établit par la justice « et par la prudence de celui qui gouverne. La force des armes ne « se doit employer que contre un ennemi étranger. Le feu roi au« rait bien renvoyé à l'école des premiers éléments de la politique « ces nouveaux ministres d'Etat, qui, semblables aux médecins « ignorants, n'auraient point eu d'autres remèdes à proposer que « le fer et le feu, et qui seraient venus lui conseiller de se couper « un bras malade avec celui qui est en bon état. » De Luynes, qui avait ses éperons à gagner, laissa parler le sage conseiller d'Henri IV, et conduisit l'armée royale contre les protestants. Mais il déshonora son épée de connétable en échouant devant les villes fortes et en ravageant les villes ouvertes. Il était devenu si odieux et si déconsidéré, le roi était si las de lui, qu'il mourut à temps pour échapper à une disgrâce. Ce qui prouve toute la barbarie et tout le désordre du temps, c'est qu'à peine le connétable eut-il succombé à la fièvre que lui avait donnée le chagrin de ses revers, que ses équipages furent pillés, et que ses domestiques le laissèrent nu, comme à l'époque où il partageait un manteau avec ses deux frères.

CHATEAU DES CHEVALIERS DU TEMPLE

A PARIS.

Dès le XIᵉ siècle, on voyait s'élever aux portes de Paris le palais des chevaliers du Temple. Il était si considérable, qu'un chroniqueur du temps le compare à une ville. C'était un immense carré irrégulier, entouré de murailles et crénelé de toutes parts. On y remarquait une église, un réfectoire, une cuisine, de grands appartements et de nombreux bâtiments pour loger les chevaliers et le grand-maître. Philippe-le-Bel chercha dans cette forteresse imprenable un asile contre les fureurs populaires; les Templiers y avaient amassé des richesses réputées les plus grandes du monde, et qui n'ont pas été une des moindres causes de leur ruine. Quand l'ordre du Temple fut aboli, en 1311, et que l'année suivante Philippe IV disposa de ses biens, on commença à dénaturer ou détruire l'ensemble de ce palais, qui fut oublié jusques aux guerres des Anglais et de celles de la Ligue, où l'on se disputa souvent sa possession. En 1667, le grand-prieur Jacques de Souvré, fit bâtir, en avant du vieux manoir, un vaste hôtel dont une partie existe encore. Ce fut le théâtre des plaisirs de son successeur, Philippe de Vendôme, dont les soupers donnèrent au Temple une célébrité nouvelle, par le choix, l'esprit et le scepticisme des convives. Le grand prieuré passa ensuite au prince de Conti, qui y donna asile à J.-J. Rousseau. Le dernier titulaire fut le duc d'Angoulême, qui est mort dans l'exil; et son père, le comte d'Artois, y vint quelquefois renouveler les orgies du prince de Vendôme.

H. Sauval, qui a laissé un ouvrage curieux sur les antiquités de Paris, disait au XVIᵉ siècle : « La grosse tour quadrangulaire, flanquée à ses angles de quatre tourelles, élevée de 150 pieds, et bâtie par H. Hubert, trésorier de l'ordre du Temple, est pour durer encore bien longtemps, *si autre chose n'arrive;* car enfin elle passe pour un des plus solides bâtiment du royaume. » Mais autre chose est arrivée. Dans la soirée du 30 août 1792, au milieu d'un cortége vociférant la fureur, Louis XVI avec sa famille étaient, conduits au Temple. Il y habita la grande tour sous l'autorité ombrageuse, inquiète et peu généreuse de la commune de Paris.

On avait d'abord placé la famille captive dans une petite tour, mais elle fut ensuite transportée dans la grande, parce qu'on jugea que la surveillance en serait plus facile et plus sûre. Le procès de Louis XVI s'instruisit et chaque jour on vint le chercher pour le conduire devant ses accusateurs.

Cependant, comme le procès traînait en longueur, l'espoir entrait peu à peu dans le cœur des prisonniers privés de toutes nouvelles, lorsqu'un jour, le 20 janvier, la reine parut tout-à-coup distraite, puis elle devint attentive, et d'un geste rapide elle ordonna le silence. La voix d'un crieur public se faisait entendre dans l'éloignement et s'approchait graduellement de la tour. La reine, la sœur du roi et les enfants prêtaient l'oreille pour tâcher de saisir quelques mots. C'était leur seul moyen de savoir quelque chose de ce qui se passait ! Enfin la voix devint plus forte... elle criait la condamnation du roi, et annonçait son exécution pour le lendemain.

A sept heures du soir, on vint chercher la famille éplorée pour la conduire près du roi; car la Convention avait accordé cette dernière consolation au condamné, afin qu'on ne l'accusât pas d'une cruauté inutile. L'infortuné monarque versa des larmes de douleur sur sa famille et lui raconta son procès. Le lendemain, après une longue nuit de longues angoisses et de poignantes douleurs, c'est encore par les cris partis du dehors que la reine apprit l'exécution de la condamnation. Tout ce qu'elle put savoir ce jour-là, fut qu'en partant pour l'échafaud, le roi avait tourné deux fois ses regards vers la tour où ses enfants étaient renfermés, comme pour leur dire un dernier adieu. Il avait fallu user de violence pour le faire sortir de sa prison; une fois sur la planche fatale, il essaya encore de la résistance, mais il fut contenu par l'exécuteur et par ses aides: ce fait a été mille fois attesté par Samson le père. Le patient s'attendait à un mouvement de compassion dont les royalistes profiteraient pour le délivrer; mais ceux-ci étaient trop convaincus pour que le peuple, quoique silencieux, ne souffrirait pas que le cours de la justice nationale fut interrompu.

Six mois s'étaient écoulés, lorsque, le 2 août, on vint chercher la reine, comme le 11 septembre on était venu chercher le roi; et à deux mois de là, le 16 octobre, une femme vêtue de blanc, les mains liées, fut promenée dans une charrette, assise à côté du bourreau. Arrivée au pied de l'échafaud, elle aperçut les Tuileries et parut émue; mais elle se hâta de monter l'échelle fatale et s'abandonna avec courage aux bourreaux. Le 11 décembre, Madame Élisabeth subit le même sort.

La mort de Louis XVI fut un grand acte politique, et sans doute les circonstances le rendirent nécessaire pour consolider la Révolution, puisque malgré les sentiments généreux qui animaient la Convention, celle-ci n'osa pas prendre sur elle de faire honneur au peuple français de sa haute clémence. Elle crut que pour épouvanter les souverains qui se montraient menaçants, il fallait abattre leur allié.

Après le drame qui se passa dans ses murs, la tour du Temple eut d'autres hôtes : Sidney-Smith y fut captif en 1796, et fut délivré deux ans après par le courage de ses amis ; Toussaint-Louverture y resta pendant quelques mois et alla ensuite mourir au château de Joux. Pichegru y vint avec Cadoudal, Moreau, les frères Polignac, etc. ; il y fut trouvé mort dans son lit. Le gouvernement impérial fit disparaître, en 1805, cet édifice qui rappelait tant de sanglants souvenirs. L'hôtel du grand-prieur devint une caserne de gendarmerie ; en 1811, on commença à y bâtir la façade qu'on voit aujourd'hui, et l'on devait y placer le ministre des cultes ; un grand jardin s'ouvrait à la place qu'avait occupé la tour ; mais avant que rien ne fut achevé, 1814 arriva, et l'hôtel projeté du ministre des cultes devint un des quartiers des étrangers, jusqu'à ce qu'une descendante des Condé vînt s'y établir avec des bénédictines. Enfin, le 24 février 1848, la princesse et son troupeau cédèrent la place aux volontaires de la nouvelle république.

A côté du Temple était un vaste enclos qui s'étendait jusqu'aux remparts de la ville, et qui, de temps immémorial, servait d'asile aux criminels, aux débiteurs, aux ouvriers qui travaillaient sans maîtrise. Ce privilége exista jusqu'en 1789, et, grâce à lui, l'enclos se couvrit de maisons qui donnaient au Temple l'aspect d'une ville et qui procuraient un revenu considérable au grand-prieur. L'enclos avec ses maisons devint propriété nationale. Les charniers furent détruits et l'on construisit en 1809 un vaste marché ouvert, où campent plus de 6,000 marchands et où viennent s'installer tous les débris des variétés et des misères de Paris.

La rotonde du Temple, vaste bâtiment de forme elliptique, construite en 1781, fut achetée par Santerre, qui ne craignit pas de venir demeurer en face de la tour du Temple, et il y mourut en 1808.

LE CHATEAU DE CHENONCEAUX.

Ce château fut commencé par Bohier. Il lui coûta beaucoup de temps et d'argent, si l'on en juge par la devise que l'on lit en plusieurs endroits dans les ornements et les rinceaux : *S'il vient à point, il m'en soverra* (souviendra). Bohier n'éleva que le principal corps de logis, et la propriété passa dans les mains du connétable de Montmorency, puis dans celle de François Ier, qui en fit cadeau à la belle Diane de Poitiers. Catherine de Médicis échangea avec Diane le château de Chaumont contre celui de Chenonceaux ; elle l'entoura d'un parc magnifique et fit de grands changements aux bâtiments. Cependant les obstacles qu'avait rencontré Thomas Bohier vinrent aussi arrêter Catherine, et le château de Chenonceaux ne reçut pas tous les développements projetés. Il était devenu cependant plus vaste et plus riche lorsqu'il fut transmis à Louise de Lorraine, fille du comte de Vaudemont, que Henri III avait épousée en 1575; et tout entière à son affliction, elle ne songea guère à embellir sa demeure. Le château arriva enfin à la famille du fermier-général Dupin, célèbre, avant tout autre titre, pour avoir eu Jean-Jacques Rousseau à ses gages.

Placé dans la situation la plus heureuse, le château de Chenonceaux est jeté à travers le Cher, et s'appuie sur un îlot et sur les deux rives : tout autour de lui se déploient une riche vallée et les paysages si doux de la Touraine. Sa masse, imposante et irrégulièrement façonnée, présente à l'œil une confusion singulière mais qui n'est pas sans charme. C'est un amas de pavillons, de tourelles, de piliers épais, d'arches pratiquées pour le passage des eaux, de fenêtres à formes saillantes et elevées, de cheminées dessinées avec recherche et de façades à lignes partout interrompues et brusquement coupées. Vu extérieurement le château a le caractère de l'époque à laquelle il appartient, fortement et uniformément empreint dans son ensemble et dans ses détails. L'avant-cour, que décorent des morceaux de sculpture, est une vieille tour à apparence gothique, placée en ouvrage avancé et au haut de laquelle apparaît une grande cloche dont la corde se balance au gré du vent, en battant contre les murs. Toutes ces choses à physionomie du moyen-âge préparent bien au spectacle de l'intérieur.

Chacun des possesseurs de Chenonceaux y a marqué son passage par des traces particulières qui offrent des rapports avec le caractère et la condition des personnages. Indépendamment de son écusson, Bohier a sa devise d'homme d'argent : « S'il vient à bien il m'en sovera ; » des trophées d'armes disposés dans les galeries rappellent Montmorency, l'homme de guerre galant et dévot : François Ier a ici son boudoir, et là son confessionnal dans une petite et gracieuse chapelle. Il y a de la recherche, de l'élégance, de la coquetterie, du luxe, dans la chambre de Diane de Poitiers ; il y a de la grandeur, de la magnificence royale dans les appartements de Catherine de Médicis. Les sombres et douloureuses pensées de Louise de Lorraine se décèlent dans sa chambre, dont les boiseries et les tentures sont toutes noires.

Le portrait de Henri III, l'objet de ses longs et amers regrets, est le seul ornement de ce lieu de deuil. Enfin les goûts et les mœurs d'un autre âge se retracent à l'esprit quand on pénètre dans la chambre où le portrait de madame Dupin, en costume du temps de Louis XV, attire tout d'abord l'attention, à titre de maîtresse de céans ; et dans la salle de spectacle, où Rousseau fut applaudi non seulement comme auteur, mais aussi comme acteur.

LE CHATEAU DE CHAUMONT.

Le château de Chaumont, situé sur les bords de la Loire, a été construit sur les ruines d'un monument féodal dont la fondation est attribuée à Gueldin, chevalier danois, à qui le fief de Chaumont fut concédé par Eudes II, comte de Blois, pour les services qu'il lui avait rendus dans la guerre qu'il eut à soutenir contre Foulques, comte d'Anjou, ce qui valut à Gueldin le surnom de *Diable de Saumur*, dont il était seigneur. Gueldin eut un fils du nom de Geoffroy, dit *la Fille*, à cause de sa beauté, et qui se singularisa par l'habitude qu'il avait contractée de ne jamais se couvrir la tête; il vécut cent ans. Ce seigneur fonda la maison d'Amboise de Chaumont, par le mariage de sa nièce avec l'héritier du vaillant Lysoys de Bazogues, surnommé *l'Homme de la noblesse du Maine*.

En 1153, Thibaut-le-Grand, comte de Blois, fit prisonnier le sire de Chaumont et l'enferma à Chateaudun, où il trépassa. Ses fils livrèrent alors le manoir de Chaumont à Thibaut, qui le fit démolir; mais ils conservèrent le fief et ses dépendances. Le château fut reconstruit par le seigneur d'Amboise, et c'est là que naquit le prélat connu dans l'histoire sous le nom de *cardinal d'Amboise*. Louis XII, n'étant encore que duc d'Orléans, avait obtenu l'archevêché de Rouen pour le jeune d'Amboise, à peine âgé de quatorze ans; et l'on pouvait faire remonter à cette époque le commencement de son ministère, puisque le duc d'Orléans, alors gouverneur général de la Normandie, lui confia l'exercice de l'autorité. Le duc d'Orléans étant parvenu à la royauté, le pouvoir que d'Amboise exerçait sur la Normandie s'étendit sur la France entière; il devint premier ministre et conserva ce titre, ainsi que l'amitié du monarque, jusqu'à sa mort.

. . . . . . Ce ministre fidèle
Qui seul aima la France et fut seul aimé d'elle,
Tendre ami de son maître, et qui dans ce haut rang
Ne souilla point ses mains de rapine et de sang.

Dans cet éloge exagéré qui échappa à la jeunesse de l'auteur de la Henriade, le dernier vers seul est rigoureusement exact; d'Amboise ne fut ni sanguinaire comme Richelieu, ni déprédateur comme Mazarin; mais ses qualités négatives furent peut-être dues à la bonté et à l'esprit d'économie de Louis XII. Du reste, il ne montra dans les affaires qu'une habileté médiocre; mais comme il fut souvent trompé, il laissa la réputation d'un honnête homme. Son principal mérite est de n'avoir jamais augmenté les impôts, malgré le fardeau des guerres d'Italie; ce fut là ce qui lui valut l'honneur de partager avec son souverain le titre de père du peuple. Du reste, ce ministre tant loué de Voltaire pour n'avoir eu qu'un seul bénéfice, mais à qui la France, qu'il gouvernait en maître, tenait au moins lieu d'un second, voulut en avoir un autre plus relevé. Il prétendit être pape après la mort d'Alexandre VI, et les membres du sacré collége eussent été forcés de l'élire, s'il eût été aussi politique qu'ambitieux.

Les troupes françaises destinées à la conquête de Naples étaient aux portes de Rome; mais les cardinaux italiens lui persuadèrent d'éloigner cette armée, afin que son élection en parût plus libre; il fut dupe de l'hypocrisie de générosité qu'on lui connaissait. Jules II fut proclamé pontife, et Gonzalve de Cordoue mit à profit l'absence des ennemis. Ainsi le cardinal d'Amboise perdit à la fois la tiare pour lui et Naples pour son roi.

Par un étrange accord de fonctions incompatibles, tandis qu'il était ministre du roi de France, il était en France le légat du pape: c'était pourtant le moins heureux des diplomates, car sa réputation d'homme d'État reste à jamais ternie par le traité de Blois, dont l'exécution eût démembré la France au profit du petit-fils de l'empereur et du roi Ferdinand d'Aragon, ses ennemis naturels. On promettait la cession de la Bretagne et de la Bourgogne, et l'abandon de Milan et de Gênes pour la dot de la fille de Louis XII, fiancée à ce prince qui fut depuis si célèbre sous le nom de Charles-Quint. La meilleure apologie qu'on ait pu faire des intentions du cardinal d'Amboise, c'est de dire qu'en signant ce traité il n'avait pas le dessein d'en observer les clauses. Triste avantage de n'échapper au soupçon d'inhabileté que pour encourir celui de fraude!

D'Amboise mourut à Lyon dans le couvent des Célestins, à l'âge de cinquante ans. Pendant sa maladie, il répétait souvent au frère infirmier qui lui donnait des soins : « Frère Jean, que n'ai-je été toute ma vie frère Jean? » C'était devancer sur son ministère le jugement de l'histoire. La gloire des rois a rarement profité de la confiance qu'ils accordaient a des prêtres, en les admettant dans leurs conseils; mais les prêtres ont beaucoup profité de cette confiance.

Le lignage de la maison d'Amboise ne fut interrompu qu'à la mort de Georges d'Amboise, tué en 1525 à la bataille de Pavie. A cette époque, le château de Chaumont passa dans la famille de La Rochefoucauld, par le mariage d'Antoinette d'Amboise avec le sire de Barbezieux. Ce fut après la mort de Charles de La Rochefoucauld que le château de Chaumont fut acquis par la reine Catherine de Médicis. C'est dans un petit oratoire, situé au haut de l'une des tourelles du château, qu'elle mandait Ruggieri le magicien, pour le consulter sur la destinée future de sa race. Un jour Ruggieri lui fit un cercle magique, et tandis que mille têtes fantastiques paraissaient autour d'elle et se reflétaient dans des miroirs noircis, trois petites figures royales parurent sur une table préparée, et l'alchimiste annonça que c'était trois fils de Catherine, tous trois couronnés d'un pesant diadême. Le sieur Regnier, mathématicien, et qui passait pour astrologue, venait aussi chaque huitaine à Chaumont. Il était l'inventeur d'un certain talisman que Catherine portait toujours sur elle. « On prétend, dit un écrivain contemporain, que la vertu de ce talisman était pour gouverner souverainement et connaître l'avenir, et qu'il était composé de sang humain, de sang de bouc et de plusieurs sortes de métaux fondus ensemble sous quelques constellations particulières qui avaient rapport à la nativité de cette princesse. »

Le château de Chaumont est construit sur une hauteur qui domine la ville de ce nom, a son entrée principale au midi, et donne sur une grande plaine. Les bâtiments, quoique peu réguliers, élevés à diverses époques, n'en sont pas moins remarquables dans leurs détails; les plus anciens sont ceux qui dominent la Loire. Au commencement du XVIIIe siècle, on voyait encore dans ce château des meubles parfaitement conservés ayant appartenu à Catherine de Médicis.

LE CHATEAU DU LOUVRE.

Les recherches sur l'étymologie de son nom ne présentent rien de certain. Les uns ont cru qu'il signifiait l'*ouvrage* par excellence ou le *chef-d'œuvre*, et que l'on a dit Louvre pour l'œuvre ou l'ouvrage. D'autres ont eu recours, avec raison, à la langue saxonne, et avancent qu'en saxon *loüer* signifie *château*. On attribue enfin cette dénomination à la situation du Louvre dans un lieu propre à la chasse, ce qui lui a valu dans les anciens titres le nom de *Lupara*, nom qui fut donné depuis à toutes les maisons royales.

L'ancien Louvre, fondé en 1204 par Philippe-Auguste, était alors tout à la fois une forteresse, un palais et une prison. Il était surtout remarquable par une grosse tour, dans laquelle le roi faisait sa résidence habituelle et où il donnait audience.

Charles V fit faire de nombreuses bâtisses et de grands changements, et ses successeurs complétèrent ce palais construit sans ordre et sans goût, tel qu'on le voyait il y a deux siècles. Il s'étendait, sous la figure d'un rectangle, depuis la Seine jusqu'à la rue de Beauvais, laquelle est détruite depuis les projets de jonction du Louvre et des Tuileries; et depuis la rue Froidmanteau jusqu'à la rue du Coq. C'était une suite de bâtiments dont les façades continues ressemblaient à quatre pans de murailles percées à l'aventure de petites croisées les unes sur les autres, sans aucune symétrie. Ces bâtiments étaient d'ailleurs flanqués d'un grand nombre de tours, et environnés de fossés larges et profonds : au centre était la grande cour, dont les dimensions étaient de 66 mètres sur 60 mètres, et la grosse tour, nommée spécialement la Tour-du-Louvre, dont les murs avaient plus de 4 mètres d'épaisseur, la circonférence 50 mètres et la hauteur 32. A l'entrée du pont jeté sur le fossé qui la séparait de la cour, figurait une statue de Charles V, tenant en main son sceptre et portant en tête la couronne de France. La tour communiquait aussi aux bâtiments qui entouraient la cour par une galerie de pierre. On ignore à présent combien il y avait d'étages; mais on sait que chacun était éclairé par huit croisées, garnies d'épais barreaux et d'un treillage en fil de fer. Afin que rien ne manquât à ce lieu redoutable, qui était plutôt une bastille qu'un palais, il était fermé par une énorme porte en fer garnie de serrures et de verroux.

L'intérieur du Louvre répondait à l'extérieur : c'étaient des salles immenses décorées d'armes, de trophées ou de peintures grossières, représentant des animaux de toutes sortes ou des paysages.[1] On y comptait plusieurs chapelles, et le plus grand des jardins n'avait que 12 mètres de long. C'était moins un palais qu'une sorte de résidence fortifiée.

Tel était le Louvre sous Charles V. Il n'en reste aujourd'hui que le nom et l'emplacement.

Plus d'un siècle et demi s'écoula sans qu'aucune réparation fût faite au palais de Charles V. Il tombait en ruine, lorsque François Ier voulut le restaurer pour y recevoir l'Empereur Charles-Quint (1538). Le premier projet du roi était seulement de réparer; mais il résolut ensuite de réédifier à peu près complètement. La grosse tour de Philippe-Auguste s'écroula sous le marteau; les constructions gothiques de Charles V furent abattues, et dans l'espace de huit ans un nouveau palais s'éleva sur les dessins et sous la direction du célèbre architecte Pierre Lescot, abbé de Clugny. Il reste encore aujourd'hui diverses parties du beau travail de Pierre Lescot; la plus remarquable, que l'on désigne sous le nom de *vieux Louvre*, est le corps de bâtiment qui fait face d'un côté à la cour carrée du Louvre, et de l'autre aux Tuileries.

Le Louvre, tel que nous le voyons aujourd'hui, fut ainsi commencé sous François Ier et achevé en partie sous Henri II. Louis XIII a fait bâtir le pavillon de l'Horloge, et c'est Louis XIV qui lui a donné son plus bel ornement, la fameuse colonnade que l'on doit au génie de Claude Perrault : on sait que le chevalier Bernin fut appelé d'Italie pour exécuter cette façade du Louvre, et que cet artiste donna de nouveaux plans qui ne furent point approuvés par le ministre Colbert. Par l'harmonie de ses parties, par sa simplicité majestueuse, par le bon goût, la richesse et la belle exécution de ses ornements, et par sa vaste étendue, cette façade est au premier rang des chefs-d'œuvre que possède Paris. Elle a

169 mètres et demi de longueur. La principale porte est dans l'avant-corps du milieu, qui est décoré de chaque côté de huit colonnes couplées et terminées par un fronton, dont la cymaise est de deux pièces de 17 mètres et demi de longueur sur 2 mètres et demi de largeur, et 48 centimètres d'épaisseur. La façade du côté de la Seine présente aussi trois ordres de fenêtres et est ornée de pilastres cannelés. Le palais est de forme carrée, et présente à l'intérieur de la cour, sur chaque dimension, quatre faces de bâtiments qui offrent à la vue plusieurs pavillons et corps-de-logis. Tout l'édifice est de trois ordres ou étages, et les avant-corps sont enrichis de colonnes. Les bas-reliefs ajoutent au luxe de ces façades, bas-reliefs qu'on doit au ciseau de Goujon, de Sarrazin, et de plusieurs sculpteurs modernes connus. Quatre vestibules spacieux conduisent à l'intérieur des appartements, et correspondent à des escaliers parmi lesquels on distingue celui de la façade de Perrault, pour ses formes grandioses et monumentales.

Depuis plus d'un siècle le Louvre allait se décomposant, s'avilissant, s'ensevelissant de plus en plus sous des amas de matériaux épars, de pierres, de terres, de gravois, de charpentes, sous ses propres débris, lorsque Napoléon prit en main les destinées de la France. Réparateur dans l'ordre matériel comme dans l'ordre social, le Premier Consul fit sortir le Louvre de ses ruines. D'immenses travaux intérieurs et extérieurs, d'ensemble et de détail, furent accomplis avec une activité égale à celle de Louis XIV. Cependant l'Empire passa encore sans que le monument qui doit résulter de la fusion du Louvre et des Tuileries fût achevé, et les deux morceaux d'ailes tendus l'un vers l'autre du Louvre et des Tuileries, pour former une galerie parallèle et semblable à celle des bords de la Seine, ne se rejoignirent pas. Le règne de la Restauration fut trop court pour qu'elle pût entreprendre une œuvre aussi vaste que la jonction de ces deux ailes : elle enrichit seulement l'intérieur du Louvre de salles somptueuses. Depuis la révolution de 1830, l'achèvement du Louvre et des Tuileries, remis de nouveau en projet, a été encore ajourné.

Pour mentionner les événements dont le Louvre fut le théâtre, il faudrait résumer toute l'histoire de France, depuis le jour où le comte *Ferrand bien enferré* entra dans la grosse tour, jusqu'à l'heure où les Parisiens, tués dans les journées de Juillet, reçurent une sépulture aux lieux mêmes où Charles IX jouait à la paume la veille de la Saint-Barthélemi. Il faudrait également parcourir toutes les annales des arts pour énumérer les illustrations, les trésors du Louvre, comme musée de sculpture, de peinture, d'antiques, comme palais d'exposition pour les produits des arts et de l'industrie de la France.

CHATEAU DES DUCS DE LORRAINE

A LUNÉVILLE.

Sur la route de Paris à Strasbourg, un peu au-dessus du confluent de la Meurthe et de la Vezouze, à six lieues de Nancy, se trouve la jolie ville de Lunéville aux rues larges, droites et bien bâties. Lunéville est célèbre par le traité conclu en 1801 entre la France et l'Autriche et par le séjour qu'y fit Stanislas Leckzinski, l'ex-roi de Pologne, le beau-père de Louis XV, ce prince que la douceur de son gouvernement, et ses romanesques aventures ont fait vivre dans la mémoire du peuple lorrain. Vers le commencement du siècle dernier, Léopold, duc de Lorraine, fit de grands embellissements à Lunéville, et y bâtit un beau château où ses successeurs fixèrent leur résidence, et Stanislas y vint habiter à son tour, quand le traité de 1737, en assurant pour l'avenir à la France les duchés de Lorraine et de Bar, lui en eut cédé la possession à vie.

Deux fois renversé par la force des évènements et par le progrès de l'influence moscovite, du trône où l'avait porté deux fois l'influence des Polonais, Stanislas commença alors à jouir d'un sort digne de ses vertus. Conservant, avec le rang et les honneurs de la couronne, le seul véritable avantage dont elle offre l'espérance, le pouvoir de servir efficacement l'humanité, jamais prince n'en fit usage avec plus de succès que lui. Tout ce qu'il avait autrefois déployé d'énergie et de capacité pour la politique ou pour la guerre se tourna, dans un règne tranquille, vers la félicité publique et le développement des arts de la paix. Aussi lui fut-il donné d'opérer des prodiges; car en jetant les yeux sur la liste des établissements utiles, créés par lui, qui subsistaient en Lorraine avant que la révolution en détruisît la plupart et dissipât les fonds dont sa munificence les avait dotés, on croit voir l'ouvrage de tout un siècle, et l'on se demande comment il avait pu réaliser tant de conceptions en vingt-neuf années, sans autres secours que les épargnes de son trésor. Dans son château de Lunéville, Stanislas était entouré d'une cour brillante, à laquelle se joignaient les esprits les plus distingués. Voltaire y parut à son tour, et fut, quoiqu'on en ai dit, accueilli très gracieusement du roi, qui, plus tard, ne s'en éloigna que lorsque la vanité, quelque peu arrogante, du philosophe devint intolérable.

Au milieu de tout son bonheur Stanislas ne pouvait croire que sa vie dût finir sans de nouveaux accidents. Après tant de malheurs, disait-il en riant à ses serviteurs, il ne me reste qu'à mourir par le feu. Le vieillard disait plus juste qu'on ne le pensait. — Le 5 février 1766, comme il s'était approché de trop près de sa cheminée, dans son château de Luneville, le feu prit à sa robe de chambre. En se baissant pour l'éteindre, il tombe, et, dans sa chute, son bras porte sur le brasier même. Le roi avait alors près de quatre-vingt-dix ans. Soit effet puissant de la douleur, soit faiblesse attachée à son âge, il ne put plus se relever, ni demander du secours. Frappé de l'odeur des chairs brûlées, un corps de garde placé en faction, deux chambres plus loin, n'osant entrer chez le roi, à cause de la consigne, appela les gens de service qui s'étaient absentés de l'antichambre. Pendant tout ce temps le vieux prince souffrait d'affreuses tortures, et quand on accourut on trouva deux de ses doigts calcinés et tout un côté du corps transformé en une horrible plaie. Le roi survécut quinze jours à cet affreux supplice; malgré ses souffrances horribles, il se montra calme, résigné, pieux, aimable même pour les gens qui l'entouraient, et jusque dans les lettres qu'il fit écrire à sa famille. Les habitants de Lunéville, de Nancy, d'Epinal, de Bar et de toute la Lorraine, racontent encore comme s'ils en eussent été témoins, la douleur profonde qui saisit tous les habitants. Pour lui, l'époque de sa mort fut une faveur de la Providence : il n'eut pas à gémir sur les malheurs de la Pologne, de cette Pologne qui lui était restée si chère et qu'allait désoler l'intervention toujours croissante de l'étranger.

Après la mort du dernier et du meilleur des souverains de la Lorraine, la décadence du château de Lunéville a marché rapidement.

Converti en caserne de cavalerie et les jardins devenus des promenades publiques, il ne reçut une destination nouvelle que sous la Restauration où il fut de nouveau habité par un prince étranger connu à des titres bien différents de ceux qui font encore aujourd'hui bénir la mémoire de Stanislas-le-Bienfaisant. Le fils de l'un des plus ardents ennemis de la révolution française, qui reçut les émigrés français dans sa principauté, et leur permit de s'y organiser en corps d'armée, Joachin de Hohenlohe, après avoir fait toutes les guerres de la révolution et de l'empire contre la France, n'en reçut pas moins de Louis XVIII le bâton de maréchal de France et le château de Lunéville pour résidence Enfin un dernier désastre lui était réservé. Un incendie en détruisit dernièrement toute la partie faisant face aux jardins.

LE CHATEAU D'AUMALE.

L'histoire d'Aumale n'offre qu'une longue suite de siéges et de dévastations. En 1089, cette ville appartenait à Robert, duc de Normandie. Guillaume-le-Roux, roi d'Angleterre, s'en empara, et sa conquête est légitimée par un traité. — En 1092, Philippe, comte de Flandre, qui prêtait le secours de ses armes au fils révolté contre son père, Henri d'Angleterre, prend Aumale d'assaut, et fait sa garnison prisonnière. En 1189, Richard-Cœur-de-Lion y met tout à feu et à sang. Reconquise en 1195 par Philippe-Auguste, elle retombe de nouveau au pouvoir de Richard en 1195, pour un an, ayant été reprise par le roi de France. La malheureuse ville, dévastée à chacun de ces siéges, n'offrait plus qu'un monceau de ruines, et depuis elle n'a jamais pu renaître à son ancienne prospérité. L'enceinte de ses murailles, désormais trop étendue, dut se rétrécir et se conformer au petit nombre de citoyens qui avaient échappé à tant de massacres. C'est en vain qu'espérant lui rendre quelque importance, le roi Henri II l'érigea en duché-pairie. Elle n'a plus marqué dans l'histoire que par les hauts faits d'Henri IV, dont ses murs furent témoins.

Accompagné seulement de quelques cavaliers, il osa pousser une reconnaissance trop près des postes avancés du duc de Parme; il fut reconnu et poursuivi avec acharnement. Forcé de fuir, il allait être atteint et fait prisonnier, sans la présence d'esprit d'une femme nommée Jeanne Leclerc, qui, voyant le danger qu'il courait, baissa le pont-levis de la longue rue, et le releva entre le roi et ses ennemis. Au moment même où Henri traversait le pont, il reçut dans les reins, au défaut de la cuirasse, une balle, qui heureusement était presque morte et ne lui fit qu'une légère blessure. Cette balle qui, si elle eût eu un peu plus de force, l'arrêtait au milieu de sa brillante carrière, était partie de la main d'un soldat, que plus tard Henri retrouva servant dans une compagnie de ses gardes.

C'est à cette occasion que Duplessis-Mornay écrivit à son roi ces lignes où respirait le style et le dévouement chevaleresque de l'époque.

« Sire, vous avez assez fait l'Alexandre, il est temps que vous » fassiez le César. C'est à nous, sire, à mourir pour votre majesté, » et ce vous est gloire, sire, de vivre pour nous, et j'ose vous dire » que ce vous est un devoir. »

Le comte Gueronfroy, le plus ancien des seigneurs d'Aumale ou Aubemale, dont le nom soit arrivé jusqu'à nous, fonda son château et son abbaye en 996. Cette belle maison abbatiale de Saint-Martin d'Auchy, dont l'église était alors si célèbre par sa magnificence, fut detruite dans le siécle suivant; elle fut rebâtie en 1448, et pourtant aujourd'hui elle a entièrement disparu. Une de ses portes, chef-d'œuvre d'architecture de la renaissance, décorée de sculptures précieuses aux armes et emblèmes de François Ier, une porte seule était parvenue jusqu'à nous. Nous l'avons vu détruire, il y a quelques années, en grande partie; nous donnons ce qu'il en reste.

LE CHATEAU DE TANCARVILLE.

Sur les rives de la Seine, non loin de son embouchure, à environ une lieue de Quillebœuf et à deux heures de Lillebonne, cette ville si fameuse par ses antiquités romaines, s'élèvent, sur le sommet d'une haute falaise, les ruines imposantes du château de Tancarville. Qu'elles sont nobles et pittoresques ces murailles menaçantes, ces tours démantelées, réfléchies dans les eaux de la Seine! Mais combien plus sublime, plus admirable encore est le spectacle qui se développe aux regards, lorsqu'on arrive par terre à Tancarville! Jamais paysage mieux composé n'est éclos sous la main de l'artiste : à droite, ces vieux murs ruinés, ces tourelles enlacées de lierre et de ronces, cette porte avec sa herse rouillée; à gauche, une végétation vigoureuse, des chênes séculaires, aux rameaux noueux et contournés, et, entre ces plans si fortement accentués, une échappée à perte de vue, un horizon sans bornes, la Seine large, rapide, presque une mer, sillonnée d'innombrables barques de pêcheurs à la voile blanche, qui se détache étincelante sur l'azur des eaux.

Quand on pénètre dans l'intérieur des ruines, le spectacle change; le cœur se serre en parcourant ces vastes salles désertes, jadis retentissantes de l'orgie des chevaliers, ces restes d'ogives qui furent une chapelle, ces appartements en décombres où reposèrent les damoiselles et les guerriers.

Ce morne silence n'est troublé que par les cris rauques du corbeau, la voix sinistre du hibou ou le sifflement de la couleuvre.

C'est surtout au clair de lune que ces nobles ruines frappent l'esprit d'une plus vive impression. Combien de fois, assis sur le tronçon d'une statue ou sur un fût de colonnettes accouplées, je me suis plu à reconstruire ce vieux manoir féodal au gré de mon imagination! Dans cette vaste cour, je voyais les piqueurs, les pages, les varlets, hâtant les apprêts d'une chasse; la noble dame, l'oiselet au poing, s'élançant sur les haquenées, que retenait un chevalier. Sur les murailles crénelées, se promenait lentement l'archer, l'arbalète sur l'épaule, l'œil et l'oreille au guet, attentif au moindre bruit, à la moindre apparition. Tout-à-coup le cor sonne : un duc, un roi vaincu et fugitif, demande hospitalité et protection. Le pont-levis s'abaisse pour se relever derrière lui. Bientôt l'ennemi paraît : les hommes d'armes, abrités derrière les créneaux, lancent une grêle de traits ou font pleuvoir l'huile bouillante par les larges machicoulis. J'entends les gémissements des mourants, les blasphèmes des blessés. Puis au moment où la victoire est le plus vivement disputée, où les deux partis font des prodiges de valeur, la chanson aux finales traînantes d'un pêcheur normand, ou un de ces orages si fréquents sur les côtes de la Manche, viennent me réveiller et me ramener à la réalité. Et c'est vraiment dommage! car ici la réalité est pauvre et l'histoire ne nous apprend aucun fait important dont le château de Tancarville ait été témoin.

Quelques étymologistes, il est vrai, trouvant dans Tancredi-Villa l'origine de Tancarville, veulent que ce lieu ait appartenu à la famille du fameux Tancrède, qui, Sicilien du côté de son père, était Normand du fait de sa mère, Emma, fille de Tancrède de Hauteville, et sœur du fameux Robert Guiscar, duc de Calabre. Mais malheureusement les anciens historiens, et surtout Raoul de Caen, qui écrivit l'histoire de Tancrède, ne nous apprennent rien de positif à ce sujet.

Il n'en est pas de même des sires de Tancarville. Nous savons que le roi Jean II érigea la seigneurie de Tancarville en comté, le 4 février 1351, en faveur du grand chambellan, vicomte de Melun, en récompense du courage qu'il avait déployé à la défense de Caen contre les Anglais, qui le firent prisonnier.

Plus tard, ce même Tancarville, pris de nouveau avec le roi à la bataille de Poitiers, en 1356, resta en Angleterre jusqu'en 1358, qu'il fut envoyé en France pour faire ratifier par les États les conditions au prix desquelles le monarque anglais consentait à rendre la liberté au roi captif.

Guillaume IV de Tancarville, son fils, joua un grand rôle sous Charles VI, et dans presque tous les actes qui nous sont restés du gouvernement de ce prince, le nom du comte de Tancarville figure à la tête de ceux des membres du grand conseil. Ce fut lui qui, en 1396, alla prendre possession de l'état de Gênes, qui s'était donné au roi. Il fut tué en 1415, à la bataille d'Azincourt, ne laissant qu'une fille, nommée Marguerite, qui porta la vicomté de Melun et le comté de Tancarville dans la maison de Harcourt, par son mariage avec Jacques de Harcourt, dont elle eut une fille, nommée Marie, qui épousa le célèbre Dunois.

Les sires de Tancarville étant sans cesse aux armées ou à la cour des rois, leur château ne joua jamais un rôle bien important. La chronique de Normandie ne le cite guère que pour mentionner les inimitiés particulières des sires de Tancarville et des comtes de Harcourt, leurs voisins; et, je vous le demande, comment trouver de la poésie dans ces combats livrés pour la conquête d'un pâturage ou d'un moulin.

LE CHATEAU D'ERMENONVILLE.

La terre d'Ermenonville, à 9 heures de Paris, dans le voisinage de Senlis, fut, au commencement du XIIIe siècle, ensanglanté par le fanatisme; la guerre civile y laissa des traces horribles, à cette époque désastreuse où en France le frère s'armait contre son frère; mais, enfin, Henri IV triompha de ses ennemis, et le roi vint dans cette solitude chercher le repos et le bonheur près de sa chère Gabrielle. Le brave Dominique Devic reçut, en 1603, le domaine d'Ermenonville des mains mêmes de Henri pour récompense de ses services; et, par une suite d'héritages collatéraux, ce domaine passa en 1701 à *Réné-Louis de Girardin.*

L'on peut dire qu'Ermenonville fut créé par ce seigneur. Avant lui, cette terre n'était qu'un marais impraticable; elle devint sous les yeux de son ingénieux et habile propriétaire, le plus beau jardin paysagiste de France. Les souvenirs de la Suisse et de l'Italie, longtemps visitées par le seigneur d'Ermenonville, le dirigèrent dans les embellissements qu'il fit à sa terre chérie. M. de Girardin l'appelait son Éden, et s'y trouvait le plus heureux des hommes. Il y conserva tout ce qui peut intéresser : la tour de Gabrielle, son bas-relief et l'armure de Devic sont en ruines, mais ils ne sont pas abattus, et l'on peut encore sous cette armure lire avec un peu de peine des vers qui font allusion à la jambe qu'avait perdue le brave Devic à la bataille d'Ivry.

Près de cette tour gothique, on arrive au lac qui mène au bocage, réduit délicieux et fleuri; la nature est là plus calme, plus parfumée qu'ailleurs; les oiseaux y gazouillent doucement, les eaux y murmurent sans bruit. On ne se croit pas sur la terre, cet asile semble près du Ciel; et pour ne pas détruire l'illusion, on lit sur un petit monument : *Ici repose l'amour.*

Dans le parc, le plus beau point de vue se fait admirer : l'île des peupliers se découvre de la manière la plus pittoresque. La vue de cette île et du monument qu'elle possède rappelle les malheurs de celui qui y trouva son dernier asile, après un séjour de quelques mois seulement chez son bienfaiteur. Le grand philosophe, l'homme de la nature et du génie, l'auteur d'*Émile*, enfin, reposa sous l'ombrage des beaux peupliers d'Ermenonville, jusqu'au moment où l'Assemblée nationale ordonna la translation des restes de J.-J. Rousseau au Panthéon. Le monument, de style antique, est orné des pensées chéries de Rousseau; une femme est assise près d'un palmier, soutenant dans ses bras son enfant qu'elle allaite, et, le livre d'Émile dans sa main, elle semble méditer sur ses devoirs; un autre groupe représente des femmes encore, déposant des fleurs sur l'autel de la nature; la devise que Rousseau s'était choisie est inscrite sur le fronton du monument :

Dévouer sa vie à la Vérité.

M. de Girardin y fit ajouter ces mots :

Ici repose l'homme de la nature et de la vérité.

Près du tombeau, sur une simple pierre, à côté du banc appelé le banc des mères, on lit cette inscription :

Là sous ces peupliers.... dans ce simple tombeau,
Qu'entourent ces ondes paisibles,
Sont les restes mortels de Jean-Jacques Rousseau;
Mais c'est dans tous les cœurs sensibles
Que cet homme si bon, qui fut tout sentiment,
De son âme a fondé l'éternel monument.

On admire dans le parc le temple de la Philosophie, soutenu par six colonnes, sur lesquelles sont inscrits les noms de Newton, Descartes, Voltaire, W. Penn, Montesquieu, J.-J. Rousseau. Sous les noms de ces grands hommes sont les mots suivants : « Lumière. — Nul vide dans la nature. — La raillerie. — L'humanité. — La justice. — La nature. » Puis sur une septième colonne inachevée, ces mots : « Qui l'achèvera?..... » Dans la forêt, on trouve encore des débris de cabanes, de grottes, des temples. Ermenonville a aussi son désert à pic et sauvage : en s'enfonçant dans les ronces, en gravissant des sentiers tortueux et des rochers à pic, on arrive au rocher de Julie... avec ces mots d'Héloïse :

« La roche est escarpée, l'eau est profonde, et je suis au désespoir!... »

Dans le désert, il existe encore une chaumière très anciennement construite. M. de Girardin l'a dédiée à Rousseau, qui se plaisait dans ce lieu sauvage. On y lit ces pensées empruntées à ses œuvres :

« C'est sur la cîme des montagnes solitaires que l'homme sensible aime à contempler la nature; c'est là que, tête à tête avec

» elle, il en reçoit des inspirations toute-puissantes, qui élèvent » l'âme au-dessus des erreurs et des préjugés. »

On y lit encore :

« Celui-là est véritablement libre, qui n'a pas besoin de mettre » les bras d'un autre au bout des siens pour faire sa volonté. »

Le village d'Ermenonville, baigné par la petite rivière de la Nonette, est peuplé de six cents habitants à peu près. Ce village est assez triste.

Le château coupe la vallée en deux parties; l'ancien manoir lui sert de fondation. Trois tours s'élèvent à trois extrémités, une quatrième est renversée; les fossés du château sont remplis d'eau, et lui donnent un aspect noble que n'ont pas les habitations privées de cette décoration féodale. Peu d'étrangers ont quitté la France sans avoir visité Ermenonville; et la terre qui a vu mourir J.-J. Rousseau est peut-être celle qui laisse le plus d'émotions. En 1777, l'empereur Joseph II y vint; Gustave III lui rendit aussi visite en 1783; et la reine de France y fut reçue par M. de Girardin. Enfin, en 1815, lors de l'invasion de notre patrie, à cette époque désastreuse où les étrangers s'érigeaient en maîtres dans nos campagnes, on vit un des chefs de l'armée russe, qui avait établi son camp au *Plessis-Belleville*, donner l'ordre de respecter Ermenonville et décharger le village de toute corvée militaire, par respect pour la mémoire du philosophe qui l'avait habité, tant le génie inspire de vénération à tous les peuples ! On ne veut pas rougir de soi-même sous le toît qui a couvert un grand homme; on veut par quelque chose se rapprocher de lui; on veut pouvoir s'appliquer ces vers de *Régulus* :

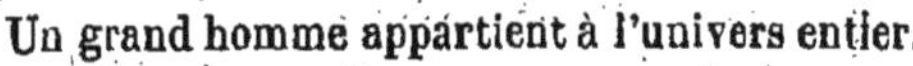
Un grand homme appartient à l'univers entier.

LE CHATEAU DE GAILLON, EN NORMANDIE.

Ce château date du XIIe siècle. Il est situé à neuf lieues de Rouen, sur la rive gauche de la Seine et tout auprès des bords du fleuve. On ne trouve pas dans les annales de ce monument le nom de ses véritables fondateurs. Tout ce qui est dit sur son origine n'est que pures conjectures.

Quand Philippe-Auguste eut pris la Normandie sur le roi d'Angleterre, il fit présent du château dont nous nous entretenons, à l'un de ses officiers. Plus tard, il revint à la couronne, dont il fut détaché de nouveau, en 1262, par saint Louis, pour être donné à l'archevêque de Rouen. Il fit dès-lors partie des domaines de l'archevêché de Rouen, et servit de maison de plaisance aux archevêques.

A l'époque de l'invasion désastreuse des Anglais, sous le déplorable règne de Charles VI, et au commencement du XVe siècle, Gaillon fut saccagé, pour punir Louis d'Harcourt, archevêque de Rouen, d'avoir refusé obeissance au roi d'Angleterre. Ce n'était qu'un amas de décombres, quand le cardinal George d'Amboise monta, en 1493, sur le trône épiscopal de Rouen. Ce prélat, actif, éclairé, ami des arts, songea bientôt à relever les ruines de Gaillon. Il changea le plan sur lequel l'édifice avait été précédemment construit. Comme le cardinal avait rapporté de l'italie, qu'il avait parcourue, de beaux souvenirs d'architecture, il voulut mettre dans le palais qu'il méditait toute la magnificence de l'art.

Le château de Gaillon devint une des merveilles de l'époque.

Gaillon fut un musée, où les *taille-pierres* et les *imagiers* les plus renommés du jour s'empressèrent à l'envi d'exposer les plus heureuses productions de leur génie.

« Les murs du palais, dit un historien, se couvrirent d'arabesques d'une élégance exquise, de riches médaillons, de sculptures gracieuses, qui se multipliaient comme par enchantement sous la main de Jean-Juste de Tours, et de Paul Ponce. »

L'ensemble des bâtiments du château de Gaillon formait un carré long dont la façade, d'une délicatesse de structure vraimen prodigieuse, dessinait au centre un arc de triomphe de peu d'élévation ; l'admirable légèreté de cet arc et les bas-reliefs dont il était orné en faisaient un véritable chef-d'œuvre.

Entretenu avec soin par les successeurs du cardinal d'Amboise,

le château de Gaillon était encore dans toute sa splendeur lorsque la révolution française éclata, mais alors il tomba sous les mains de ces vandales, organisés en *bande noire*, qui l'anéantirent pour en vendre les matériaux. Il n'en reste plus aujourd'hui que des ruines que l'on conserve avec soin, mais qui ne peuvent donner qu'une idée bien incomplète de ce magnifique édifice.

Le plus précieux fragment de ces débris, l'arc de triomphe, a été transporté à Paris et placé au palais des Beaux-Arts, dont il partage la cour en deux parties ; dans la première les amateurs admirent également l'élégant *portail du château d'Anet*, bâti en 1548, par Henri II, pour Diane de Poitiers.

CHATEAUX ÉTRANGERS.

CHATEAUX DES BORDS DU RHIN.

Parmi les sites pittoresques et sauvages que présentent les rives du Rhin, surtout depuis Mayence jusqu'à Cologne, l'œil du voyageur découvre à de fréquents intervalles, entre deux gorges étroites formées par l'écartement de hautes montagnes plusieurs châteaux à demi ruinés, retraites de brigands fameux qui furent jadis l'effroi de la contrée; vous diriez des nids d'aigles suspendus entre deux gouffres. Il n'est pas surprenant que la poésie chevaleresque des siècles de superstition ait trouvé dans ces brillants et sublimes tableaux d'amples matériaux pour les légendes et les contes romanesques. Le nom seul de certains lieux célèbres annonce d'une manière expressive quelques traditions. Tels sont le *Treunfels* (Roches de la fidélité), *Drachenfels* (Roches du dragon), *Wolkenburg* (Château des nuages), *Loewenberg* (Roche des lions), *Ehrenbreistein* (Pierre d'honneur), *Ehrenbreistein*, fière de son imposante forteresse, de son griffon, de ce fameux canon qui peut porter jusqu'à Andernach; *Johanisberg,* fameux par ses vins, et enfin l'antique *Mayence* avec ses pompeux édifices.

Sur la gauche de la gravure ci-contre, au sommet d'une montagne, sont les ruines du *Rolandseck*, ou *le coin de Rolland.* Au milieu du fleuve est une île couverte d'arbres, où se trouve le couvent de *Nonnenwerther;* et plus bas, sur la rivière à droite, en descendant de Mayence à Cologne, est le roch appelé *Drachenfels,* couronné d'un vieux mur, qui faisait autrefois parti d'un ancien château. Voici une des légendes du Rhin qu'on ne lira peut-être pas sans intérêt.

Roland ou Orlando, l'héroïque neveu de Charlemagne, était éperdûment épris de la belle Hildegonde ; il venait de lui engager sa foi lorsqu'il fut appelé aux combats. Bientôt la jeune fille apprit que son chevalier avait péri au milieu d'une bataille meurtrière. Cette nouvelle anéantit toutes ses espérances de bonheur. Elle renonça au monde et prit le voile. A peine le sacrifice fatal était-il consommé que le son de la trompette annonça le retour de Roland, qui n'avait reçu qu'une légère blessure dans le combat ; mais il était trop tard. Hildegonde vécut religieuse dans le couvent de Nonnenwerther, et notre héros, afin de se rapprocher de la triste résidence de sa bien-aimée, bâtit un ermitage dans le lieu qu'on appelle encore aujourd'hui *Rolandseck*. Après la mort de Hildegonde qui arriva bientôt après, Roland hasarda de nouveau sa vie dans les combats, et périt dans la bataille de Roncevaux.

Drachenfels est la plus haute des *Siebengeburge*, ou sept montagnes. Ce château appartenait autrefois aux comtes de Drachenfels, dont la famille s'éteignit en 1580.

Quelques belles et pittoresque qúe soient les ruines de ces châteaux qui ornent les bords du Rhin, on ne peut oublier en les voyant qu'ils furent autrefois les repaires de la violence et de la tyrannie. Le pouvoir des seigneurs qui les possédaient devint si oppressif, que soixante villes sur le Rhin se liguèrent contre eux et attaquèrent leurs forteresses. Plusieurs châteaux furent détruits par les flammes, et aujourd'hui ces ruines et ces décombres sont tellement confondus avec les fragments de rochers, que souvent on ne peut distinguer les uns des autres. Nonnenwerther est une île d'environ cent acres de superficie ; elle contient encore un immense édifice sur l'emplacement duquel s'élevait autrefois l'ancien couvent de Frauenworth, fondé en 1122. En 1775 ce couvent fut brûlé et rebâti sur un plan plus vaste. Napoléon, devenu maître du pays, voulut fermer ces établissements, et défendit qu'on y accueillit des novices. En 1815, cette île devint une des possessions du royaume de Prusse, auquel elle appartient encore aujourd'hui. A la mort des religieuses dont Napoléon avait limité le nombre, la maison fut vendue et devint un hôtel. Cette île et ses environs offrent beaucoup d'intérêt aux géologues, car elle renferme une grande quantité de colonnes de basalte. Une partie de ces curieuses colonnes est cachée dans l'eau en face du village d'Unkel, et rend dans ce lieu la navigation du Rhin extrêmement dangereuse.

LE CHATEAU DE JOHANNISBERG.

Au sommet du Johannisberg, dans le duché de Nassau, s'élève une charmante habitation, des fenêtres de laquelle la vue embrasse le plus admirable paysage qu'il soit possible d'imaginer : c'est un château qui appartient au prince de Metternich. Tous les voyageurs qui veulent le visiter y sont parfaitement accueillis, et le nombre en est grand ; car on chercherait vainement ailleurs un panorama plus merveilleux que celui qui, de ce point, se déroule aux regards. L'histoire de ce château a été faite par un vieux serviteur du prince, qui en est le gardien, et c'est toujours avec un nouveau plaisir et une grande satisfaction d'amour-propre, que ce brave homme la raconte aux visiteurs. Cet amour-propre d'auteur est, à la vérité, bien justifié par l'œuvre ; il serait impossible de faire l'histoire du château de Johannisberg d'une manière à la fois plus simple, plus concise et plus exacte ; aussi nous garderones-nous bien d'y rien changer. La voici telle qu'elle a été recueillie par un voyageur doué d'une excellente mémoire.

« Dans l'origine, ce château n'était autre chose qu'un couvent de moines comme il y en avait tant alors dans ce pays ; sur un espace de cinq lieues carrées, il n'y en avait pas moins de douze, vrais paradis où les pères vivaient joyeusement ; car il y avait tel de ces couvents qui possédait plus d'or qu'il n en faut pour entretenir une cour. Celui-ci fut construit vers la fin du XIe siècle, par Richard, archevêque de Mayence, qui pensait faire oublier ainsi les persécutions et les outrages dont il avait accablé les juifs. Il mit ce couvent sous l'invocation de saint Jacques, parce que c'était le jour de la Saint-Jacques que ces persécutions avaient eu lieu. De là le nom de Johannisberg donné à la montagne qui, auparavant, s'appelait Bichofsberg (montagne de l'évêque). En 1138, le couvent, richement doté par les derniers rejetons de la famille de Rhemgrafen, qui en avaient été moines, fut élevé au rang d'abbaye, et ses richesses allèrent toujours en augmentant. Mais vint la réforme, qui devait porter un rude coup à la domination ecclésiastique. A l'exemple du reste de l'Allemagne, les habitants des bords du Rhin et du Rhingau se levèrent, et le poignard à la main invoquèrent la liberté. Les moines du Johannisberg eurent beaucoup à souffrir.

On les contraignit à payer des impôts, et, pour qu'après leur mort leurs biens revinssent au pays, il leur fut défendu de recevoir des novices. Cependant le temps arriva où le peuple, affaibli par ses propres excès, désorganisé par les querelles incessantes de ses chefs, ne put affronter davantage les puissances ecclésiastiques et les puissances profanes réunies contre lui; il perdit un à un tous ses droits; il se vit forcé de courber de nouveau la tête sous le joug. Quoi qu'il en soit, le couvent de Johannisberg ne recouvra jamais son ancienne splendeur. Beaucoup de moines avaient pris la fuite; une bonne partie des richesses avait disparu. L'archevêque de Mayence résigna donc son abbaye, et fut administrer ses biens. Plus tard, en 1620, il la loua trente mille florins au reichspfennigmeister Bleymann, qui était le Rothschild d'alors. Les héritiers de celui-ci, esprits peu spéculatifs, rompirent le bail en 1710, et le Johannisberg passa en propriété à l'archevêché de Fulda. Ce fut ainsi que, pendant très-longtemps, les chanoines de Fulda jouirent seuls de l'heureux privilège de voir sur leur table le vin généreux de Johannisberg.

« Enfin éclata la révolution française, et les idées de liberté ne tardèrent pas à se réveiller sur les bords du Rhin. Malgré la sanction que leur avaient donnée les siècles, les vieux droits furent anéantis; tout prit une face nouvelle. Le peuple, dont l'intelligence avait été jusqu'alors étouffée par une dévotion mal entendue, se polit au contact des autres peuples, dont il s'appropria les habitudes et les croyances. Les habitants du Rhingau, qui jusqu'alors n'avaient cultivé leur sol qu'avec répugnance, s'accoutumèrent à voir dans ce travail leur plaisir le plus doux.

« Les couvents furent supprimés. On reconnut que les trois confessions chrétiennes étaient les filles d'une même mère; et les peuples des deux rives confondirent tellement leurs institutions, leurs mœurs, leurs langues, qu'ils semblaient ne plus en former qu'un seul. Des pays catholiques se virent gouvernés par des princes protestants, et des princes catholiques accordèrent au protestantisme leur appui et leur protection.

« Ce fut à cette époque de sécularisation et de dédommagements que Fulda tomba dans le domaine de la famille d'Orange, qui occupe actuellement le trône de Hollande, et avec Fulda, le Johannisberg. Napoléon passa le Rhin, et le Johannisberg changea de maître : le conquérant le donna au maréchal Kellermann. Puis enfin, quand Napoléon eut disparu de la scène, l'empereur d'Autriche fit présent de ce beau domaine au prince de Metternich, qui aujourd'hui encore en est le possesseur. »

C'est avec la même complaisance que le gardien lettré du Johannisberg conduit les visiteurs dans les appartements du château ; on ut tout voir, et l'on pénètre sans difficulté jusque dans le cabi-

net du prince. Il n'y a d'ailleurs rien de bien remarquable à l'intérieur de ce château; mais lorsque l'on arrive sur le principal balcon, on est transporté d'admiration : devant le visiteur, ainsi placé, se déroule tout le duché de Nassau; ce sont d'innombrables villes et villages réunis par de longs rubans de vignes, et au milieu desquels le Rhin serpente large et majestueux; puis Mayence et ses jardins; puis les plaines immenses du Palatinat, que borne à l'horizon le Donnersberg, dont le sommet se perd dans les nues. Enfin, à ses pieds, le spectateur a le vignoble du Johannisberg, dont le vin est renommé dans l'univers entier, mais dont il n'est donné qu'à un bien petit nombre d'élus de ressentir la généreuse influence.

BADE.

A deux lieues du Rhin, au milieu d'une de ces belles vallées qui s'étendent de la forêt Noire jusqu'à ce fleuve, s'élève la ville de Bade, place forte autrefois, mais dont les vieux murs tombent en ruine, et dont les fossés sont à moitié comblés. Cette ville, résidence du grand-duc, et qui offre, avec ses châteaux et ses tours, un aspect des plus pittoresques, ne compte pas plus de trois mille habitants; ses maisons, au nombre de quatre cents environ, sont en général petites, mal bâties et plus mal entretenues; presque toutes sont en quelque sorte enterrées dans le sol, fort escarpé sur certains points, et il en est un assez grand nombre où l'on peut presque, de plain-pied, passer du grenier au jardin.

Tout le monde sait de quelle réputation jouissent les eaux de Bade; c'est à ces eaux que la ville doit toute son importance; elles sont la cause du rendez-vous que s'y donne l'aristocratie de toute l'Europe. Dès que la saison des bains est arrivée, c'est-à-dire au mois de juin, le grand monde afflue dans la petite ville, qui, calme et silencieuse pendant la plus grande partie de l'année, acquiert alors l'importance d'une capitale : les hôtels sont insuffisants; les maisons particulières s'encombrent. Malheur aux retardataires! ils se donneront mille peines pour trouver un logement, et quelque grands seigneurs qu'ils soient, ils devront se trouver heureux d'obtenir un réduit de quelques pieds carrés; on a même vu des familles entières obligées, en arrivant, de passer plusieurs nuits dans leurs voitures.

Quelle que soit l'efficacité des eaux de Bade, elles ne sont, pour beaucoup d'étrangers, que le prétexte du séjour qu'ils font dans cette ville; les maisons de jeu qui y sont tolérées, les fêtes, les plaisirs de toutes sortes sont des appâts non moins puissants. Et puis la nature est vraiment charmante à Bade; la verdure des arbres, des bosquets, du gazon y est d'une fraîcheur délicieuse; toutes les collines, tous les vallons abondent en sources d'eau vive, et le moindre enfoncement y produit un ruisseau limpide. Les ombres solitaires sont animées d'oiseaux de toute espèce; tous les chemins, les moindres sentiers deviennent d'agréables promenades, embellies par la diversité des points de vue; et l'on trouve dans le moindre hameau, dans la ferme isolée, même sous les ruines du vieux château, du vin, du lait, des eaux minérales, d'autres rafraîchissements.

Les promenades les plus fréquentées sont la vallée de Mourg, le Houb, le Vieux-Château, les ruines d'Eberstein, les Rochers : on y fait des déjeuners, des dîners sur le gazon, dont le sans-façon n'exclut ni le confortable, ni le ton de bonne compagnie.

LE CHATEAU DE HEIDELBERG

Au pied d'une montagne et sur les bords du Necker s'élevait, vers le milieu du XIIIe siècle, un bourg assez peu important, mais que sa position géographique et topographique ne pouvait manquer d'en faire bientôt une ville de premier ordre. En effet, ce bourg qui, au XIVe siècle, avait acquis un accroissement considérable, prit rang parmi les villes de l'Allemagne, et devint bientôt la capitale du Bas-Palatinat.

L'université de Heidelberg est à la fois une des plus anciennes, des plus renommées et des moins nombreuses de l'Allemagne. Sa bibliothèque, qui contient une des plus riches collections de manuscrits qui soient au monde, a subi de grandes vicissitudes. Transportée à Rome, au Vatican, par l'électeur de Bavière, Maximilien-Robert, elle vint, sous le règne de Napoléon, augmenter les tresors de la Bibliothèque impériale de Paris ; mais, après le désastre de Waterloo, cette collection fut rendue à Heidelberg, où elle continue à faire l'admiration des savants.

Du château de Heidelberg, un des monuments les plus remarquables du moyen âge, qui servit pendant longtemps de résidence aux électeurs de Bade, il ne reste aujourd'hui que des ruines, mais des ruines imposantes, propres à donner une idée de la grandeur et de la majesté de ce palais, bâti au XIVe siècle par l'électeur Otto-Henri, et auquel l'électeur Frédéric IV ajouta d'immenses et admirables constructions. Elevé sur un rocher, et suspendu en quelque sorte sur la ville de Heidelberg, ce château communiquait avec la cité au moyen de vastes souterrains assez bien conservés pour être, de nos jours, parcourus sans danger.

L'histoire de ce château offre de singulières péripéties : ainsi, en 1557, alors qu'on avait fait des anciennes constructions un magasin à poudre, et que le *palais nouveau* était occupé par l'électeur Louis V, la foudre tombe sur la principale tour, la renverse, met le feu aux poudres : une horrible explosion se fait entendre ; le vieux château est renversé, broyé ; des masses de pierres, des poutres sont lancées sur la ville, et particulièrement sur le château neuf, dont une partie fut également détruite. L'électeur, qui était dans son cabinet lorsque l'orage commença, venait d'en sortir au moment où l'explosion se fit entendre ; cette circonstance provi-

dentielle le sauva; il avait à peine quitté cette partie du château, qu'elle s'écroula, écrasant dans sa chute toutes les personnes qui s'y trouvaient. Il ne restait plus que quelques traces de ce désastre, lorsqu'en 1622 ce château fut pris et saccagé par les Espagnols; puis vinrent les Français qui, sous le commandement de Turenne, le bombardèrent à deux reprises. Réparé à grands frais, cet édifice avait recouvré toute sa splendeur, et il était devenu de nouveau la résidence de l'électeur, lorsqu'en 1764, il fut pour la seconde fois, incendié par la foudre et presque entièrement détruit.

Abandonné depuis cette époque, le château de Heidelberg offre néanmoins encore un aspect imposant, et ses ruines peuvent donner une juste idée de sa grandeur passée. On remarque particulièrement, au milieu de ces débris, un tonneau d'une grandeur extraordinaire, orné de sculptures parfaitement conservées. Lorsque le château de Heidelberg servait de résidence aux électeurs, ce foudre énorme, qui contient plus de cinquante barriques, était constamment rempli de vin du Rhin, et aujourd'hui, bien que vide depuis plus d'un siècle, il est encore considéré comme une des merveilles de l'Allemagne.

« Le vieux château s'écroule, dit un voyageur français ; les magnifiques sculptures gothiques se dégradent de plus en plus; vainement un dessinateur, qui, avec un zèle digne des plus grands éloges, s'est constitué depuis un temps indéfini le gardien et le *cicerone* de ce beau monument, sollicite du gouvernement badois, à qui le château appartient, quelques mesures conservatrices. Chaque année il y a de nouveaux désastres par le dégel au printemps, par les orages en automne; et un jour le vieux château sera une masse informe, dont on vendra peut-être les pierres de taille à l'encan, et dont il ne restera plus que les dessins, heureusement nombreux, de M. Charles de Graimbert. La salle des chevaliers est sans plafond; les voûtes qui supportent la superbe terrasse, d'où la vue s'étend au loin sur le cours du Necker et sur les jolies collines qui le bordent, ces voûtes ébranlées par les barils de poudre de Louvois s'affaisseront quelque jour.

« Les statues des électeurs palatins sont renversées dans leurs niches; nul des fils de leurs vassaux ne prend la peine d'aller les remettre d'aplomb. Le vieux tonneau est vide depuis plus d'un siècle et demi; les curieux peuvent y descendre et en mesurer les flancs. Une seule fois, M. Charles de Graimbert en a vu le vin jaillir; c'était en 1813, pour l'empereur Alexandre et ses alliés, les souverains d'Autriche et de Prusse; mais ce n'était qu'une fraude pieuse : le vieux tonneau n'était pas plein ; le vin qui coulait venait d'un baril honteux qu'on y avait glissé la nuit précédente. »

LE CHATEAU DE HAUT-LANDSBERG.

Vues dans toutes leurs proportions colossales du fond de la vallée, les murailles puissantes de cette construction gothique lui impriment encore, malgré son état de complète dévastation, un caractère frappant de force et de majesté ; examinées des autres points de vue, elles perdent de leur grandiose, mais elles prennent l'aspect le plus pittoresque en mêlant leurs lignes, que la dégradation a rompues et rendues irrégulières, avec les cimes des arbres et les masses de rochers que la nature a disposées et taillées en fortifications : l'œil se laisse aller volontiers à confondre l'œuvre des hommes avec les créations de la nature. Lorsqu'on monte vers le château à travers la forêt, on rencontre d'abord d'énormes blocs de maçonnerie qui formaient jadis les ouvrages avancés de la place, et on arrive, après les avoir franchis, devant la façade principale. C'est par là qu'on pénétrait jadis dans la forteresse ; mais la destruction du pont-levis, en changeant en quelque sorte la porte en fenêtre, l'a rendue depuis longtemps inaccessible, et a obligé de pratiquer ailleurs une autre entrée : on a percé un pan de muraille. Le Haut-Landsberg est tellement dévasté, qu'il ne reste plus aujourd'hui aucun vestige de ses distributions intérieures.

L'herbe et les bruyères ont envahi l'emplacement des salles, des appartements et des cours que renfermait une triple enceinte. Çà et là s'élèvent des montagnes de décombres, dont les plantes grimpantes commencent à prendre possession ; et, comme pour faire ressortir encore par un contraste tous les détails de cette scène de désolation, du milieu de ces ruines jaillissent, toujours limpides et abondantes, les eaux d'une fontaine qui a désaltéré des générations d'hommes d'armes et de chevaliers, et qui avait été, peut-être, une des considérations déterminantes dans le choix de ce terrain pour y asseoir un château. Les murailles extérieures, les murailles d'enceinte, se sont seules soutenues debout, et, à voir leur solidité, on ne s'étonne pas qu'elles aient résisté au temps et aux hommes. Elles sont les seuls indices de la magnificence et de la grandeur de la noble forteresse ; mais elles suffisent, par leur immense développement, par leur hauteur effrayante, par leur épaisseur extraordinaire (épaisseur telle qu'elle renferme des salles d'armes et des galeries), et par les tours formidables qu'elles portent encore à leur sommet, pour en donner la plus haute idée. Le Landsberg était, en effet, un des châteaux féodaux les plus considérables de la contrée, et ses fastes militaires sont pleins d'intérêt.

Fondé, selon l'opinion la plus générale, vers la fin du XIIe siècle, sous le règne de l'empereur Frédéric Barberousse, il servait de résidence aux prévôts de la ville de Colmar; l'un d'eux, Sigefroi de Gundolshum, s'y défendit en 1281 contre les troupes de l'empereur Rodolphe de Hapsbourg, longtemps même après la soumission de Colmar, qui était entrée dans la ligue des villes suisses contre le joug féodal du fondateur de la dynastie impériale de Hapsbourg. Conquis par la maison d'Autriche sur les habitants de Colmar, enlevé aux princes d'Autriche par des barons révoltés, changeant souvent de maître à l'amiable ou par le sort des combats, le Haut-Landsberg ne cessa, pendant plusieurs siècles, d'entendre le cri de guerre et le bruit des armes, soit que les seigneurs se le disputassent, soit aussi que des paysans insurgés y vinssent assiéger des maîtres trop tyranniques. Le plus célèbre de ses possesseurs fut Schwendi, qui gagna contre les protestants, contre les Turcs, contre les Hongrois, et aussi contre les Français, aux batailles de Saint-Quentin et de Gravelines (1557 et 1558), la réputation d'un des plus habiles hommes de guerre de son siècle. Il était encore entre les mains des descendants de ce grand capitaine, lorque les Suédois y entrèrent en 1633, quatre mois après qu'ils eurent pris possession de Colmar. Enfin Turenne s'en étant emparé sous Louis XIV, lui fit subir le sort commun de la plupart des forteresses d'Alsace : il la démantela complètement.

LE CHATEAU D'ANNECY EN SAVOIE.

Le château d'Annecy fut anciennement la résidence des ducs de Savoie-Nemours. Nul doute que ce singulier monument, isolé sur un immense talus, n'ait été le produit d'une inspiration militaire et inquiète. Sa construction, semblable à l'aire d'un aigle, donne une juste idée de ces barons de la féodalité, qui se bâtissaient des nids inaccessibles pour commettre impunément des déprédations.

En parcourant les vastes ruines de cette citadelle redoutable, dont les donjons séculaires apparaissent de tous les points de la vallée, on voit que le génie des armes a passé par là.

Il était nécessaire aussi qu'Annecy, en proie à des luttes éternelles, eût un rempart, comme ce château, pour se préserver de toute agression. Puis, sur un point renommé comme imprenable, des guerriers contraignent mieux les assaillants les plus puissants à leur accorder des capitulations qui ressemblent à des victoires, témoin celle que Châtillon fut obligé d'accorder, lorsqu'en 1630 la ville d'Annecy osa résister presque seule aux armes triomphantes de Louis XIV.

Résidence des comtes genevois, le château d'Annecy lie naturellement son histoire à celle de la Savoie. Cette ville eut une large part dans la gloire et les revers de sa mère-patrie. Elle fut brûlée par les barbares et ne se releva de ses ruines que pour être la proie des flammes, en 1412, 1448 et 1559; puis, par un autre sinistre opposé, comme si le sort eût voulu faire une ironie amère, Annecy fut menacée d'une submersion. La fonte des neiges fut tellement subite, que les habitants ne durent leur salut qu'à l'asile qu'ils trouvèrent dans l'enceinte du château.

Située au pied d'une montagne et baignée par les eaux limpides d'un lac, la petite ville d'Annecy, dont le nom seul réveille tant de souvenirs historiques, présente l'aspect le plus séduisant; mais ses environs surtout sont enchanteurs; les bords du lac sont d'une fertilité admirable, et de toutes parts les points de vue sont magnifiques. Quant aux monuments de cette cité, le château dont nous avons parlé est le seul qui mérite d'être remarqué; il faut pourtant mentionner aussi les deux canaux qui traversent la ville et qui, lors des fontes de neige, vont jeter le trop plein du lac dans un torrent appelé le Fier.

Au bruit des armes a depuis longtemps succédé, dans Annecy, le calme le plus profond, et il serait difficile de retrouver, dans la population paisible de cette petite ville, la postérité d'ancêtres qui furent si belliqueux.

LE CHATEAU DE MARIENBERG.

L'antique et pittoresque cité de Wurtzbourg est considérée, à juste titre, comme l'une des villes les plus riches et les plus importantes de la Bavière; de riches coteaux environnent la charmante vallée au milieu de laquelle elle est située, et le Mein, qui la divise en deux parties, contribue à la fois à son embellissement et à sa prospérité. Un pont de 450 pieds est jeté sur le fleuve, vers le milieu de la ville, dont la partie située sur la rive droite est appelée l'Ancien-Wurtzbourg; la partie bâtie sur la rive gauche se nomme quartier du Mein.

Le fleuve, très-large à cet endroit, est constamment couvert de bateaux, et offre l'aspect le plus animé. La ville est riante; tout y respire l'abondance et la prospérité, en dépit des hautes murailles et du large et profond fossé qui l'entourent. Les maisons y sont presque toutes construites en bois, d'une manière fort peu régulière; mais cette irrégularité même a quelque chose d'agréable qui fait ressortir la beauté des principaux monuments, parmi lesquels on remarque le château royal, dont l'architecture et les peintures à fresque sont admirables.

C'est sur la rive gauche du Mein, au sommet d'un rocher, qu'est situé le château de Marienberg, qui sert de citadelle à la ville de Wurtzbourg. Le rocher qui porte cette forteresse n'a pas moins de quatre cents pieds de haut. Rien n'est plus imposant que l'aspect de ce château fort, dont l'origine remonte à la plus haute antiquité, et au milieu duquel on conserve religieusement les ruines d'un temple de la déesse Frega, qui était la Vénus des Scandinaves.

Les établissements d'utilité publique sont nombreux à Wurtzbourg. On n'y compte pas moins de trente-trois églises. La cathédrale est fort belle, et renferme plusieurs monuments remarquables, au nombre desquels est la chaire, morceau d'un travail admirable et parfaitement conservé. Le nombre des hôpitaux est de douze, indépendamment de l'établissement appelé l'hôpital de Julius, qui renferme une collection de préparations anatomiques, parmi lesquelles se trouvent un certain nombre de crânes humains percés de balles qui ont été recueillis sur le terrein où fut livrée, en 1796, la bataille de Wurtzbourg. De nombreuses écoles sont ouvertes dans tous les quartiers de la ville. Enfin, cette belle et célèbre cité est le siège d'une université fondée au commencement du XVe siècle, laquelle ne compte pas moins de sept cents élèves, et jouit d'une réputation que n'a cessé de lui mériter l'éminent savoir de ses professeurs.

C'est à Wurtzbourg que fut signé le traité d'alliance entre l'empereur Napoléon et l'électeur Maximilien. Profitant de la disposition où la révolution française avait mis les esprits, le prince Maximilien avait tenté de dépouiller à son profit la puissance ecclésiastique; il commença par faire détruire une foule d'ermitages, de chapelles situés dans des endroits déserts, sous le prétexte assez plausible, d'ailleurs, que la plupart de ces retraites servaient d'asyle aux malfaiteurs; il s'en prit ensuite aux couvents, dont il diminua le nombre, et il finit par s'emparer et réunir à son domaine les biens du clergé et ceux des ordres mendiants. Les Bavarois voulurent résister; l'électeur eut alors recours à la force, et fit occuper militairement les villages dans lesquels s'étaient manifestés quelques symptômes d'insurrection. La noblesse commença à s'agiter; les Etats, composés d'évêques et de nobles, firent à l'électeur d'assez vives représentations; le prince leur répondit qu'il ne dévierait point de la ligne de conduite qu'il s'était tracée. L'Autriche alors menaça l'électeur; mais la France le soutint; les soldats bavarois et ceux de Napoléon marchèrent contre l'ennemi commun qui fut battu, et l'électeur prit le titre de roi de Bavière, et réunit à ses états la ville de Wurtzbourg et son territoire, qui formaient le grand-duché de Wurtzbourg, réunion qui fut depuis confirmée par les traités de 1814 et 1815.

La perte du titre de capitale n'eut aucune fâcheuse influence sur la prospérité de Wurtzbourg, qui ne cessa de s'accroître, et dont la richesse du territoire est la principale source; les vignobles qui l'environnent, renommés depuis des siècles, sont aujourd'hui plus en honneur que jamais, et les vins qu'ils produisent, tels que le *Hein*, le *Leiste*, le *Saint-Esprit*, n'ont pas cessé de tenir le premier rang dans l'estime des gourmets.

LE CHATEAU DE LAUSANNE.

La longue chaîne des Monts-Joux sépare le canton de Vaud de la Franche-Comté, et c'est dans ce canton, ou plutôt sur sa limite du côté de la France, que s'élèvent les plus hautes sommités du Jura. Une particularité du canton de Vaud, ce sont les petits lacs des Alpes qui reçoivent les glaces et neiges fondues des hautes montagnes, et ne débordent pourtant jamais ; quelques-uns disparaissent même, pendant une partie de l'année, par des canaux souterrains, et sont remplacés périodiquement par des moissons ou des prés. Les bords de ces lacs passagers, ainsi que des lacs perpétuels, et les diverses hauteurs du canton, produisent une si grande variété de plantes, que, sur les deux mille espèces que possède toute la Suisse, on en trouve jusqu'à dix-sept cents dans le seul pays de Vaud. Le botaniste est là dans son élément.

Cette contrée n'a pas toujours été aussi paisible qu elle l'est maintenant, et les ravages de la guerre ont fréquemment désolé les communes que le travail rend heureuses. Le fort des Clefs, qui gardait un défilé du Jura, au delà de Valorbe, servait, dans le moyen âge, de demeure à des seigneurs qui trouvaient plus de plaisir à dévaster le pays qu'à le faire fleurir. Quand les Suisses eurent enfin le sentiment de leur force et de leur liberté, ils assiégèrent ce poste important, le prirent d'assaut et le réduisirent en cendres avec la ville qui y touchait. En suivant le cours de l'Orbe et ses cascades, on arrive à la ville de ce nom, qui présente un intérêt historique. Capitale du royaume de la petite Bourgogne, elle a été anciennement la résidence des rois mérovingiens ; elle avait alors une citadelle, avec un château fort, et plusieurs églises ; les Bernois détruisirent le château en 1475, et n'en laissèrent subsister qu'une haute tour dont on voit encore les ruines.

Après Orbe, les bords de la rivière perdent leur agrément ; c'est à travers des marais malsains qu'elle arrive enfin à Yverdun, où elle se jette dans le lac de Neufchâtel. Yverdun est une jolie petite ville qui présente en raccourci, avec son port, ses magasins, sa douane et son commerce de transit, l'image d'une place de mer. C'était autrefois une des *bonnes villes* de la Savoie ; les Bernois la jugèrent assez bonne pour s'en emparer et la garder. Outre la ville d'Yverdun, le pays de Vaud possède, sur le lac de Neufchâtel, la ville et le port de Grandson, dont le château a été longtemps la résidence de la famille de Grandson, assez connue par ses guerres dans ce pays. Quand la Suisse devint libre, ses troupes s'emparèrent de cet asyle de la féodalité. Charles-le-Téméraire, duc de Bourgogne, le reprit, et fit pendre cinq cents Bernois qui en composaient la garnison; les Suisses se vengèrent cruellement de cet acte de rigueur, en taillant en pièces, le 3 mars 1476, entre Grandson et Concise, l'armée du duc, forte de soixante-dix mille hommes. C'est une des grandes victoires qu'ils aient remportées; et ce n'est que par des succès aussi éclatants qu'ils ont pu affermir leur indépendance, malgré le nombre et la force de leurs ennemis.

Si des bords du lac de Neufchâtel on se dirige vers celui de Genève, on voit Coppet, puis Nyon, bâtie sur une colline au bord du lac; c'était déjà, sous les Romains, une colonie équestre; on y a trouvé plusieurs inscriptions que l'on conserve à Genève. En remontant un peu le ruisseau d'Aubonne, qui se jette dans le lac, on trouve le joli bourg de ce nom; un marin célèbre, le grand Duquesne, a son tombeau dans l'église d'Aubonne.

Revenant vers le Léman, on aperçoit d'abord la petite ville de Morges, bâtie régulièrement, avec un antique château qui sert aujourd hui d'arsenal au canton, et le château de Wufflens, un des plus anciens du pays de Vaud. On arrive ensuite au chef-lieu du canton, à Lausanne, située sur trois collines, à quelques minutes du lac. Les inégalités de son sol l'ont fait diviser en *cité, bourg, pont, palud* et *Saint-Laurent*. Au IVe siècle, l'évêché d'Avenches fut transféré à Lausanne, et depuis lors l'évêque disputa la juridiction à la commune. Sa belle cathédrale catholique, l'une des églises les plus remarquables qui soient en Europe, fut consacrée au culte, en 1275, par le pape Grégoire X, en présence de l'empereur Rodolphe de Hapsbourg et de plusieurs cardinaux, qui ne se doutaient pas que ce monument servirait plus longtemps au culte réformé qu'à celui des catholiques. Depuis la réformation, l'évêché est transféré à Fribourg. Il n'y a pas encore un demi-siècle que le pays de Vaud forme un canton indépendant, et que son gouvernement siège à Lausanne; auparavant les Bernois traitaient les Vaudois en sujets conquis. Sous les ducs de Savoie, le pays de Vaud jouissait du moins du régime représentatif : les Bernois l'avaient dépouillé de ce droit important. La nouvelle de la révolution française inspira aux Vaudois le désir de secouer le joug de Berne; ce fut en vertu de la garantie que le roi Charles IX avait donnée aux Vaudois, en 1565, au sujet de la conservation de leurs privilèges, que les armées de la république affranchirent le pays de Vaud.

Le canton de Vaud n'admet point de privilèges de castes ni de personnes; tout habitant est soldat; la religion évangélique réformée est celle des habitants. L'avancement des pasteurs est réglé comme l'avancement militaire; les cent cinquante-huit cures du canton sont divisées en cinq classes; une fois entré dans une de ces classes, on ne peut, d'après la loi, passer dans une autre; mais on avance dans la sienne par ordre d'ancienneté, sans que l'intrigue y obtienne la moindre préférence. Chaque classe de pasteurs a ses assemblées, et se subdivise en sections ou colloques. L'académie de Lausanne, composée maintenant de quatorze chaires, qu'ont occupée les Gessner, les Barbeyrac, les Henri Estienne, est spécialement destinée à former des candidats pour les cures ; il faut y avoir été examiné et agréé pour avoir droit à une place de pasteur. Autrefois cette académie attirait beaucoup d'étudiants étrangers. Le château de Lausanne, résidence actuelle du gouvernement, est un grand bâtiment de forme carrée, commencé vers le milieu du XIIIe siècle par l'évêque Jean de Cossonay, et terminé, après soixante-dix ans de travail, par Guillaume de Challand. Jusqu'à l'époque de la Réformation, il servit de forteresse au prince-évêque ; depuis, les gouverneurs de Berne y ont résidé et y ont fait des augmentations considérables. Au commencement de ce siècle, et dans les dernières années qui viennent de s'écouler, il a été beaucoup agrandi. Dans une des salles de cet antique palais existait autrefois un pupitre, roulant sur des gonds, et qui masquait une porte de communication avec un souterrain. C'est par cette porte, dit-on, que Sébastien de Montfaucon, dernier évêque, se sauva en 1536, lorsque le château fut assiégé par les troupes de Berne.

A l'extrémité du lac de Genève s'élève, du milieu des eaux, le vieux château de Chillon. Lord Byron le salue dans un de ses poèmes :

Chillon! thy prison is a holy place
And thy sad floor and altar!.....

« Chillon, ta prison est un lieu sacré, et ton triste plancher un autel ! »

Ce fut dans les souterrains humides de ce donjon, au-dessous du niveau des eaux du lac, que Bonnivard, le plus ardent défenseur de la liberté de Genève, expia, sous la domination du duc de Savoie, le tort glorieux d'avoir consacré sa vie à la prospérité de son pays. On voit encore dans ces cavernes affreuses les traces de sa captivité. Le hameau de Gérignos a une position telle, qu'il voit le soleil se lever trois fois derrière les pics de diverses hauteurs situés du côté de l'est. Tous les habitants y mènent une vie presque nomade ; ils ont des maisons en bois, placées à des élévations plus ou moins considérables, qu'ils habitent successivent dans le cours des quatre saisons. C'est là que se trouvent les débris du château d'Aigremont, noble manoir féodal qui eut pour dernier châtelain Pontverre. Les montagnards des environs racontent qu'on le voit encore la nuit, assis sur un fauteuil, entouré de chaudières remplies d'or et d'argent, et comptant avidement son trésor, tandis que de jeunes filles, vêtues de noir et couvertes d'un voile blanc, font retentir ces ruines de leurs gémissements plaintifs.

LE CHATEAU DE WERDENBERG,

EN SUISSE.

En passant du canton d'Appenzell à celui de Sait-Gall, on voit changer subitement l'aspect des lieux et se transformer la nature ; mais c'est surtout au génie de l'homme qu'est due ici cette brusque métamorphose. Au lieu de ces maisons de bois, isolées l'une de l'autre et disséminées sans ordre sur un sol ondulé, c'est une ville de briques, dont les habitations nombreuses sont si étroitement serrées, qu'elles semblent entassées dans un espace trop étroit pour les contenir ; de même, au lieu de cette verte pelouse qui forme tout le sol de l'Appenzell, c'est une campagne entièrement couverte de toiles d'une éclatante blancheur ; et ces deux cantons, si voisins l'un de l'autre, n'ont de commun que l'extrême propreté qui en décore toutes les habitations. L'un des lieux les plus remarquables du canton de Saint-Gall, est la petite ville de Werdenberg. Ce nom rappelle un trait honorable pour l'ancienne famille seigneuriale de ce domaine. C'était en 1403 ; les Autrichiens venaient d'envahir les cantons de Saint-Gall et d'Arbon. Les habitants d'Appenzell s'étaient réunis à la hâte pour délibérer sur les moyens de défense, lorsque tout-à-coup parut au milieu d'eux le comte Rudolf de Werdenberg, que les étrangers venaient de chasser de son château. A peine entré, le comte s'écria : « L'ennemi souille de sa présence nos frontières sacrées, apportant la terreur et la destruction dans nos foyers. Les biens des Werdenberg sont devenus la proie des Autrichiens, qui se livrent à la débauche au milieu des salles de mes aïeux. Dépouillé de mon héritage, je n'ai conservé que l'épée des Werdenberg et une fidélité à toute épreuve ; je viens vous les offrir. Voulez-vous m'admettre au nombre de vos concitoyens ? » — « Nous le voulons ! nous le voulons ! » s'écria l'assemblée d'une voix unanime. Alors le comte, changeant son riche costume contre les vêtements grossiers d'un berger, s'écria : « Confondu avec les hommes libres et libre comme eux, je jure de consacrer ma vie à la liberté ! » Cet enthousiasme électrisa les patriotes, qui choisirent Rudolf pour leur chef, et, sous sa conduite, repoussèrent les étrangers.

CHATEAU DE LA VALLÉE DE MERAN

DANS LE TYROL.

Comme la Suisse, le Tyrol présente une suite à peu près non interrompue de montagnes, de lacs, de cascades moins belles, il est vrai, moins grandioses et moins nombreuses que celles qui donnent à l'Helvétie un attrait si puissant. Mais cette infériorité est compensée, en quelque sorte, par un caractère pittoresque plus prononcé. Le Tyrol offre d'ailleurs quelques exceptions à cette règle générale : on peut citer, entre autres, la fameuse route qui conduit au mont Brenner, route où vous trouvez presque à chaque pas des sites vraiment sublimes.

La nature montagneuse du Tyrol exclut, en quelque sorte, les grandes propriétés; aussi la noblesse de ce pays est-elle en général peu riche, ou, pour mieux dire, fort endettée. Ces âpres montagnes qui surgissent de tous côtés, sont baignées par de longues traînées d'une neige éclatante; souvent des nuages sombres les couvrent presque en entier; plus souvent encore de vastes amas de vapeurs se roulent et se promènent sur les flancs de ces masses immenses, s'élèvent, s'abaissent ou disparaissent, cachant et découvrant successivement les diverses parties de ce sauvage et admirable panorama. Souvent, sur ces pics arides, sur ces rochers en pyramides isolées, vous trouverez les ruines d'anciennes forteresses qui ajoutent à l'effet du tableau.

C'est ce qui arrive surtout lorsqu'on est en vue du château de la Vallée de Méran; les belles ruines de ce monument, la rudesse de sa construction, donnent au penseur de vives émotions, et, quoiqu'il en reste peu de chose, ses débris suffisent pour faire naître l'inspiration dans le cœur du véritable artiste.

CHATEAU SAINT-ANGE.

Rome, a-t-on dit, est une immense ruine, qui raconte avec enthousiasme les jours de gloire qui ne sont plus. Cette assertion est élégamment prononcée, mais sa justesse est contestable. Tandis que toutes les cités tombées ne se relèvent plus, Rome, ravagée tant de fois, garde toujours un brillant rayon de splendeur.

N'est-elle pas toujours la ville éternelle?

N'a-t-elle pas ses palais, ses temples? Si elle n'a plus de combattants pour répandre le sang, elle a des légions qui marchent en son nom pour conquérir, élargir et conserver le domaine de l'intelligence et de la civilisation.

Il est digne de remarque que tout est majestueux dans Rome, jusqu'aux monuments qui servent à la détention. Tel est le château Saint-Ange. C'était le mausolée d'Adrien, bâti par cet empereur pour lui et ses successeurs, lorsqu'il abandonna le tombeau qu'Auguste s'était aussi élevé, ainsi qu'aux successeurs qui devaient le suivre.

C'est ce tombeau d'Adrien dont les colonnes furent employées par Constantin à l'érection de l'église Saint-Paul, dont les statues si belles, suivant les contemporains, servirent de projectiles à l'armée de Bélisaire pour combattre les Goths.

C'est ce tombeau qui fut transformé en forteresse par les papes Benoît XI et Urbain VIII, et qui reçut d'eux le nom de château Saint-Ange.

Il est étrange que les fortifications en furent commencées par Boniface IX, avec l'argent qu'il reçut des Romains pour venir à Rome célébrer le jubilé.

Les papes qui succédèrent à Boniface IX s'attachèrent à en faire une citadelle, dont l'aspect tout-à-fait imposant donne l'image d'une grandeur réelle.

Un long corridor couvert, dont la grosse maçonnerie est d'un assez bel effet à travers les colonnes de la place Saint-Pierre, communique du Vatican au château, afin que celui-ci, en cas d'émeute ou de révolte, puisse servir d'asyle aux maîtres de Rome.

L'on vante les souterrains de cette citadelle. Tous les forçats ne sont cependant ni des brigands, ni des criminels. La peine des galères s'applique, à Rome, aux simples délits correctionnels, comme rixes et cris.

C'est au château Saint-Ange que le magicien Cagliostro fut détenu. On dit que les murs de sa prison étaient chargés de caractères hiéroglyphiques. On rapporte aussi que cet homme, par ses artifices, abusa longtemps de la confiance que lui accordaient beaucoup de personnes d'un esprit exalté.

Cagliostro, enfermé au château Saint-Ange, essaya de se sauver par un crime atroce. Il feignit d'être attaqué d'une maladie mortelle et demanda le secours d'un confesseur.

Un moine arrive, et Cagliostro commence sa confession d'une voix faible et expirante. Tout-à-coup il se jette sur le moine et veut l'étrangler, pour se revêtir de ses habits et s'évader au moyen de ce déguisement. Le confesseur se débat et appelle la garde. Cagliostro est transféré à Civita-Vecchia, où il meurt quelques jours après.

La populace romaine attribuait à Cagliostro un pouvoir si redoutable, que lors de son arrestation elle s'attendait à voir fondre sur la ville les plus grands malheurs.

Le bourreau à qui l'on commanda de briser l'épée du prétendu magicien et de brûler ses papiers, osa à peine les toucher et détourna la tête en les jetant au feu.

Quiconque visite le château Saint-Ange ne manque pas de monter sur la plate-forme, d'où la vue a le coup d'œil le plus admirable. De cette hauteur, si l'on descend son regard, on aperçoit les fouilles que l'on a faites au fond du château, fouilles qui ont amené la découverte de l'ancienne porte du mausolée, ainsi que le chemin en spirale d'un travail extraordinaire dont le pavé est en mosaïque précieuse, le fond blanc, et qui conduit à diverses chambres sépulcrales.

Toutefois, il faut le dire, cette forteresse atteste que les Romains ont payé pour perdre les derniers restes de leur liberté.

CHATEAU SAINT-ELME.

Naples compte trois principales forteresses, dont deux ont été construites pour préserver cette capitale des attaques par mer. Le château Saint-Elme a été élevé, plutôt comme un instrument entre les mains du pouvoir, pour tenir en respect une population turbulente, que comme un moyen de défense contre les ennemis extérieurs.

Ce château, auquel la plupart des voyageurs donnent à tort le nom de Saint-Elme, porte réellement celui de Saint-Erme, diminutif de Saint-Érasme, nom qu'il a emprunté à une chapelle dédiée à ce saint, qui existait sur son emplacement. Il est construit sur un roc élevé, au nord-ouest de Naples, qu'il commande entièrement. Ce n'était autrefois qu'une tour érigée par les princes normands. Charles II la convertit en une forteresse, à laquelle on ajouta de nouvelles fortifications en 1518, lorsque Naples fut assiégée par Lautrec. Charles-Quint en fit ensuite une citadelle régulière, que Philippe V embellit de nouveaux ouvrages. L'ensemble de cet édifice présente aujourd'hui un hexagone d'environ 100 toises de diamètre, composé de murailles fort élevées, avec une contrescarpe taillée dans le roc, ainsi que les fossés, mines et contre-mines qui l'environnent. Au milieu du château est une place d'armes très-vaste, avec une artillerie formidable; on entretient là ordinairement une nombreuse garnison.

Attenant au fort Saint-Elme, est l'ancienne chartreuse de Saint-Martin, occupée aujourd'hui par les soldats invalides. La situation de cet édifice est vraiment magnifique : l'œil y embrasse à la fois tout l'ensemble de Naples, cet admirable golfe auquel rien au monde ne peut se comparer que le Bosphore à Constantinople ; ces belles collines de Pausilippe et de Capo di Monte, et cette campagne fertile, qui mérita le nom d'*heureuse*, et qui s'étend jusqu'à Caserte. On aperçoit dans l'éloignement les monts Tiphatins, et derrière eux la chaîne majestueuse des Alpes, sur laquelle se détache la cîme fumante du Vésuve. Au pied du volcan, sur le bord du golfe, on voit se déployer les délicieux villages de Saint-Jean, Portici, Resina, de la Torre del Greco et de l'Annunziata. Enfin cette admirable perspective est terminée par les montagnes de

Sorrente et de Vico, le cap Massa, et par les îles enchanteresses de Nisida, d'Ischia, de Procida et de Capri. L'ame émerveillée de ce brillant spectacle, on se surprend à envier le sort de ces vieux soldats qui ont trouvé ici un refuge et une existence calme et tranquille; mais bientôt l'illusion du bonheur disparaît : faites encore quelques pas, et la chartreuse de Saint-Martin n'est plus seulement l'asyle du courage, elle devient aussi celui de la douleur et de tous les maux qui affligent l'humanité : c'est l'hôpital militaire. L'église, sous l'invocation de saint Martin, est sans contredit la plus belle de Naples. On y trouve, ce qui se rencontre rarement réuni dans les édifices de la capitale des Deux-Siciles, la richesse, le bon goût, la magnificence et la noblesse. Les chapelles sont ornées des marbres les plus précieux, et de rosaces de basalte qui rendent, en les frappant, des sons analogues à ceux de l'hamonica. Les chefs-d'œuvre de la peinture en font un vrai musée. Au-dessous d'une voûte de Lanfranc, l Espagnolet a prodigué, dans les figures des douze prophètes qui décorent les piliers, toute la vigueur, toutes les ressources de son sublime pinceau, et sur le maître-hôtel on admire une Nativité de la Vierge, dernier chef-d'œuvre du Guide, dont la main se glaça avant d'avoir pu le terminer.

Le Castello-Nuovo est situé sur le bord de la mer, et vis-à-vis le môle, auquel il sert de défense. Le massif du milieu, et les hautes tours dont il est flanqué furent bâtis, vers l'an 1283, par

Charles d'Anjou, sur les dessins de la Bastille de Paris, construite peu d'années auparavant.

Les fortifications extérieures, qui forment un carré de près de 200 toises en tous sens, furent commencées par Alphonse Ier d'Aragon, vers l'an 1500, continuées par Gonzalve de Cordoue, et achevées par Pierre de Tolède, qui vers l'an 1546 y ajouta deux grands bastions.

Après avoir passé les premières fortifications, on trouve à gauche d'une espèce de place d'armes, et entre deux tours, un arc de triomphe élevé par la ville de Naples, lors de l'entrée du roi Alphonse. Il est tout en marbre, orné de beaucoup de statues et de bas-reliefs d'un travail médiocre, représentant les actions du prince. Cet ouvrage est du chevalier P. Martino de Milan, qui était architecte du roi Alphonse. C'est un monument précieux pour l'histoire de l'art, car il s'en trouve très peu de ce siècle dans toute l'Europe.

Prés de cet arc est une porte de bronze décorée de bas-reliefs où sont représentés les exploits du roi Ferdinand Ier d'Aragon. Un boulet est engagé dans l'un des battants. Cette porte donne accès dans la place d'armes, où l'on trouve l'entrée de l'église de Sainte-Barbe, et d'une grande salle qui pouvait contenir l'équipement de vingt mille soldats.

Une autre salle nouvellement construite est bien plus vaste encore, et pouvait renfermer des armes pour 60,000 combattants.

Comme ce château servait autrefois d'habitation aux souverains, on n'est pas étonné d'y voir régner un air de grandeur qui ne se rencontre pas dans les forteresses ordinaires. Il peut aisément contenir une garnison de 5,000 hommes, et communiquant avec le palais du roi, par une galerie portée par des arcades, servir de retraite en cas d'émeute.

C'est sur la place du Château-Neuf que se donnait autrefois le fameux assaut de la cocagne, jeu chéri de la populace napolitaine, et qu'à son grand regret les progrès de la civilisation ont fait disparaître, à cause des accidents sans nombre qu'il occasionait.

Le château de l'Œuf est situé sur l'emplacement d'une villa qui appartint jadis à Lucullus, et qui était alors sur le continent. Un tremblement de terre l'en sépara et forma une espèce d'île appelée Mégaris par Pline et Mégalia par Stace. Cette forteresse communique avec la ville par une jetée de 250 toises de longueur, que coupe un pont-levis. Elle doit son nom à la forme ovale du rocher sur lequel elle est construite.

LE CHATEAU DE MURO.

Des souvenirs de malheur et de crime se rattachent au nom de la reine Jeanne de Naples dont le château de Muro fut la demeure.

Robert d'Anjou, que la victoire de Bénévent (1266) plaça sur le trône de Naples et que les vêpres siciliennes (1282) n'en firent pas descendre, avait, avant de mourir, marié sa petite-fille Jeanne, à André, frère du roi de Hongrie, dont l'humeur était sombre et brutale. Jeanne, devenue reine de Naples à la mort de son aieul, n'avait donné que sa main à son mari; toutes ses affections appartenaient déjà au prince Louis de Tarente, son cousin. Cette passion adultère, un défaut absolu de sympathie, les intrigues des courtisans, allumèrent la haine et la discorde entre les deux époux : un évènement tragique termina leurs dissensions. André fut étranglé dans le couvent d'Averse, dans l'antichambre de la reine, et presque sous ses yeux, par les créatures du prince de Tarente. Le corps jeté par les fenêtres resta trois jours sans sépulture. La reine épousa, au bout d'un an, le prince de Tarente, accusé par la voix publique.

Le roi de Hongrie, Louis, vengea cruellement le meurtrier de son frère. Rassemblant sa noblesse autour d'un drapeau noir, sur lequel était peinte la catastrophe du couvent d'Averse, il envahit le royaume de Naples et obligea Jeanne de fuir avec son nouvel époux dans ses États de Provence.

Abandonnée des Napolitains, jetée en prison par les Provençaux, dans cette situation désastreuse Jeanne, pour se rendre l'Église favorable, vendit à Clément VI la possession d'Avignon où siégeaient alors les papes. Pendant qu'on négocie ce sacrifice, elle plaide elle-même sa cause devant le consistoire; et ce qui montre toute la barbarie du temps, le consistoire juge que, dans sa participation au meurtre, elle n'a agi que sous l'influence toute-puissante d'un maléfice et la déclare innocente.

La reine, rétablie par cet arrêt, auquel se soumit le roi de Hongrie, perdit son second mari et épousa un prince d'Aragon qui mourut bientôt après. Enfin, à l'âge de quarante-six ans, elle se remaria à Othon de Brunswick, soldat de fortune qui s'était fait en guerroyant en Italie une réputation de générosité et de noblesse que cette union dément un peu. Désespérant à cette époque d'avoir jamais d'enfant, Jeanne adopta son cousin Charles de Duras. Élevé à la cour de Hongrie dans la haine et le mépris des Napolitains, et animé d'ailleurs d'une ardente ambition, l'ingrat Duras n'attendit pas que la mort de sa bienfaitrice lui donnât le trône. Excité par le pape Urbain VI, contre le parti duquel s'était déclarée la reine Jeanne, dans la querelle qui commença le grand schisme d'Occident, Charles de Duras, après avoir été couronné à Rome par le pontife, pénétra aisément au cœur du royaume; et, le 16 juillet 1381, Jeanne vit les derniers de ses sujets qui lui étaient restés fidèles ouvrir à son adversaire les portes du fort où elle s'était réfugiée. Charles de Duras la fit étouffer sous un lit de plumes dans le château de Muro, le 22 mai 1382.

LE CHATEAU DE BELEM.

Les rives du Tage sont magnifiques, et Lisbonne est une ville au gracieux aspect. Il est même peu de cités dont la vue soit aussi brillante que celle de Lisbonne. A mesure qu'on s'en approche, ses collines se développent et offrent un horizon ravissant. Aussi les Portugais, émerveillés de leur capitale la proclament la plus belle ville du monde, et ils s'écrient avec enthousiasme : « Qui n'a pas vu Lisbonne n'a rien vu ! »

On doit pardonner à l'esprit national d'un peuple l'exagération dans ses prétentions à posséder ce qu'il y a de plus beau sur la terre. Des auteurs portugais ont même voulu que leur capitale possédât sept collines, pour lui trouver quelques traits de ressemblance avec l'ancienne Rome. Cependant Lisbonne ne renferma jamais que trois collines.

La première part du pont d'Alcantara, limite de la cité à l'ouest, et se prolonge jusqu'à la rue Saint-Benoist. Cette colline élevée est réputée pour l'air pur qu'on y respire. La seconde n'est qu'une continuation de la première, et n'en est séparée que par un petit vallon. Avant le fameux tremblement de terre de 1755, c'était là qu'était la partie la plus large de la ville. Ce tremblement la renversa de fond en comble.

Il est étonnant combien ce phénomène terrible offrit de bizarreries dans ses effets. Tout fut bouleversé dans la plaine, tandis que les rues placées sur la pente escarpée des montagnes restèrent intactes. La troisième colline s'élève à l'endroit où est le château de Lisbonne et continue en forme de terrasses jusqu'à la fin de la ville, du côté de l'est.

Le château s'appelle Belem ; il ressemble à un petit fort peu important, et seulement bon à repousser un coup de main. Belem est lié avec Lisbonne. Un étranger qui va à Belem croit n'avoir pas quitté Lisbonne. On peut considérer Belem et ses dépendances comme une bourgade royale. La famille royale l'habitait autrefois. Le château fut incendié, et la famille royale se retira à Queluz. Belem a été reconstruit sur des bases solides. Situé près du port, il offre une charmante perspective. A Belem se trouve un couvent d'hiéronymites fondé par le roi don Manuel. C'est un monument original et bizarre, à cause qu'on a pris plaisir à y confondre tous les genres d'architecture. Il n'existe pas dans l'ensemble deux piliers semblables.

49

TABLE DES MATIÈRES.

FIN DE LA TABLE DE L'HISTOIRE DES ANCIENS CHATEAUX.

POISSY — TYPOGRAPHIE ARBIEU.

TABLE DES MATIÈRES.

FIN DE LA TABLE DE L'HISTOIRE DES ANCIENS CHATEAUX.

POISSY. — TYPOGRAPHIE ARBIEU.

...tres songes, et des ...
...nis, égarent mon âme errante. Quand,
...in de chaque triste journée, mon ima-
...on te retrace tel que je t'ai connu, ma
...ence se tait alors, et, laissant parler la
..., mon cœur tout entier revole vers toi.
...este et j'aime cependant le souvenir de
...uit, où mes premières faveurs... Je
...ds, je te vois; mes mains empressées
...ssent ton fantôme pour le retenir. Je
...lle, je n'entends et ne vois plus rien.
...ême me fuit, aussi cruel que toi-même;

... ma vocation : c'était un amour malheureux, et je me perdais ainsi tout entière, parce que je perdais mon amant.

Viens donc, soulage mes douleurs par tes regards et par tes discours; on t'en a laissé l'usage. Que ma tête se repose encore sur ton sein; que je boive à longs traits le délicieux poison que j'ai pris dans tes yeux; que je retrouve ce poison sur tes lèvres. Donne ce qui est en ton pouvoir, et laisse-moi imaginer le reste.

nous avons ... en retomber la peine sur tous deux... douleur m'accable et me trouble... Par pitié par pudeur, cessez. Mes sanglots redoublent et ma rougeur brûlante, m'ôtent la force d'achever.

Pourrais-tu avoir oublié ce jour triste solennel, où, comme des victimes qui ... daient le coup mortel, nous étions au pied des autels? Que de larmes coulèrent de nos yeux dans ces cruels moments! A... fleur de la jeunesse, je disais un adieu éternel...

...forme angélique, tes yeux brillaient ...ne flamme douce, pareille à un rayon cé... ...e. Croyant pouvoir t'admirer sans crainte, ...t'aimais sans remords. Quand tu chantais ...louanges du Seigneur, les cieux me sem...blaient attentifs aux accents de ta voix, et ...que tu annonçais les vérités divines, elles ...paraissaient s'embellir en passant par ta ...uche.

Quels préceptes pouvaient manquer de ...suader quand tu les donnais! Tu m'ensei-

...gerai pas; je donnerai à l'amour celles que j'aurais versées dans la prière. Ces tristes yeux n'ont rien de mieux à faire... Lire et pleurer sera leur occupation éternelle. Partage donc avec moi tes peines, accorde-moi cette triste consolation; fais plus encore, rejette-les toutes sur moi.

Le ciel n'inspira d'abord l'invention des lettres que pour le signalement des malheureux, pour quelque amant banni, ou pour une amante captive. Elles vivent, parlent et

...entrez tous dans mon cœur; de... comme des hôtes doux, et aimables, ... et plongez-moi dans un éternel re... triste Héloïse, étendue sur une tomb... désire et vous attend. Qu'entends-je? ... souffle des vents qui murmure autour ... ou une voix qui retentit aux environs ... murs et qui m'appelle? Je crois déjà ... entendue plus d'une fois.

Une nuit, que je gardais les lam... brûlent dans notre temple autour de...

www.ingramcontent.com/pod-product-compliance
Ingram Content Group UK Ltd.
Pitfield, Milton Keynes, MK11 3LW, UK
UKHW020439200726
13857UKWH00002B/487